中国金融四十人论坛

CHINA FINANCE 40 FORUM

致力于夯实中国金融学术基础，探究金融领域前沿课题，引领金融理念突破与创新，推动中国金融改革与发展。

危机应对的道与术

徐忠 朱满洲 任晴 著

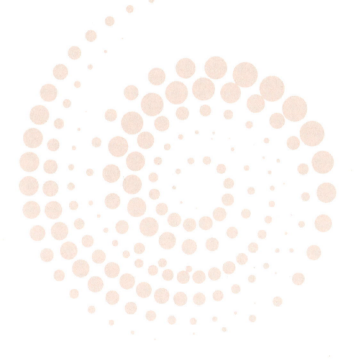

人民日报出版社
北 京

危机应对的道与术

徐忠　朱满洲　任晴　著

人民日报出版社
北京

图书在版编目（CIP）数据

危机应对的道与术 / 徐忠，朱满洲，任晴著 . —北京：人民日报出版社，2024.2

ISBN 978-7-5115-8114-3

Ⅰ . ①危… Ⅱ . ①徐… ②朱… ③任… Ⅲ . ①世界经济－经济危机－研究 Ⅳ . ① F113.7

中国国家版本馆 CIP 数据核字（2023）第 240011 号

书　　名：危机应对的道与术
WEIJI YINGDUI DE DAOYUSHU

作　　者：徐　忠　朱满洲　任　晴

出 版 人：刘华新
责任编辑：蒋菊平　李　安
版式设计：九章文化

出版发行　人民日报出版社
社　　址：北京金台西路 2 号
邮政编码：100733
发行热线：(010) 65369509　65369527　65369846　65369512
邮购热线：(010) 65369530　65363527
编辑热线：(010) 65369528
网　　址：www.peopledailypress.com
经　　销：新华书店
印　　刷：大厂回族自治县彩虹印刷有限公司
法律顾问：北京科宇律师事务所　（010）83622312

开　　本：710mm×1000mm　1/16
字　　数：284 千字
印　　张：22
版次印次：2024 年 2 月第 1 版　　2024 年 7 月第 2 次印刷

书　　号：ISBN 978-7-5115-8114-3
定　　价：58.00 元

中国金融四十人论坛书系
CHINA FINANCE 40 FORUM BOOKS

　　"中国金融四十人论坛书系"专注宏观经济和金融领域，着力金融政策研究，力图引领金融理念突破与创新，打造高端、权威，兼具学术品质与政策价值的智库书系品牌。

　　中国金融四十人论坛是一家非营利性金融专业智库平台，专注经济金融领域的政策研究与交流。论坛正式成员由 40 位 40 岁上下的金融精锐组成。论坛致力于以前瞻视野和探索精神，夯实中国金融学术基础，研究金融领域前沿课题，推动中国金融业改革与发展。

　　自 2009 年以来，"中国金融四十人论坛书系"及旗下"新金融书系""浦山书系"已出版 180 余本专著。凭借深入、严谨、前沿的研究成果，该书系已经在金融业内积累了良好口碑，并形成了广泛的影响力。

金融稳定、公司治理与金融监管

周小川

一、民营企业、金融机构与金融稳定 [①]

最近有些民营企业尤其大型企业，如华信系、明天系、安邦系等，出现较大的问题，对民营企业的信心和融资都产生影响。还有些企业正在收缩资产负债表、出售资产以改善财务状况，包括海航和其他中型企业等。一般而言，企业出现问题后，必须修复资产负债表进行自我挽救。金融机构发现企业出现问题后，比如企业债券违约，会减少信贷和其他金融服务以规避风险，进而引发金融市场的连锁收缩。

——华信系：借贷巨额资金，在融资过程中快速扩张海外业务。华信的主营业务是能源贸易，可能是利用部分虚假销售快速增加销售额和周转量，很快成为世界 500 强公司。华信融资非常多，其从国开行贷款几百亿元。在融资过程中扩大海外业务，包括收购一家捷克金融机构，以及其他几项投资等，涉及捷克及周边欧洲国家，扩张速度惊人。华信出现问题后，国开行遭受了一定的信誉方面损失。华信收购金融机构尚没有造成非常大的影响，但若放任不管，以后可能出现大的问题。

[①] 本部分摘录自中国金融学会第七届理事会会长周小川 2019 年 10 月 15 日在湖南金融学会"公司治理与金融稳定"讲座上的讲话，有少量文字调整。

——明天系：布局金融机构范围广、年限长，通过旗下金融机构融资并掩盖风险。明天系布局金融机构经营年限很长，在这个过程中，明天系资本外逃也好，收购兼并也好，都利用了金融机构提供的资金。明天系出现问题后，仍需要这些金融机构帮忙掩盖，防止风险暴露后一发不可收拾。为了不在短期内影响金融稳定，只能默许其继续融资、自融，不敢马上切断其融资渠道。总之，明天系的问题比华信严重若干倍，大一个数量级都有可能。

——安邦系：利用虚假资本金放大杠杆，实现快速扩张。安邦进入保险业时间不长，但扩张速度相当快。安邦收购了不少金融机构，包括收购信用社然后转成农商行，曾是成都农商行的大股东。由于金融机构开展业务必须有强大的资本做支撑，安邦通过虚假增加资本金的方式快速扩大业务规模。一方面，就保险资金而言，保费收入可以用于合规的股权投资，因此，保费收入可以转为资本金，资本金再去放大杠杆，再去借款，就可以借得更多。另一方面，农商银、城商行的存款，按照规定只能用于发放贷款。但是贷款通过中间环节，借助信托投资公司或其他渠道，也可以转为资本金，资本金再投资于保险公司，保险公司股本增加、偿付能力增强，这样又可以大幅度扩大保险业务。总的来看，安邦通过踩线或者是过线的变相操作虚假增加资本金，得以快速膨胀。

——海航系：多元化发展及海外扩张，出现问题后缩减资产负债表、出售资产弥补缺口。海航这家公司从表面上看航空运输业务做得还不错，但确实扩张得比较快，且多元化现象突出，涉及收购海外旅馆和其他行业资产等各个方面，杠杆率比较高。在出现问题以后，海航决定缩减资产负债表，通过出售资产、适当缩短战线以弥补缺口。从外部观察来看，这个思路应该是对的，但是无法确定在收缩过程中能否实现自救。这涉及资产、业务的购入和卖出价格，涉及出售的资产是否有一定盈利、可弥补已经存在的缺口，同时将杠杆率压降到正常水平。

——金融机构和实体经济共生共荣，民营企业出现问题必然牵连金融机构。民营企业出现问题后，有部分金融机构也随之出现问题。出现问题的金融机构有两种，一种是被民营集团类公司控制的金融机构。深圳《财富》杂志曾经分析，中国有 28 家民营企业集团希望成为金融控股公司，目的是多元化发展和解决自身融资问题。而解决自身融资又有两种方式，合法途径以及以不合法、不合规的方式实现自融。另一种是公司治理方面存在缺陷的金融机构。比如董事会和股东大会等公司内部制衡机制基本上形同虚设等，由一两个人说了算。这类机构在信贷结构、金融产品和服务上会有明显的问题，比如信贷资金可能自己用了，或者给熟人用了，根本没进行翔实的风险分析。因此，除了民营企业的公司治理问题外，还要重视金融机构的治理改革问题。

——金融机构出问题会引发收缩，产生的连锁反应比较严重。如果有一两家金融机构出了问题，在金融市场上对价格、数量产生影响，拆借市场、短期票据市场等就会出现紧张状态，进而引发那些过度依赖短期融资、滚动操作的其他中小型金融机构的问题暴露。

——网贷（P2P）大规模崩塌也反映出公司治理方面的问题。P2P多数以互联网平台、高新科技平台的方式出现，既没有申请牌照，也没有资本金做支撑，缺乏抗风险能力。P2P 如果作为纯信息中介平台可能问题不大，但大多数都涉足金融业务，搞资金池。跟 P2P 相联系的还有资金交易平台，有些平台的股东可能就是出问题的民营金融控股集团。这些机构的合规性、公司治理都会出现比较大的问题。

——要重视金融稳定的临界点。上述这些问题分开看可能不算特别大的问题，但是一起出现的时候，就是相当明显的金融稳定问题。金融稳定的临界点往往难以判断。比如，2008 年金融危机爆发，美国当局包括财政部、美联储等都清楚，太大的机构必须进行救助，不救会产生系统性风险；小的机构不能救，救助太多会产生道德风险；中型机构则要在救与不救之间做出判断。但是，哪个机构该救、哪个机构不该救，最后临界点就在雷曼兄弟。当时认为雷曼兄弟还不够大，不至于产生那么大的影响，但是雷曼兄弟倒闭导致了整个金融危机的爆发。因此，即使金融机构规模不太大，也要非常小心，要注意金融稳定的临界点。

二、完善公司治理，促进金融稳定 ①

上述一系列大中型企业集团陷入危机，甚至被接管清盘，部分金融机构因此出现问题，导致金融风险明显上升，各种违约现象发生较多，甚至危及金融稳定。这些问题的出现有多种原因，但问题企业和金融机构在公司治理上的缺陷是导致金融风险加剧的重要原因。公司治理是企业改革的重要组成部分，要提高对企业改革的重视程度，明确企业改革仍未结束，公司治理任重道远。

——问题企业"野蛮扩张"显著特点是高杠杆。一是靠向金融机构借款、发债等来加杠杆，很多企业还利用自己控制的金融机构进行关联交易。二是利用虚假资本金。通过虚假的、违规的、变相的而非真的资本金，实现了资本金快速扩张。虚假资本金再加上放大的杠杆，一些企业的扩张速度很快就是天文数字了。

关于挪用其他资金作为资本金，安邦系做得非常明显。其通过控制成都农商行等几家金融机构，把其他的资金包括存款资金、信贷资

---

① 本部分内容摘录自中国金融学会第七届理事会会长周小川于 2019 年 11 月 4 日在国家自然科学基金应急管理项目"防范和化解金融风险"课题 2019 年度交流会上的讲话（另有标明的除外），有少量文字调整。

金设法转为资本金。此外，利用保险业保费可用于投资的特点，其将保费资金在集团内部交叉投资，最后也变成资本金。资本金增加以后继续加大杠杆，膨胀就进一步加快。

——问题企业在内部、外部审计等公司治理方面存在巨大缺陷。问题公司没有公司治理的基本架构，或者有也不发挥作用，没有正常决策程序，由少数人、家族中几个人或领头人说了算。财务上，没有内审机构，也没有正常的外部审计，各种会计科目随意挪用或乱用等。总之，问题企业公司治理与我国《公司法》及监管部门对上市公司和金融机构要求的公司治理原则和准则，以及国际实践、《G20/OECD 公司治理原则》均相去甚远。

——问题企业杠杆性融资也是涉及公司治理的重大问题。《G20/OECD 公司治理原则》明确，企业借贷是有可能影响股东利益的，需要董事会作出决议。但在国内，过去认为公司注资要通过董事会，而借款属于日常经营决策，由管理层、总经理决定即可。实际上，借款如果有风险，后来发生了损失，损失仍会由股东承担。因此，公司治理上非常明确：如果是循环使用的流动资金，特别是金融机构给予的循环融资额度，在额度之内授权管理层负责即可；而新增债务，属于股东风险，需要董事会作出决议。对此，问题企业往往没有做到，其在高杠杆融资时并没有正常的决策程序。

——大型企业插足金融类公司，由于缺乏公司治理上的良好实践和基本原则，一旦出问题将拖累金融机构和金融市场。大型企业插足金融类公司，目的之一是为支持一定程度的自融，以及这些金融企业获得的融资能迅速变成虚假资本金，实现快速扩张。这些企业一旦出现问题，必然拖垮一部分金融机构。同时由于金融市场的相互关联性，还会拖累另一部分金融机构出现问题。比如，包商银行为明天系提供大量自融，同时自身大量使用拆借市场、同业票据融资，从而大量拖累同业金融机构。其在公司治理方面存在严重问题，受上层控股公司不正常干预和控制，没有建立正常的决策程序，控股股东或者实控人还通过各种渠道虚假注资稀释地方政府或其他企业股东的股份等。这样的金融机构容易受控股集团拖累而出现问题。

——部分金融机构由于自身公司治理缺陷而出现问题。部分金融机构并不属于某一控股集团，典型的像恒丰银行、锦州银行，出事往往是本身短期融资过多，大量依靠短期融资来维持资产负债表，既不合规也不可持续。同时这些机构的不良资产规模较大，关系类贷款、自融类贷款规模相当惊人。金融机构如果资产质量好，只需稍微收缩资产规模，就能还上欠款，但如果资产质量不行，修复起来就很困难。为什么资产质量这么差？主要原因在于这些机构公司治理形同虚设，比如董事会基本不开会，决策由少数个人说了算，内部缺乏制衡机制，等等，在金融市场的波动和交叉影响下，很容易出现问题。

——企业改革必须继续重视，而公司治理是企业改革的重要组成部分，必须进一步加强。中国历来强调企业改革。20 世纪八九十年代，所有改革中最受重视的是企业改革，有一个说法叫"企业改革是改革的出发点，企业改革也是改革的落脚点"。比如，90 年代股份制改革，国有企业向公司化改革，通过发行上市转换为公众公司，金融系统的企业也在此迈出了很大步伐。最近几年，有观点认为企业改革大部分路程已经走完了，企业也改得比较好了。但从暴露的问题看，企业改革的问题还很多。在中央提出国家治理体系和治理能力现代化的背景下，需要进一步深化企业改革，进一步加强公司治理，国民经济才能走向高质量发展的新路径。

——国有企业和民营企业有很多问题是共性的，包括公司治理方面的许多缺陷。国企也有不少高杠杆膨胀的做法，特别是依靠海外融资，通过高杠杆收购实现"以小吃大"。例如，中国化工集团收购农药和转基因企业瑞士先正达，所需资金规模高达近 500 亿美元。有些民企说，部分国企膨胀比民企厉害，民企的一些做法是观察国企怎么做、地方政府怎么做学来的。因此，国企和民企有些现象和问题是共性的，包括公司治理方面的许多缺陷。

——建立有效的制衡机制是改善公司治理的关键 [①]。企业改革不能忽视机制建设，不管是实体经济、民营企业还是金融机构，都必须通过进一步的企业改革，特别是以发展健全的公司治理结构为主的改革来完善机制建设。既要避免内部制衡机制失调，也要防止外部制衡机制失灵。要进一步完善公司股权结构和所有者结构，夯实股权制衡基础，避免大股东干预或内部人控制；健全运作规则，强化制度约束，完善组织制衡机制；推进市场建设，完善市场机制的外部约束作用。《G20/OECD 公司治理原则》内容较多且涉及很多细节，值得参考和研究。

同时，需要探索加强党的领导和强化制衡机制的关系。加强党的领导有助于完善公司治理，但不能把党的领导简单理解为党体系下的层级式制度，即按照一把手、二把手、三把手，二把手、三把手要听一把手的传统。否则现代企业的公司治理可能失效，"三会一层"制衡机制可能失灵。

——公司治理监管是监管内容的一个重要方面，应该得到加强。一是在监管部门对上市公司、金融机构制定的公司治理相关规定之外，中国应该有更高层次的、配合《公司法》的公司治理原则，或者可以把《G20/OECD 公司治理原则》拿过来用。二是在金融机构监管特别是银行监管方面，《巴塞尔协议Ⅲ》明确提出了净稳定融资比例（NSFR）、杠杆率、资产质量、资本质量等概念，我国在这方面的执行力度不够。

---

① 本部分内容摘录自中国金融学会第七届理事会会长周小川 2022 年 3 月 29 日在有关内部座谈上的讲话，有少量文字调整。

比如，金融机构资本质量存在重大的问题。一些中小型金融机构净稳定融资比例不够，资产负债表的负债方大量依靠短期不稳定的融资。三是对一些实体经济公司，在其高速膨胀、野蛮扩张过程中，存在监管不足或无人监管的问题。所以，要有企业改革、公司治理的基本原则，才能做得更好。

三、金融监管尚需进一步改进①

2017 年第五次全国金融工作会议后，我国通过监管体制改革，在中央层面改革建立了"一委一行两会一局"的金融监管格局，一定程度上化解了互联网金融、影子银行等领域的监管真空问题，完善了行为监管和宏观审慎管理。同时，组建地方金融监管局，负责监管"7+4"行业机构，承担着属地金融监管职责和属地风险处置责任。与此同时，一些长期存在的利益冲突问题仍需要通过进一步监管体制改革来予以实质性解决。

——金融监管部门同时承担了行业主管以及市场发展的职责，不同目标带来诸多利益冲突。一是监管与发展不分。受传统计划经济思维影响，监管部门不仅是监管部门，而且是主管部门，甚至插手金融机构干部任命。二是监管不到位。包括对金融机构治理结构的监管不到位，对股东贷款、股东挪用资金、内部制衡机制建设等监管约束不足。三是存在监管腐败或监管俘获。习近平总书记在 2017 年全国金融工作会议讲话中提到猫不捉老鼠。一些金融监管部门与金融机构"猫鼠一家"。如包商银行背后原内蒙古银监局腐败窝案、部分农信社联社系统

① 本部分内容摘录自中国金融学会第七届理事会会长周小川 2022 年 3 月 29 日在有关内部座谈上的讲话，有少量文字调整。

腐败案等。随着市场力量的壮大和市场机制的完善，监管部门目标的内在矛盾越来越突出。

监管部门从行业主管角度，容易在金融风险暴露后帮助"捂盖子"，可能通过救助掩盖监管缺陷。有的监管人员救助金融机构靠"四大法宝"：一是卖牌照，即发放新的牌照，要求新进入者多出资，或者吸收问题机构的损失。二是"一帮一、一对红"，即利用监管职能，要求好机构帮扶或合并落后的机构。三是哪怕都是坏的，也可以捆绑在一起，使危机不至于马上发生。四是扩大经营范围，给一些"有甜头"的业务许可。正是有这"四大法宝"，有的监管人员对处置风险信心满满。近年来，问题金融机构的损失金额越来越大，靠"四大法宝"就不够用了，态度已有所改变。

——地方金融监管的权、责、利一致性仍有差距。2017 年第五次全国金融工作会议强调，金融管理主要是中央事权，地方政府要在坚持这一前提下，按照中央统一规则，强化属地风险处置责任。但自上一轮监管体制改革以来，业界及地方政府对如何划分地方金融监管责任仍有不少不同意见，当前的格局距离权、责、利一致性仍有不小的差距，还面临不少争议和挑战。

一是地方金融监管和风险处置权责不统一。随着金融科技的发展，一些金融机构突破地域限制、跨区域经营，使得央地、注册地与风险发生地之间权责存在冲突。中央金融监管部门、注册地的地方金融监管局拥有监管权，而风险发生地的地方金融监管局承担风险处置的属地责任，权责不统一，风险早期发现和纠正有难度，更易造成地方以处置风险为借口，向中央讨价还价。金融监管和风险处置问题可能呈现央地博弈。

二是救助责任归属以及救助资金如何划分。金融风险爆发后，由谁来救，救助责任在央地之间合理划分是风险处置的前提。如 2003 年农信社改革时，原计划农信社归地方监管，当时的银监会坚持由其监管，致使救助权责没有厘清。此外，一旦实施救助，就会涉及动用地方财政资金，所需救助金额可能超出当地政府的承受力。[①] 如广东省湛江市推进 9 家农信社改制过程中，发行了 17.46 亿元土地储备专项债券，给地方财政带来较大的压力。

三是地方金融监管起步时力量薄弱。一些地方金融监管部门人员编制、专业能力、监管手段不足，工作任务繁重与监管力量不足之间的矛盾，制约地方金融监管效能的提升。

——金融稳定要依靠金融监管体制的深度改革。比较而言，上一轮监管体制改革属于"小手术"，没有实质性解决一些利益冲突问题，包括金融监管与部门主管的目标冲突、监管权责纷争等。2018 年发布的"三定"方案第四条对银保监会内设机构的规定显示，银保监会仍承担发展职能。证监会主要职责也包括研究和拟订证券期货市场的发展规划等发展职能。地方金融监督管理局建立在原地方政府金融办基础上，也没有完全剥离发展职能。此外，国际国内监管经验尚待科学全面总结，监管机构改革结果也不完全符合市场经济运行规律。

随着金融形势变化，还需要深化金融监管体制改革，关键是要转变监管部门定位，进一步分离监管部门的发展职能，特别是对主要股指、主要景气总量指标的追求，把行业主管和发展主导权交给市场，做到"监管姓监"。从专业制衡的角度完善金融监管体制，优化金融监管权力配置，从根本上解决金融监管中定位不清、效能不高的问题，提高机构履职尽责能力和水平。加强金融监管权力监督，消除金融腐败的土壤。

---

① 早期风险处置时，存款保险制度和相关行业保障基金尚未建立，化解风险资金来源较少，人民银行在维护金融稳定上发挥了积极作用。如大型国有银行改革、农信社改革、证券公司风险处置等。

四、解决好地方政府不当干预金融的风险 ①

——我国地方财政的约束机制不健全。从案例来看，美国地方政府可以破产，加州橙县、底特律等地面临财政问题时，不得不通过裁员、削减地方公职人员养老金、出售资产等方式应对，直至宣告破产。相比之下，我国地方政府有中央的隐性担保，约束机制不够硬。遇到财政困难时，地方政府往往寻求中央政府支持，地方党政主管写信检讨，同时恳请中央财力帮助解决，往往能奏效。

——受央地争权和财政关系的影响，地方政府为承担事权倾向于行政干预金融业务，使财政风险转化为金融风险。近年来，一些地方政府财力薄弱，但支出责任大，大量依靠地方债、融资平台、城投公司等进行融资。这既造成公共性业务、政策性业务和商业性业务之间界限不清，也使得财务安排不明，衍生出地方政府隐性债务风险和金融风险。部分金融机构出于对当前财政体制的"信仰"，助推地方政府变相举债，使相关风险进一步积累。

——要从根本上理顺央地财政关系，防范地方财政风险向金融领域传染。国际比较研究显示，不少大国实现财政联邦制式，地方政府事权和财政约束较为明晰，而苏联和东欧国家在经济转轨过程中普遍出现大量的损失和风险，财政负担沉重，向金融系统透支的现象大量发生。要系统总结国际经验，妥善处理各类金融机构历史包袱，避免其成为潜在金融风险的重要根源。立足我国国情，加快推进央地财政关系改革，进一步使转移支付规则化，推动财力下沉，完善立法监督，

---

① 本部分内容摘录自中国金融学会第七届理事会会长周小川 2022 年 3 月 29 日在有关内部座谈上的讲话，有少量文字调整。

提高规范化、法治化水平。

五、完善会计审计监管体系 [①]

——改革开放以来，我国会计师事务所服务质量有所提升，但仍然存在严重不足。一是我国是转轨国家 [②]，会计师事务所建设起步较晚，维护诚信和声誉的意识和传统不足。如正中珠江会计师事务所为康美药业伪造审计证据、制造虚假走访记录，深圳堂堂会计师事务所协助 *ST 新亿虚构收入、参与修改重要合同。二是部分会计师事务所内部仍存在"承包制""旋转门"等问题，业务分部或合伙人"各自为政""分灶吃饭"，内部管理松散，谁拿的业务谁赚钱，散伙再重构也不难。如利安达会计师事务所的内部考评机制未将审计质量纳入考核，导致不重视事务所品牌声誉，2012—2019 年共受到证监会处罚 7 次。三是审计制度及程序执行不到位，复核制度流于形式，工作质量和专业性有待提升。如，立信会计师事务所连续三级复核未发现金亚科技、*ST 国药审计资料漏洞、工作底稿完整性欠缺等问题。

近年来，以康美药业、康得新为典型的上市公司财务造假及审计失败案例较多，涉及金额巨大，严重损害投资者的信心。会计师事务所未能充分发挥风险识别和监督作用，也使企业经营及融资风险积累缺乏制衡力。提升会计师事务所的诚信和品牌价值势在必行。

——要扩大高水平对外开放，完善会计审计监管体系，持续提升

---

① 本部分内容摘录自中国金融学会第七届理事会会长周小川 2022 年 3 月 29 日在有关内部座谈上的讲话，有少量文字调整。

② 新兴经济体的第三方专业机构从无到有，声誉的价值低，服务质量不高。即使发达经济体，也不乏因第三方专业机构未尽职守而影响金融稳定的案例。如美国安然事件、欧洲帕玛拉特丑闻、此轮国际金融危机后对评级机构依赖的批判等。

会计师事务所服务质量。通过深化开放强化竞争，提升会计、审计工作的质量和透明度，促使国内加速采用国际化标准。完善会计审计监管体系，防止出具虚假报告的机构通过合并等方式变相逃避处罚，妥善解决对会计师事务所多头检查等问题，加强政策协调，形成监管合力，提升监管效能。

从过去百年历史来看，虽然大的危机不是经常发生，但危机的应对却非常重要。危机应对涉及国家治理体系是否健全，包括央行与财政的关系、中央与地方的关系、金融机构的公司治理、监管有效性、法律法规以及营商环境、金融生态等方面。

应对得不好，如美国 20 世纪 30 年代大萧条，对经济破坏严重、持续时间长，波及了全世界；再如 20 世纪 90 年代日本房地产泡沫破灭后，经济随之陷入"失去的二十年"；还比如海南发展银行（海发行）作为新中国金融史上第一家被关闭的商业银行，其关闭清算工作从 1998 年起，至今仍未结束，影响了当地的经济金融发展。

应对得好，如 2008 年美国次贷危机，金融体系很快就恢复，经济受到的损害也较小；再如，2023 年美欧银行业危机，应对的行动非常迅速，市场恐慌被及时遏制；还如我国 21 世纪初按照资本核销、不良剥离、外储注资、股改上市的"四部曲"对四大行实施"在线修复"，既帮助四大行摆脱了困境，也避免了对社会经济发展造成影响。

实际上，每次危机之后，国际上都有大批学界、业界和政界人士对危机应对进行总结、反思，并趁机推动下一步改革。例如，2008 年美国次贷危机之后，时任美联储主席伯南克、财政部长保尔森、纽联储主席盖特纳作为危机应对的亲历者，都出版了相关回忆录。关于亚洲金融危机后我国的改革开放和四大行的改革，许多亲历者也出版了相关专著和文章。

历史不是简单的重复，但有惊人的相似，案例分析是一个有效的研究方法。案例分析的方法非常适合危机研究，既可以验证直觉猜想，也可以启发新的认识，还可以就多个正反面案例进行比较。国际案例方面，本书共使用了近 20 个比较典型的危机案例或风险事件，包括美国的大萧条和次贷危机、日本的房地产泡沫破灭、欧洲的主权债务危机、巴西的地方债务危机、塞浦路斯的主权债务危机以及美国的硅谷银行破产、英国的北岩银行倒闭等。国内案例方面，本书也分析了海发行、四大行、深发展、德隆系、包商银行等 10 余个典型的风险事件。虽然我国过去二三十年没有经历过大的危机，一度不太重视危机的研究，但现阶段，我国面对的风险形势错综复杂，房地产风险、地方债务风险和中小银行风险交织在一起，还面临疫情后有效需求不足与发展模式转型的问题，当前的挑战是超过以往的。

本书不求面面俱到，主要围绕几个核心问题。首先，必须正确认识危机时期的宏观政策选择，在这个问题上思路不对的话，会很大程度上影响经济的恢复，甚至会加剧危机，国际上此类的教训非常多；其次，对于两类最为常见的危机——房地产危机与财政危机，在应对上特别需要注意什么，如果观念有偏差的话，结果也会南辕北辙；再次，金融危机处置的四个关键环节分别是处置时机、关键救助者、损失分担、专业处置平台，这四个环节基本决定了金融危机处置的效果；最后，危机后要把握好监管改革的重要契机，这已经成为各国尤其是发达国家的传统。通过对国内外典型案例的一一剖析，本书试图总结一些基本规律，以期为将来的应对提供借鉴。

一、重视危机时期的宏观政策选择

危机时期的宏观政策非常重要，虽然已经有了比较多的研究，但仍有很多的分歧。目前主要的争论点在于短期需求管理与中长期结构性改革之间的关系、危机时期宏观政策的首要目标、危机时期的财政政策与货币政策。正确认识这些问题很关键。

从中长期看，结构性改革是必需的，但扩张性的宏观政策可以为结构性改革赢得时间和空间。历次危机之后，用结构性改革的办法还是逆周期调控的手段来予以应对，始终都会争论不休。从不同的角度来看，这两个主张都有合理性。1933年，凯恩斯发表《致罗斯福总统的公开信》，对这个问题做了重点阐述。凯恩斯认为，复苏和改革不能相互混淆，应该有一个先后次序，当有效需求不足的时候，复苏措施应优先于改革措施。只有在经济正常运行之后，才能有效地推动改革。这就好比是一个需要手术的病人，应首先保证病人有足够体力，才能进行手术。当然，改革措施与复苏措施也不完全是对立的关系，具有稳定经济和促进需求作用的改革措施要加快出台。

从历次危机的经历来看，经济的正常循环应置于政策目标的首位，这是解决一切问题的基础。危机时期，宏观政策的首要目标是确保经济的正常循环，实施逆周期的宏观政策，稳定总需求。危机时期，宏观管理部门经常会在多目标之间纠结。正常时期，财政政策以平衡为目标，货币政策要考虑通胀或资产价格泡沫问题。如果将这些理念照搬到危机时期，财政部门会因为顾虑赤字而不愿支出，货币当局会因为顾虑通胀或资产价格泡沫而不愿宽松。美国在大萧条时期就有深刻的教训，当时在宏观政策上缺乏经验，对危机反应滞后，还在金本位制下出现货币政策紧缩，致使危机造成巨大的破坏性。面对次贷危机和新冠疫情冲击时，美国均在第一时间实施了逆周期的宏观政策，稳住总需求。当然也不是说，宏观政策要将总需求直接拉到危机前的水平，这是过度刺激，要做的是防止总需求的断崖式下滑，确保宏观经济的正常循环。

宏观政策需要各司其职。危机时期，财政政策与货币政策到底怎么使用，一直有争论，实践中各国也有过不同选择。总结来看，主要有两方面的经验。第一，货币政策应该适当宽松，但过度宽松也会有后遗症，不能"大放大收"。适当宽松的货币政策，能通过清晰的价格信号引导市场预期。但货币政策的作用有如"绳索"，"抑制过热"的效果强于"推动增长"。危机时期，货币政策解决不了需求问题。如果过度宽松，还会造成恶性通胀、资产价格泡沫等问题，反过来又会驱动货币政策过度收紧，形成"大放大收"，引发进一步的风险。第二，危机时期的总需求问题只能由财政政策或有助于增加总需求的结构性改革来解决。危机时期，企业和居民不愿投资和消费，金融机构不愿放贷，总需求严重不足。这种情况下，只有财政扩张或者有助于增加总需求的结构性改革才能提振需求，这是货币政策做不到的。美国大萧条时期，直至罗斯福新政出台，实施扩张的财政政策，加之二战爆发后，美国本土远离战火，世界的订单涌向美国，经济才逐步恢复。如果财政政策不扩张，经济就会陷入持续衰退，还会产生社会问题，未来政府要花费更大的代价才能摆脱困境。

历史上，我国在亚洲金融危机和国际金融危机的时候，分别通过有助于增加总需求的结构性改革与实施大规模的刺激计划，帮助经济走出了困境。尤其是亚洲金融危机时，适时推动了房地产市场改革、人口城镇化并加入 WTO，同时辅以国有大行与中小银行的改革，有力促进了内外需。我国疫情后面临更加复杂的局面，不仅有效需求不足，同时原来由出口和房地产拉动增长的"双轮驱动"发展模式已不能持续，房地产问题与地方债务问题相互交织。当前情况下，要顺利推动经济转向双循环的高质量发展模式，亟须通过一揽子政策，同时解决增长问题和地方债务问题。增长问题与地方债务问题是连在一起的，增长问题的核心是预期和需求的问题。这就需要央行和财政配合解决地方债务问题，而且要有一定的力度，同时出台中央和地方财政关系的改革，探索建立"一级政府、一级财政、一级预算、一级税收权、一级举债权"体系，防范将来的道德风险。此举也必然有助于解决增长问题，增强中外投资者的信心，并通过营商环境等领域的改革，对预期产生积极的影响。

二、房地产危机时首先要保住金融机构的功能

房地产危机是最主要的危机形式，正确处理好各方的利益很重要。美国次贷危机、日本泡沫破灭、瑞典金融危机都是房地产出问题直接诱发的，当然中间也有金融自身的问题。欧洲主权债务危机、美国储贷危机背后也与房地产有一定关系。诸多危机与房地产有关是因为房地产兼具资产投资品与债务质押品的双重属性，容易出现资产价格与债务杠杆的正反馈，诱发资产价格泡沫与债务危机。房地产危机的另一个特征是涉及面广，包括房企、购房者、上下游企业、金融机构、地方政府等，政策的优先级就比较重要。但很多时候，容易出于短期考虑，优先照顾购房者、企业等其他方的利益，而忽视金融机构的利益。

从历次房地产危机来看，金融机构是不能出问题的。如果风险集中到金融机构，从危机中恢复就很慢；如果金融机构还比较健康，从危机中恢复就快得多。例如，日本泡沫破灭时，风险集中于银行体系却未及时救助银行体系，导致经济持续衰退以及政府债务高企；而美国次贷危机时，其房地产融资风险通过开放的金融市场分散到全球，同时

政府及时救助了房地产金融链条上重要的银行与非银行金融机构，在发达经济体中最先走出经济衰退。金融机构在经济循环中相当于心脏，心脏一旦出问题，影响非常大。只有保住金融机构的功能，借助其期限错配功能，才可以将房地产的问题延缓到长期中去解决，危机才能尽快度过。如果金融机构出问题，银行会惜贷，企业和居民得不到资金，势必减少投资和消费，实体经济将陷入持续的低迷。

我国房地产市场的高增长时代已经过去了，当前"房住不炒"定位下，房地产行业将从数量扩张阶段转向高质量发展阶段。这个过程中，化解房地产的风险非常重要，必须在解决总需求不足、保持一定经济增速中去解决房地产的问题，同时要注意以下几个方面。首先，我国的大型房企不是一般意义上的房企，更像是金融机构，具有广泛的风险敞口，应从宏观系统角度思考房地产行业；其次，房地产在我国的资产结构中占比很高，所以房地产价格不能大跌；再次，处理房地产风险时，不能让风险向金融机构集中，否则会有长期的危害；最后，土地财政已经不能持续，要建立地方政府债务硬约束机制，同时中央财政要帮助地方财政平稳过渡。此外，构建中国房地产发展新模式，也有一些问题需要注意。保障房与商品房应严格区分，施以不同政策。保障房用来解决低收入群体的住房问题，属于政策性的范畴，而商品房则是市场化的范畴，可以研究通过房地产税、遗产税等税收手段进行调控，避免通过价格、金融等行政性手段来直接限制。当前情况下，地方政府提供保障房是通过收购供给过剩的商品房，还是通过新建的方式，要根据当地市场的情况因地制宜来决定。

三、财政危机的短期应对与中长期改革

财政危机是另外一类常见的危机形式，在应对上与其他的危机会

有一些区别。从实践来看，财政危机要不要救助以及救助力度、短期化债与中长期改革的衔接、债务化解对总需求的冲击、中央和地方的财政关系改革等问题，一直以来是有广泛争论的。

多数情况下，财政危机往往根源于财政自身的一些问题，只是在内外部的冲击下才显现出来。一个健康财政的基础是良好的财政纪律与有效的激励约束机制，如果偏离的话，就可能出现财政危机。从诸多案例来看，有的是中央和地方财政关系没有理顺，有的是财政乱花钱、花钱不讲效益，有的是举债缺少监督管理。比如，希腊案例中，表面上是旅游业遭受危机冲击、资本外流、数据造假等因素的影响，但本质上是本国居民享受着与经济发展水平不相适应的高福利、财政支出不受节制。再比如，美国底特律案例中，表面上是单一产业结构、人口外流、衍生品交易亏损的影响，但本质上是养老金缺口难以持续、财政支出不审慎。

对于地方政府债务问题，中央政府选择救助与不救助，并不是绝对的。这实际上是一个两难问题，答案取决于现实的客观条件。如果建立了激励相容的地方财政自治体制和比较完善的地方政府破产制度，并且不是大规模、系统性的地方财政危机，那么，中央政府不救助（如底特律案例），可以最大限度减少道德风险。但是，世界上只有少数发达国家具备这些条件，大部分国家的财政体制以及破产制度并没有那么完善，而且地方政府出问题往往也不是个别现象，中央政府最后只能救助，这个时候防范道德风险并非第一考量。

如果进行救助，无论是中央政府对地方政府的救助，还是国际组织对主权国家的救助，要想成功至少做到以下两方面。一是救助力度要足够，要摸清债务的范围和规模，把各类债务包括隐性债务都充分考虑进去。力度足够才能解决问题，否则就像巴西那样，在 10 年的时间内，中央政府前后进行了三次救助，问题反复出现，最终耗费了大量的公共资源。二是短期救助的同时要以中长期改革为交换，才有助于解决根本问题。改革一般涉及财政体制、债务管理、国企公司治理和养老金等领域，以避免财政危机反复。实践中，往往会对改革进度设有监督执行机制。如 IMF 等机构每季度检查塞浦路斯的改革进展，持续时间达 3 年之久，并以此为基础发放救助资金。

另外，应对财政危机还要有宏观系统思维。一是债务化解要评估好对总需求的影响。要把握好财政重整的力度，避免用力过度让企业和家庭承担过重负担，或者让金融机构损失惨重，这样会破坏经济增长的动力，结果适得其反，让经济陷入长期的萎靡，类似希腊的教训。二是当财政危机和银行危机同时存在，要处理好两者的关系。不能只顾财政危机，不顾银行危机，甚至把财政问题甩给金融机构。塞浦路斯在这方面做出了正确的选择，在财政危机和银行危机同时发生时，投入了大量的精力和资源去解决银行危机。

至于财政体制改革的方向，无论是联邦制政体，还是单一制政体，大国经济体的分级政府间财政体制一般都实行地方自治。各国普遍建立了财税事权相匹配的"一级政府、一级财政、一级预算、一级税收权、一级举债权"的财政管理体系。重点是：提高地方政府收入与支出的匹配度并降低对转移支付的依赖，地方政府有独立的税收，建立适配的地方税收体系，同时建立有效激励约束机制下的地方政府债务管理框架。

由于我国中央和地方财政关系长期没有理顺、国有企业的公司治理还不完善，地方政府将大量的财政事项以城投等方式转移至表外，形成规模庞大的隐性债务，目前已经难以为继。地方隐性债务有多种形态，很多有中国特色，在处理时必须予以全面考虑。当前的复杂背景下，如何妥善化解地方债务考验政策智慧。中央政府要不要支持以及支持力度，短期化债与中长期改革的衔接，债务化解对总需求的影响，中央与地方财政关系的改革，地方政府破产制度的建立，央行与财政关系的转型，这些问题都要基于国内外实践的深入研究，给出审慎的回答。

四、处置的时机——金融风险不能拖延

从各国历次危机及个体风险事件的应对来看，拖延是一个"顽疾"，虽然经常付出巨大的代价，但同样的错误依然在重复上演。因此，剖析这一现象背后的原因并引以为戒，是非常重要的。

金融机构经营下滑达到一定的条件，就要立刻采取校正措施。如果都等到变成问题金融机构的时候再处理，往往就来不及了，代价会很大。对于出现问题的金融机构，拖延解决不了问题，只会让"小风险"积累为"大危机"。一方面，对于问题机构，市场化约束机制起不到作用，拖延反而会刺激其过度承担风险。例如，美国储贷危机期间，由于政府的拖延，储贷机构的业务从传统的住房抵押贷款转向其他高风险资产，包括并购贷款、投资房地产和股票，以及投资赌场、快餐店、滑雪场、农场，甚至投资垃圾债、金融衍生品等。结果是，1983 年花费 250 亿美元就可以处置的风险，最终花费 1600 亿美元才完成处置。另一方面，风险金融机构的处置向来有"黄金 48 小时"的说法。危机中不良资产处置有"冰棍效应"，时间拖得越长，价值损耗越多，还可能引发市场踩踏，加大处置难度。一个正面的案例是，2023 年硅谷银行出问题后，用时 1 天就实施接管，第 4 天就认定为系统性风险，半个月就完成了初步处置，最终的处置成本比较低。

拖延的背后既有主观上的认识不足与缺乏决断，也有客观条件上的种种制约。从美国的储贷危机、日本的房地产泡沫破灭、英国的北岩银行倒闭等案例来看：一方面，要杜绝主观上"捂盖子"的投机性

想法，相关部门要拿出解决问题的勇气。实际上，因为不愿承受来自纳税人的压力、不愿承担单家问题银行倒闭的后果、不愿听到"坏消息"，在风险事件还没演化为危机时，一些部门有掩盖风险的冲动，将希望寄托于经济情况好转和资产价格止跌，导致处置介入不及时。这种情况中外都是存在的。另一方面，需要消除一些客观障碍，包括信息、监管、资源、法律制度等。首先，要掌握充分的信息，对风险状况看得清，才能及时做出判断。很多时候，管理部门对不良贷款、损失计提等风险状况缺乏真实了解。其次，由于涉及多部门，各部门之间要职责清晰、协调畅通，不相互推诿扯皮。北岩银行倒闭后，英国议会在危机后的调查报告中指出，央行与美国金融服务监管局（FSA）的关系堪称"有毒"，监管协调机制的无效和混乱到了"令人惊讶"的程度。再次，监管有效性也很重要，否则会导致风险堆积，典型案例是美国储贷危机。最后，要有充分的保障能力，特别是充足的处置资金以及健全的存款保险、金融破产法、投资者保护制度等安排。

从近年来我国中小银行的风险事件来看，往往是出了大问题才暴露出来，问题暴露了以后还容易拖，反映出当前仍有一些亟待完善的地方。首先，农信社的监管体制是不完善的，同时接受金融监管部门与省联社的双重监管和管理，但实践中只有管理、没有监管。在农信社出问题的时候，地方政府倾向于掩盖风险，风险无法掩盖的时候，会让其他农信社来兼并或者做大法人机构来"消灭"风险，导致问题越来越大。其次，早期金融监管部门认为可以依靠自身调动金融资源的能力，独立解决金融机构的风险，因此，不太重视监管与处置机制建设。党的十八大以来，我国高度重视金融风险防范化解工作，先后在国务院金融委、中央金融委的指挥下，统筹监管资源的能力明显加强，有序处置了一批高风险问题机构。但是，目前的个案风险处置还主要是

"一事一议"的方式。解决上述问题，未来一方面有赖于金融监管体制的改革，提高监管的有效性；另一方面有赖于法律的完善，在金融稳定法中要明确谁来处置、怎么处置等内容。

五、关键的救助者——央行最后贷款人

危机时期，最后贷款人紧急救助职能非常重要。多年来，尽管央行一直被默认为最后贷款人，但这一安排是否最优，在理论上仍被经常讨论。另外，央行最后贷款人也面临一些限制，如何在限制条件下发挥好这一职能，也是一个重要的实践问题。

央行最适合作为最后贷款人。理论上，最后贷款人不一定非得是央行，其他机构也是可以的。但实践中，从最后贷款人概念诞生以来，一直是央行在承担这个职责，这与央行的两个优势有关：一是央行在救助能力上较财政部门、微观监管部门有明显优势。从决策过程来看，央行救助决策更加顺畅；从政策手段来看，央行救助工具更加灵活；从救助规模来看，央行空间更大。二是央行在信息掌握上较财政部门、微观监管部门有综合优势。最后贷款人的救助决策不仅依赖于单家机构的信息，还依赖于金融体系以及宏观经济的信息。央行具有货币政策与金融稳定职责，在信息方面有优势。微观监管部门在单家机构的信息上可能有一定优势，但在金融体系以及宏观经济的信息方面比不上央行。2008年金融危机后，国际上普遍加强央行的监管权，进一步帮助央行掌握更加全面的信息。由央行统筹监管系统重要性金融机构和金融控股公司、统筹监管重要金融基础设施、统筹负责金融业综合统计，已经成为改革方向。

央行与财政的关系，决定了央行最后贷款人的作用与效果。一方面，数年来央行最后贷款人职能始终面临着扩权与收紧之争。2008年

金融危机时期，美国央行美国联邦储备系统（以下简称"美联储"）最后贷款人在救助范围、救助方式、抵押品范围等诸多方面持续拓展。但危机后，《多德－弗兰克法案》又限制了美联储的紧急援助权。下一次再有危机的话，除非财政部与美联储能很好配合，在危机时对美联储充分授权，否则会有很大的问题。另一方面，判断一家金融机构是偿付能力问题还是流动性问题，存在一定的困难。一般来说，根据白芝浩原则，央行只对有偿付能力的金融机构在优质担保品与惩罚利率下提供流动性支持。但危机当前的时候，判断一家金融机构是偿付能力问题还是流动性问题，不那么容易。因此，央行最后贷款人职能不是完全没有风险的，而风险的大小，一方面取决于与财政部门合作的深入程度，另一方面取决于法律授权的多少。

21世纪初，在我国央行中国人民银行的牵头下，我们成功处置了"德隆系"风险。根据国务院授权，在央行牵头处置下，多部门协调配合，针对处置过程中的一些问题，依托我国的制度优势做了较好的安排，最终的处置也比较成功。同时也要看到，完善我国央行最后贷款人职能还需要解决一些问题，首先是建立有效的监管与完善的风险处置机制，不应让最后贷款人来解决所有问题；其次是落实好"三个统筹"，确保央行能够掌握充分信息，有能力履行好最后贷款人职能。最后是央行必须要有足够的法律授权，并在危机时与财政很好沟通协调，才能更好履行最后贷款人职能。

六、公共资金的损失分担——财政出资与央行出资

危机处置还有一个关键问题是，公共资金由谁出资，财政出资还是央行出资。理论上，应该按照职责来确定，而实践中各种情况都有，但并非无规律可循，实际上要在复杂约束条件下寻找解决方案。

财政出资和央行出资各有自身的限制。一般来说，财政资金往往面临政治压力，决策程序上不如央行快，同时还受到不同阶段财政状况的约束。实际上，危机中及时动用财政资金是比较难的，雷曼兄弟没有得到救助、"占领华尔街"与削减美联储救助权、硅谷银行从其他渠道获取处置资金，都反映了财政出资的制约。央行救助又往往受到法律授权的困扰，虽然在法律中会有一些授权，但在不同时期，界限总是摇摆不定，为央行的行动制造了障碍。

危机时期需要快速行动，损失的大小往往取决于政策的选择，最好是央行与财政很好地沟通、在协商中达成一致。例如，伯南克等人在回忆录中提到，次贷危机期间，当美国财政部协调美联储支持摩根大通收购贝尔斯登时，伯南克和盖特纳提出，如果财政部为美联储的潜在损失提供补偿，美联储就同意。时任美国财政部长保尔森同意了这个要求，但后来财政部的律师告诉保尔森，财政部无法为美联储提供补偿。于是盖特纳要求保尔森写信支持美联储的救助。保尔森写了这封信，并称这封信是其真金白银之作。另一个案例也能说明问题，在日本山一证券的风险处置中，各方对山一证券的救助并没有事先协商一致，关键时刻日本央行日本银行出手解决了问题。试想一下，如果日本央行因为没有协商一致而不行动，后果是不堪设想的。

发展中国家一般是财政弱、金融相对强，金融机构出了问题往往由央行牵头处置，我国也是这样，但央行能做到何种程度，则取决于获得多少授权以及财政的合作程度。历史上，我国对问题金融机构的救助和处置，均使用的是金融资源。我国在21世纪初进行四大行改革时，财政资源不足，也是央行与财政达成一致，过程中获得了相应授权，效果也非常好。所以，金融稳定法要对央行出资的授权做一些考虑，同时财政与央行要加强风险处置上的合作探索。除了公共资金外，我国还建立了许多行业性的保障基金，包括存款保险基金以及信托保障基金、保险保障基金等。尽管这些行业性保障基金不是公共资源，但如何统筹使用，钱怎么来、要怎么用，使用的顺序是什么，这些问题都应在金融稳定法里有所明确。

七、处置的制度建设：存款保险公司

在危机处置中，由谁处置是个核心问题。处置者是否具有能力、处置方式是否正确，很大程度上决定了处置的效果。国际上的危机处置普遍由存款保险公司承担。经过百年发展，一方面存款保险公司的职能在不断拓展，另一方面在处置方式、保障额度等传统问题的认识上也越来越清晰。

专业处置平台的角色适合由存款保险公司承担。危机时期，大批金融机构同时出问题，处置方是有很大压力的。相对于普通企业，金融机构资产负债规模庞大、业务复杂、涉及面广、外溢性强，一旦出现问题，需要快速处置。监管部门受限于多重职责，同时也缺少充足的处置资源与专业人才，可能会贻误处置时机。因此，大多数国家由存款保险公司承担专业处置平台角色，其中又以美国的联邦存款保险公司（FDIC）最为典型。此外，存款保险公司最终赔付的资金取决于处置的效果，所以有最大化回收、最小化损失的内在动力。

在处置方式上，已经形成了一些比较成熟的国际惯例。一是"好银行"与"坏银行"的处理思维。问题机构的处置，类似于传染病的应对，如果不进行及时的阻断、隔离、治疗，会逐渐波及金融体系和实体经济。将"好机构"与"坏机构"、"好资产"与"坏资产"分开处置，实现风险传染的阻断、隔离、治疗。无论是储贷危机时期的重组信托公司（RTC），还是FDIC经过百年发展沉淀下来的实践，或是英国北岩银行等个案处理，遵循的都是这一基本逻辑。如果简单让"好机构"去兼并"坏机构"，反而可能会把"好机构"也拉下水。二是与很多人的印象不同，大多国家主要采用承接方式，而非直接的存款赔付。承接方式下，金融机构虽然"破产"，但业务连续性得到了保障，风险不会扩散。运用存款赔付关闭的情况较少，往往限于小型金融机构。

大多数情况下，存款保险公司不仅是保险者与处置者，还被赋予监管者职能，发挥及时校正的作用。例如，FDIC 的监管权在历次危机中不断加强。1935 年，FDIC 巧妙提出保费设置方案，强化自身监管权；在储贷危机等事件后，FDIC 又获得了及时校正等监管权。目前，在调查、索取信息与及时校正等监管权方面，赋予存款保险公司广泛授权，确保能进行风险预防与及时介入，是国际上的主流趋势。而且，由于监管失效的处置成本要自己承担，因此，相比其他监管机构，存款保险公司更有动力有效监管、早期校正。

存款保险应该限额保障，还是全额保障，目前来看也不是绝对的。存款保险制度既要防挤兑、保护中小存款者，又要防范道德风险，理论上，限额保障是一个平衡的结果。但是，从实践来看，限额保障只在少量金融机构出问题的情形下适用，当有大量问题机构或者问题机构不多但可能蔓延为系统性风险时，应优先考虑金融体系的稳定，果断实施全额保障。例如，日本 20 世纪末的房地产泡沫破灭与美国 2023 年硅谷银行破产事件中，均进行了全额保障，而瑞典 20 世纪末金融危机时的全额保障，范围不仅包括存款，还包括其他所有债务。

我国已经建立了存款保险制度，有助于解决过去行政方式下效率不高、专业性不足的问题。以前，金融机构处置主要采取"一事一议"的行政方式，很多问题机构迟迟难以退出。海发行是新中国金融史上第一家被关闭的商业银行，其关闭清算工作自 1998 年起，至今仍未完全结束。2015 年存款保险制度建立，其后我国正式建立了专业的处置平台。当前的情况下，要把存款保险制度真正建立起来，有两个现实问题要做考虑：一是对监管部门没有及时发现风险，应该有问责机制。如果缺乏对监管的问责机制，出了问题都让存款保险去处理，客观上就变成监管不承担责任，存款保险成为付款箱。二是针对存量风险问题，未来应该有一个监管部门与存款保险并行的过程。这个过程中，可考虑建立试点评价机制，哪个机构监管更好、哪个机构风险处置更好，将经验总结成法律或模式固化下来。当然，相比国际上比较成熟的存款保险制度，我国未来还需要进一步发挥存款保险公司在独立处置平台、及时校正机制等方面的作用。在中央和地方财政关系没有理顺的情况下，为避免地方政府干预中小金融机构经营，目前"谁的孩子谁抱"应该是一个阶段性做法。事实上，除个别地区外，很难真正做到"谁的孩子谁抱"，最终应该通过完善监管体制来解决。

八、把握好金融监管改革的重要契机

不要浪费一次危机，危机后推动重大监管改革已经成为发达国家的传统。如果金融监管体制没有重大问题，大的危机是很难发生的。正常时期，推动监管改革的阻力往往比较大，但危机后各方更容易凝聚共识。从过去百年历史来看，主要发达国家在发生危机后，很多时候都伴随着金融监管体制的重大改革。例如，日本在20世纪末危机之后，监管改革范围非常广，包括金融监管模式、相关法律和制度、金融业发展模式等方面；即便是对北岩银行这样的个体风险事件，英国也进行了反思，对金融监管模式进行了调整，建立了超级央行监管模式。

新的监管工具需要在实践中不断完善。有些工具推出后虽然解决了一些问题，但也出现了一些原先没有想到的问题。例如，为解决"大而不能倒"问题提出的系统重要性金融机构（SIFIs）监管框架，进行"一刀切"划分并适用差异很大的监管标准，造成了"峭壁效应"，2023 年硅谷银行的倒闭事件就印证了这个问题。有些工具随着市场情况的变化，也要与时俱进以适应最新的形势。例如，《巴塞尔协议Ⅲ》提出流动性覆盖率（LCR）、净稳定资金比例（NSFR）等流动性监管指标，但随着社交媒体和移动支付等发展，以前对存款粘性的理解已经不成立，同时随着市场情况变化，以前的合格优质流动性资产现在可能也不合格了，这些指标都需要进一步修正。即便如存款保险制度，从 20 世纪至今经历了百年的发展与完善，现在依然进行着优化的讨论。

从我国近年来一些金融风险事件来看，金融监管改革还要继续深化。我国自改革开放以来，金融业从计划经济向市场经济转轨，经历了几次重大风险化解和监管改革。1997 年至 2022 年，我国陆续召开了五次全国金融工作会议，指引了我国金融监管改革的深化。不过，金融监管仍要不断适应金融业改革发展的新要求，结合包商银行、恒丰银行、锦州银行等案例来看，公司治理的问题、监管体制的问题、混业经营与分业监管的问题、《巴塞尔协议Ⅲ》实施的问题、地方金融生态的问题，当前需要重点关注。2023 年，中央金融工作会议召开，提出要切实提高金融监管有效性，全面强化机构监管、行为监管、功能监管、穿透式监管、持续监管、健全权责一致、激励约束相容的风险处理责任机制，健全具有硬约束的金融风险早期纠正机制。

总的来说，危机的应对不是一个简单的问题，而是一门复杂的艺术。过程中，往往面临诸多现实的约束（比如财政、舆论压力），需要在复杂、受约束的情况下找到解决问题的最佳答案；有时候，不同情况下的答案也不是唯一的（比如全额保障，还是限额保障）；大多时候，还要进行权衡和取舍，正常情况下的一些理念在危机期间未必适用（比如危机时宏观政策应以经济正常循环为首要目标，而不是其他）。正因如此，百年来，人们前赴后继地研究危机应对，但仍有些问题尚未认识清楚。与此同时，这些危机反映出国家治理体系方方面面的问题，要不断深化改革，完善危机应对机制，降低危机对社会经济的影响。本书希望能够有所贡献，给读者一些启发。

目 录
CONTENTS

第六章　公共资金的政策选择　>

第七章　存款保险公司：及时校正与专业处置平台　>

第八章　危机是推动金融监管改革的重要契机　>

第一章

危机时期的
宏观政策选择

　　危机时期，宏观政策的首要目标是确保经济的正常循环，实施反周期的宏观政策，稳定总需求。正常时期，财政政策要以平衡为目标，货币政策要防止资产或债务泡沫。如果将这些理念照搬到危机时期，财政部门就会因为顾虑赤字而不愿支出，货币当局就会因为顾虑资产或债务泡沫而不愿宽松。危机时期，经济的正常循环应置于政策目标的首位，这是解决一切问题的基础，甚至由此可能引发的问题，都应该在确保这个首要目标的前提下再行考虑。当然也不是说，宏观政策要将总需求直接拉到危机前的水平，这是过度刺激，要做的是防止总需求的断崖式下滑，确保宏观经济的正常循环。

　　至于宏观政策的选择，总结美国、日本、欧洲的危机应对，主要有两方面的经验。第一，货币政策应该保持适当宽松，但过度宽松也会有后遗症，不能"大放大收"。适当宽松的货币政策，能通过清晰的价格信号，来引导市场主体的预期，还能避免金融体系因"流动性枯竭"而造成风险蔓延。但货币政策的作用有如"绳索"，"抑制过热"的效果强于"推动增长"。危机时期，货币政策解决不了需求问题。如果过度宽松，还可能造成恶性通胀、股市泡沫与过度负债等问题，反过来又会驱动货币政策过度收紧，形成"大放大收"，导致进一步的风险。第二，危机时期的总需求问题只能由财政政策或有助于增加总需求的结构性改革来解决。危机时期，企业和居民都在去杠杆，不愿投资和消费，金融机构也不愿放贷，总需求严重不足。这种情况下，只有财政扩张或者有助于增加总需求的结构性改革才能提振需求，这是货币政策做不到的。如果财政政策不发力，经济就会陷入持续衰退，还会衍生社会问题，未来政府要花费更大代价才能摆脱困境。

正确认识短期需求管理与中长期改革之间的关系很重要，从中长期看，结构性改革是必需的，但扩张的财政政策可以为结构性改革赢得时间和空间。1933 年，凯恩斯发表《致罗斯福总统的公开信》，对这个问题做了重点阐述。凯恩斯在文章中说，复苏（Recovery）和改革（Reform）不能相互混淆。复苏和改革措施之间应该有一个先后次序，改革措施不能被混淆为复苏措施。当有效需求不足的时候，复苏措施应优先于改革措施。只有在经济正常运行之后，才能有效地推动改革。这就好比是一个需要手术的病人，应首先保证病人身体情况好转，有足够体力，才能进行手术。当然，改革措施与复苏措施也不完全是对立的关系，具有稳定经济和促进需求作用的改革措施要加快出台。

最近二三十年，我国面临过几次内外部的重大冲击，宏观政策的逻辑实际上与危机时期是一致的。此前，我国面对亚洲金融危机和国际金融危机的冲击时，通过正确的宏观政策与结构性改革摆脱了影响。尤其是亚洲金融危机时，适时推动了住房市场化改革、人口城镇化并加入 WTO，同时辅以国有大行与中小银行的改革，有力促进了内外需。目前，我国经历三年疫情冲击，同时原有的发展模式已不能持续，房地产问题与地方债务问题相互交织。当前要想推动经济转向双循环的发展模式，亟须通过一揽子政策，同时解决增长问题和地方债务问题。这就需要央行和财政配合解决地方债务问题，而且要有一定的力度，同时出台中央和地方财政关系改革，防范将来的道德风险。此举也必然有助于解决增长问题，增强投资者信心，并通过改善营商环境等改革，进一步改善中外投资者的预期。

第一节 美国几次大危机的政策演进

一、应对 20 世纪 30 年代大萧条：宏观政策的缺位

总需求不足是危机时期最大的经济特征，这在大萧条中很典型。由于经济和金融的紧密联系，一场大的危机，无论是起源于经济领域，还是金融领域，最后都会对经济和金融造成广泛的破坏性，企业大量破产，家庭大量失业，金融机构纷纷倒闭。这样的环境之下，企业与家庭会减少投资与消费，金融机构的放贷意愿会下降，社会总需求可能断崖式下滑。有人认为，大萧条始于 1929 年美国股市的崩盘（10 月 28 日，道琼斯工业指数暴跌 13.5%，29 日又下跌 11.7%），实际上美国经济在此之前已有严重的问题，经济效率低下、产能明显过剩、债务负担很重，驱动了资金流入股市追逐泡沫，最终股市崩盘并向经济金融传导。1929—1933 年，美国数以万计的企业倒闭，失业率高峰时达到 25%，银行挤兑不断加剧，成千上万的银行倒闭；实际国内生产总值（GDP）从 1.11 万亿美元降至 0.82 万亿美元，下降了 26%，1929 年之后消费价格指数（CPI）连续下跌，到 1932 年为 –9.9%。这个过程好比，身体的某个重要部位出了问题以后，会影响其他部位的正常运转，最终各项指标都会下降，全身都很虚弱。

图 1-1　美国大萧条时期的宏观经济表现

数据来源：WIND。

当时情况下，美国也没有多少危机应对的经验，危机初期出现了宏观政策的缺位。实际上，大萧条是人类历史上第一次遇到如此严重的危机，当时对危机的了解比较少，对危机的后果也没有概念。彼时，学界、公众和媒体普遍接受传统自由放任、无为而治的理念。比如，"清算主义"理论认为，美国经济在 20 世纪 20 年代过度繁荣，衰退只是经济自身"挤压泡沫"的过程，是经济的自我调节和修复，应该让市场自行出清，重新回到一个合理的健康状态。事实上，大萧条后宏观经济学才作为一门独立学科诞生。这种认识下，宏观政策很难有所作为。1929 年股市崩盘以后，到 1930 年 2 月美联储依然保持 5% 的高贴现率，1931 年 10 月，经济萧条尚未平息之时，美联储再度从 2.5% 加息到 3.5%；同时，"小政府"的传统思路下，政府过于强调追求财政平衡，也没有大幅提高财政赤字来恢复经济。危机初期的宏观政策缺位，是大萧条影响之深、时间之久的重要原因，直到 1936 年，美国的实际

GDP 才回到危机前的水平。

宏观政策不仅未有效应对，货币政策还在金本位制下持续紧缩，加剧了大萧条。一战期间被中止的金本位制，在战后重新恢复，但战争时期各国普遍经历了严重通胀、财政崩溃，恢复金本位制所需的黄金是不够的。解决的方法是用英镑等强势货币来替代黄金，但战后国际秩序仍不稳定，对国际货币体系的信心不稳，全球再次陷入黄金争夺之中，黄金再次短缺。由于坚持金本位制，货币供应量出现暴跌，1929—1933 年，美国货币供应量减少了 33%。根据伯南克 1983 年的研究，金本位制国家普遍出现通缩现象，产生了银行恐慌，干扰了正常的信贷流动，影响了实体经济；除银行恐慌外，价格下跌还造成了债务型通货紧缩①——价格下跌后，名义债务的实际价值提高，导致借款人资不抵债，迫使贷款人惜贷，出现信贷收缩。

1933 年 12 月 31 日，凯恩斯在《纽约时报》上发表了一封《致罗斯福总统的公开信》。凯恩斯在文中说，罗斯福总统"肩负着复苏与改革的双重使命——从经济衰退中复苏，以及完成那些本来早应完成的事项和社会改革"。凯恩斯提出了一个非常重要的观点，复苏（Recovery）和改革（Reform）不能相互混淆：一方面，对复苏而言，速度和立竿见影的效果是必不可少的；另一方面，即使是明智和必要的改革，在某些方面也可能阻碍复苏以及使复苏复杂化。因此，凯恩斯认为，复苏和改革措施之间应该有一个先后次序，改革措施不能被混淆为复苏措施。当有效需求不足的时候，复苏措施应优先于改革措施。凯恩斯明确提出，"应予以优先考虑的政策是进行大规模基于借贷的政府支出"，他进一步提出，"我倾向于优先考虑那些可以大规模快速成熟运作的项目，

---

① 参见费雪 1933 年的论文、伯南克 1983 年的论文，以及伯南克和格特勒 1990 年合著的论文。

例如修铁路，其目的就是要启动复苏"。由此可见，需求管理旨在熨平短期经济波动。当经济周期下行时，复苏应当优先于改革。只有在经济正常运行之后，才能有效地推动改革，不能为改而改，操之过急。这就好比一个需要手术的病人，应当首先保证病人身体情况好转，有足够的体力，才能进行手术。结构性改革就是经济的手术，而需求管理就是维护经济稳定、补充体力，这是结构性改革、做手术的前提。当然，改革措施与复苏措施也不是完全对立的，具有稳定经济和促进需求作用的改革措施要加快出台，比如，具有减税效果的税制改革、为金融机构补充资本金从而提升其放贷能力的政策措施等。

罗斯福新政的精髓就是救济（Relief）、复苏（Recovery）、改革（Reform），对宏观政策进行了调整，美国经济开始恢复。1933年，富兰克林·罗斯福当选美国总统，推出罗斯福新政，实施了一系列救济、复苏和改革政策。罗斯福新政中最主要的内容就是财政刺激措施，强有力的需求管理支撑了经济复苏，为之后的改革和再平衡创造了条件。1933—1936年，美国政府的财政支出增长了125%，在美国各地推动基础设施和大型工程建设，这些公共建设提供了2500万个直接或间接的工作岗位。政府创造的需求有效填补了总需求的不足，带动了经济恢复。与此同时，美国也取消了金本位制度，解除了货币政策的掣肘，货币供应量在随后几年也逐渐恢复增长。

不过，究竟是财政政策还是货币政策引领美国走出大萧条，至今仍争论不休。一种观点认为，财政政策是主导性原因，这是20世纪40—70年代的主流观点。一个明显的证据是，当1937年美国政府削减开支后，经济在次年又出现滑坡。但20世纪七八十年代以来，学术界开始转向，认为财政政策的作用被夸大，让美国从大萧条中走出来的是货币政策。弗里德曼、伯南克等一批有影响力的著名学者认为，金本位制下的货币紧缩是大萧条的主要原因，而放弃金本位制后的货币扩张则带动经济走出大萧条；如果在危机初期就实施正确的货币政策，如此严重的大萧条是可以避免的。他们提出的一个证据是，放弃金本位制的国家比固守金本位制的国家更快摆脱了大萧条。

十亿美元

图 1-2　危机期间银行对私营部门的贷款

数据来源：WIND。

　　货币政策有积极作用，但在解决需求不足这个问题上，财政政策可能才是走出大萧条的关键原因。在大萧条时期，美国股市崩盘，居民大量失业，企业债务高企。这种情况下，居民与企业缺少投资和消费的需求，金融机构也缺乏放贷的意愿。货币政策的作用有如"绳索"，"抑制过热"的效果强于"推动增长"。这种极端情况下借贷双方的意愿与风险偏好问题，不是货币政策可以解决的。利率即便降至零，可能都没用。直到实施罗斯福新政，美国政府推出积极的财政政策，大量投资基础设施建设，需求得以逐步恢复。随后第二次世界大战爆发，很多国家的生产能力遭到破坏，而美国本土远离战火，世界的订单涌向美国，需求不足的问题得到彻底解决，美国才从大萧条中走了出来。从数据来看，大萧条期间，货币政策并没有直接驱动私营部门信贷增长，银行贷款同比增速在 1932—1933 年低至 -20% 左右，此后也在零上下。但由于实施积极的财政政策，银行将大量资金投资于国债，带动了货币供应量的增长。1934 年开始，M2 的增长率恢复到了正常水平。

图 1-3 财政支出与货币供应量

数据来源：WIND。

总的来看，大萧条的最大经济特征是总需求不足。对总需求问题的应对效果，决定了危机的程度以及持续的时间。美国当时在宏观政策上缺乏经验，不仅反应滞后，还在金本位制下出现货币政策紧缩现象，致使大萧条造成巨大的破坏性。而后罗斯福新政出台，宏观政策进行调整，实施力度很大的财政政策，货币政策也在取消金本位制后实现扩张，加之二战爆发后，世界的订单涌向美国，美国经济逐步恢复。至于财政政策与货币政策谁更重要，尽管目前有一些争论，但从解决需求问题的角度，财政政策无疑是带领美国走出大萧条的关键因素。

二、应对 2008 年次贷危机：初期摇摆不定到双管齐下并过度依赖货币政策

2008 年的次贷危机堪比 20 世纪的大萧条。次贷危机从房地产市

场泡沫破灭开始，然后传导到金融领域，又由于复杂证券化产品的风险发酵，在金融体系迅速蔓延，大量金融机构出问题并倒闭，形成全球金融海啸。这反过来又重创实体经济，企业纷纷倒闭，失业率上升，经济出现衰退。面对次贷危机同样出现的总需求问题，美国吸取了大萧条的教训，在政策应对上是有进步的，但宏观政策选择仍然存在一些不足。

危机初期，美国国会和政府的立场摇摆不定，直到雷曼兄弟出问题后风险快速蔓延，各方才形成一致意见。这个过程中，救哪些机构、不救哪些机构，美国国际集团（AIG）救不救，贝尔斯登救不救，雷曼兄弟救不救，都是两难选择。动用公共资金救助私人机构会面临舆论上的政治压力，而不救助风险又会蔓延。当时美国按揭贷款市场规模10万亿美元，次贷大概占15%，也就是15000亿美元，这个体量并不大，但最后造成这么大的影响，与决策者早期的摇摆不定是分不开的。雷曼兄弟出问题后，股票市场崩塌并开始蔓延至整个金融体系，各方才就救助方案达成共识，并迅速实施扩张的宏观政策，以稳住总需求。

财政积极救助金融机构是对的，但在刺激经济、稳住需求上投入不足。2008年《紧急经济稳定法》授权美国财政部，通过不良资产救助计划（TARP）提供不超过7000亿美元的救助，允许财政部购买有毒资产、提供资产担保或直接增资入股金融机构。一是美国财政部设立了资本购买计划（CPP），用于购买银行优先股，帮助银行度过危机的同时将有毒资产留在其资产负债表上。超过700家银行参与了资本购买计划，使用了约2050亿美元的救助资金。二是美国财政部还设立了目标投资计划（TIP），针对两家问题最大的银行——美国银行和花旗银行，各出资200亿美元购买优先股，并在资产担保计划（AGP）下，与美联储和FDIC共同为美国银行和花旗银行分别提供1180亿和3010亿美元的资产担保（最终未实际支付）。截至2020年，TARP实际使用财政资金 2451 亿美元，收回 2756 亿美元，财政部获得约 305 亿美元的利润。三是美国财政部对美联储的部分救市工具提供担保。例如，美联储推出定期资产支持证券贷款工具（TALF），由财政部提供担保并承担损失。财政部提供 1 亿美元注资，并拨备 200 亿美元用来承担潜在损失（后减至 43 亿美元），风险和收益则在财政部和美联储间按 9∶1 分配。财政部最终未承担损失，不仅收回了 1 亿美元注资，还获得了 7 亿美元利润。四是财政部通过社区发展资本计划（CDCI）、公私投资计划（PPIP）和购买小企业管理局（SBA）担保债务等方式，向小微型金融机构和企业提供支持。救助金融机构非常重要，可以保住金融体系的功能，但同时市场的出清要有一个过程，需要财政政策稳住需求，避免总需求的过度下滑。从这个角度来看，财政投入是不够的。

为了弥补财政投入的不足，美联储实施了史无前例的三轮量化宽松货币政策，向金融体系投放了大量的流动性。时任美联储主席伯南克对货币政策的作用坚信不疑，与其早期对大萧条的学术立场相一致。面对 2008 年的危机，美联储针对回购、商业票据、货币基金、资产支持证券、一级交易商等创新了一系列流动性支持工具[①]，还向主要金融机构提供贷款支持，如向摩根大通收购贝尔斯登的低流动性资产提供了 288.2 亿美元贷款。在危机初期，美联储通过贷款、商业票据、回购协议、央行流动性互换等工具开展第一轮量化宽松（QE1），资产负债表中的相关工具资产占比大幅提升；2010 年，第二轮量化宽松（QE2）以购买美国国债的方式开展，美联储持有国债比例迅速提升，2011 年末超过 56.2%，并长期维持在高水平；2012 年，美联储开展第三轮量化宽松（QE3），进行扭转操作和购买 400 亿美元抵押贷款支持证券（MBS）。

---

① 先后推出定期招标工具（TAF）、定期证券借贷工具（TSLF）、一级交易商信贷工具（PDCF）、商业票据融资工具（CPFF）、资产支持商业票据货币市场共同基金流动性工具（AMLF）、TALF 等政策工具。

总的来看，美联储的资产规模从 2008 年初不到 1 万亿美元，到 2015 年达到约 4.56 万亿美元，之后才开始缩表，货币政策的力度远超财政政策。

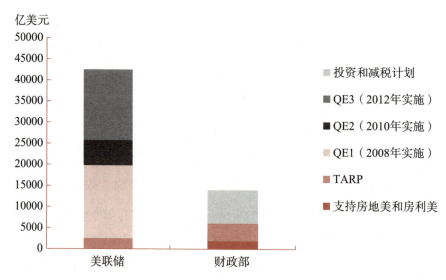

图 1-4　次贷危机中货币政策和财政政策的投入

数据来源：根据公开资料整理。

在危机时期总需求不足的情况下，意图用货币政策替代财政政策，结果出现了资金空转与股市泡沫等后遗症。2008 年美国 M2 同比增长 9.7%，但 2009 年美国 GDP 萎缩 1.8%，企业贷款下降 18.3%，货币总量大幅增加而实体需求疲弱，救市资金在金融系统空转。此外，在资金极度宽裕的市场环境下，上市公司管理层发现可以通过低利率发债资金进行股票回购，提升股价并兑现股权激励计划。高收益债市场出现了明显增长。2008—2018 年，美国企业债券余额从 2.2 万亿美元上升至 5.7 万亿美元，其中，在投资级边缘的 BBB 级企业债余额增加近 2 万亿美元，占比达到 47.4%，杠杆贷款、BB 级和 B 级企业债也大幅增长。这种模式逐步发展成风，使美国部分公司股价偏离盈利等基本面，形成了资产泡沫。与此同时，美国也没有相应推动一些领域的结构性改革，贫富差距、产业空心化等问题一直没有解决，经济缺少长期增长的内生动力。

总的来看，美国在 2008 年次贷危机期间，一定程度上吸取了大萧条时期的教训。尽管危机初期在救哪些机构、不救哪些机构之间摇摆不定，但雷曼兄弟出问题后各方达成了共识，迅速出台了扩张性的宏观政策，以稳定总需求。2008 年次贷危机的初次冲击甚至比 1929 年大萧条时要严重，但结果却好于大萧条，到 2013 年，美国 GDP 已经比危机前提高了 6%。当然，在宏观政策选择上也不是没有问题。财政政策积极救助金融机构，但没有发力稳住实体经济的需求；货币政策对财政政策进行补位，但由于缺少需求的支撑，结果出现了资金空转、股市泡沫等"后遗症"。此外，重点领域的结构性改革缺位，贫富差距、产业空心化等问题长期未解决。总之，宏观政策要各司其职。

三、应对 2020 年疫情冲击：政策力度与退出节奏值得探讨

2020 年的疫情冲击不是传统意义上的大危机，相当于对经济按下了"暂停键"，总需求也受到很大冲击，其影响及应对与危机有类似之处。疫情冲击下，居民收入下滑，企业订单减少，经济运转几乎陷入完全的停滞，总需求的问题非常大。如果不加干预，金融机构也会受到影响，贷款不良率会抬升，风险会从实体传导到金融体系。传统的危机还有一个发酵的过程，疫情冲击的影响瞬间就会传导开，而且是"无差别"的影响。在此背景下，美国这一次的救市力度比前两次更大、速度也更快。

吸取 2008 年次贷危机期间财政投入不足的教训，美国这一次实施了大力度的财政政策，通过直接发钱等方式，托住家庭和企业的资产负债表，避免了总需求的断崖式下滑。美国数轮财政法案直接托底居

民收入与消费，其中规模较大的三轮刺激包括：一是 2020 年 3 月的《新冠病毒援助、救济和经济安全法案》(《CARES》)，规模达 2.2 万亿美元，约 1/4 用于向居民每人发放 1200 美元支票，1/2 用于支持企业发放薪酬；二是 2020 年 12 月的《2021 年综合拨款法案》，其中 9000 亿美元用于缓解疫情，包括向每人发放 600 美元支票，另外 1.4 万亿美元用于财政年度的综合支出；三是 2021 年 3 月的《美国救助计划》，规模达 1.9 万亿美元，其中 4000 亿美元用于缓解疫情，1 万亿美元用于家庭纾困，包括向每人发放 1400 美元支票，另外 4400 亿美元用于救助处于困境的小企业和地方政府。合计来看，三轮财政救助规模超过 5 万亿美元，比 2008 年次贷危机时期的财政力度大得多，对消费恢复起到了重要的作用。2020 年 4—12 月，美国个人可支配收入月均增速达 8.6%，其中政府转移支付收入占可支配收入的比重从疫情前的 18% 上升至 25%，占个人可支配收入增量的 97.2%。2021 年初，美国居民每人可获得 600 美元财政刺激支票，推动 1 月份的零售销售环比增长 5.3%，同比增长 7.4%，创 2011 年 9 月以来最高水平。

与此同时，由于市场都在出售资产，没有人提供流动性，美联储迅速实施了大力度的货币政策。与 2008 年金融危机不同的是，新冠疫情并未直接冲击金融体系，是对实体经济的巨大冲击，但实体经济与金融体系随之出现了流动性危机。为应对流动性危机，在降低基准利率和开启无上限量化宽松货币政策的基础上，美联储重启了 PDCF、CPFF、TALF 等 2008 年金融危机期间的救助工具，并创新了一些绕过金融机构直接支持企业和居民的政策工具，包括支持企业债券的一级市场企业信贷工具（PMCCF）和二级市场企业信贷工具（SMCCF）、支持地方政府的市政流动性工具（MLF）、支持中小企业贷款的主街新贷款、优先贷款和扩大贷款工具（MSNLF、MSPLF、MSELF）、支持 SBA 薪资保障计划（PPP）的流动性工具（PPPLF）等政策工具。仅上述新工具的规模就超过 2 万亿美元。2020 年末到 2021 年中，美联储的资产规模从约 4 万亿美元扩大至 8 万亿美元左右，增加的规模堪比次贷危机时期，但实施速度更快。

宏观政策在总体思路上是正确的，但力度稍过，尤其是对通胀的判断出错、应对迟缓，导致"大放大收"的问题。美国在疫情应对上的不足之处是，面对疫情与经济形势的变化，财政政策和货币政策都没有及时转向。一方面，2021 年美国已经基本放开了疫情防控，生活生产环境得到恢复，但财政还持续补贴居民，形成了超额储蓄。由于居民不工作也有生活保障，所以疫情后劳动的参与率始终不高，造成劳动力市场供求关系紧张，通过工资渠道驱动了高通胀。另一方面，过度宽松的货币政策也成为通胀的诱因。在疫情时期过度宽松的货币政策推动下，美国 10 年期国债收益率最低降至 0.52%。尽管一些专家和学者不断提示风险，但美联储坚持认为高通胀是暂时的，错过了早期遏制通胀的机会，CPI 最高时达到了 9.1%。为了抑制高通胀，2022 年以来，美联储货币政策彻底转向，出现了史无前例的快速加息，但又诱发了银行业危机。美联储在一年之内将联邦基金利率从 0—0.25% 提高至 4.25%—4.5%，货币政策的"大放大收"对金融体系造成冲击，特别是资产负债结构脆弱的中小银行，硅谷银行（SVB）、签名银行（Signature Bank）、第一共和银行接连倒闭。

总的来看，美国对疫情冲击性质的判断是基本准确的，货币政策和财政政策的思路也是正确的，相比大萧条和次贷危机时期有所进步。通过实施积极的财政政策，托住了企业和居民的资产负债表，避免了总需求的断崖式下滑，美国的经济在疫情后恢复也很快。但是，美联储对通胀的判断出现了偏差，一开始认为通胀是暂时性的，未及时退出扩张性政策，落后于市场预期，后来为了抑制高通胀，又只得快速加息，造成宏观政策的"大放大收"，教训也是深刻的。

第二节 日本 20 世纪 90 年代泡沫破灭: 纠结的财政政策

日本 20 世纪 90 年代危机对于宏观政策的挑战,不仅在于楼市和股市的泡沫破灭,还在于金融机构出清的过程非常迟缓。20 世纪 80 年代,为了对冲"广场协议"的影响,日本实施了宽松的货币和财政政策,出现严重的股市和楼市泡沫。90 年代,股市与楼市泡沫破灭,造成企业和居民的资产负债表严重损伤,金融机构大量倒闭,经济陷入停滞。在此过程中,由于一系列主客观原因,日本在处理问题金融机构上行动迟缓,导致恢复过程比较漫长,对于宏观政策的要求更高。尽管日本最初就实施了财政刺激政策,但随后还是受到一些传统的财政观念影响,政府对财政刺激的态度出现几次摇摆。

在股市与楼市泡沫破灭之初,日本政府实施了一系列财政刺激政策。1990—1991 年泡沫破灭后,由于税收收入仍在较高水平,财政还能保持盈余。日本推出多轮经济刺激措施,增加公共工程支出,扶持中小企业,促进民间设备投资,还采取了减税措施。到 1996 年底,日本国债余额达到 241 万亿日元。从结果来看,财政刺激也带动了总需求的恢复。在1992—1994 年连续三年"零增长"后,1995 年日本经济增长速度回升到1.4%,1996 年达到 3.6%。但政府判断,这是一次普通的周期性衰退,一年或两年的财政刺激足以恢复经济。事实上,当时银行业的问题迟迟没有解决,问题机构的出清进展缓慢,上述判断是不正确的。

90 年代后期至 21 世纪初的十年左右时间内(银行业出清的关键时期),财政政策因为受到国内外压力,几次在扩张与紧缩之间摇摆,对经济恢复造成了不利影响。初期的财政刺激虽然稳定了经济,不至于继续下探，但经济没有根本性好转且赤字扩大，不少人开始质疑财政刺激手段。例如，国际货币基金组织（IMF）认为，日本经济还处在停滞不前的状态，减少政府的无效支出不会对经济产生不利影响，建议削减财政赤字。日本政府接受了这一建议，在 1997 年推出了削减 15 万亿日元预算赤字的改革方案。但随后由于经济崩溃，政府税收不升反降，财政赤字反而增加了 16 万亿日元，出现"财政悬崖"。1998 年，日本首相小渊惠三组阁后转向大规模的财政刺激，但小泉纯一郎入主日本内阁后，再次力主实施财政整顿。2001—2002 年，财政整顿的恶果出现，日本经济大幅倒退，股价急剧暴跌。2006 年，安倍晋三上台之初，喊出了"没有增长就没有财政改革"的口号，然而不到一年时间，又再次将财政改革作为首要任务。

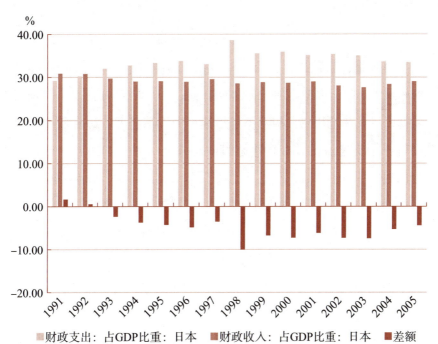

图 1-5　财政改革后日本出现"财政悬崖"

数据来源：IMF。

图 1-6　日本 GDP 增长与财政政策

数据来源：WIND。

　　日本央行受到货币政策应对不及时的质疑，在压力之下实施了量化宽松货币政策，但效果比较有限。1990—1995 年，日本连续 9 次降息，贴现率从 6% 降至 0.5%，此后一直维持在 0.5% 的超低利率。但仍有很多人批评日本在危机之后应对不够迅速、力度不够大。2001 年 3 月，日本央行开始实施量化宽松货币政策。2001 年 3 月—2006 年 4 月，日本央行向银行系统注入 25 万亿日元的资金（相当于银行法定准备金的 5 倍），但效果并不理想，向银行注入的储备金没有如期带动货币供应量增长。实际上，在量化宽松货币政策之前，银行系统已经有了足够的流动性，无论是源自金融机构的意愿问题，还是源自企业和居民的需求问题，资金都进入不了实体经济。房地产泡沫时期，日本企业和居民持有大量不动产，泡沫破灭后，私人部门资产负债表严重恶化，不仅没有打算借贷的企业，甚至已经借贷的企业也在还贷。从数据来看，日本的贷款余额在 1999 年之后持续下降，从 2004 年开始在 400 万亿日元上下波动，而政府债务余额持续扩张，十年间几乎翻了一番，银行资金大量投资国债，才带动货币供应量增长。日本央行最终在 2006 年放弃了零利率和量化宽松政策。这些事实表明，货币政策单独实施的效果十分有限。

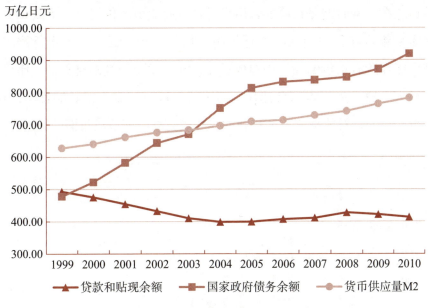

图 1-7　日本政府借贷支撑了货币供应

数据来源：WIND。

除了宏观政策，日本当时加强银行业监管，但又解决不了资本金不足的问题，金融紧缩把经济拖入更深旋涡。20 世纪 80 年代，国际清算银行（BIS）下的银行监督委员会制定《巴塞尔协议》，日本于 1989 年同意实施。面对银行不良资产问题，为执行《巴塞尔协议》，日本决定加强金融监管。日本学者竹中平藏提出了一系列银行改革措施，其中要求银行减少递延所得税资产，达到与美国一致的水平。20 世纪 90 年代初，日本税务当局不轻易将不良贷款认定为坏账，银行被迫将不良贷款留在账面，并使用税后收益进行拨备；1998 年，日本在税收方面做出妥协，允许银行将已缴税收记为资本（递延所得税资产）并最终得到返还，从而积累递延所得税资产作为资本。竹中的改革打破了平衡，银行资本金不足的问题凸显出来。此外，内部纾困也对银行造成冲击。内部纾困是让储户和债券持有人在银行倒闭时承担损失，监管部门认为，来自储户和其他债权人的压力将迫使银行改善管理。这种理念在正常时期是正确的，但当时日本商业地产价格已经下跌87%，大多数银行在穆迪金融实力评级中是最低等级。任何一家银行倒闭，都可能在所有银行的储户中造成恐慌，并引发全局性的挤兑潮。储户、债权人、股本提供者都会选择远离银行，银行获取不了足够资本，存款也会流失，对放贷能力形成制约，并最终对经济造成负面的影响。

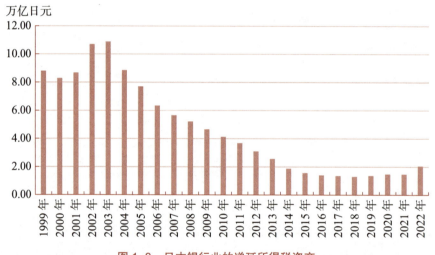

图1-8　日本银行业的递延所得税资产

数据来源：WIND。

总的来看，在日本泡沫经济破灭之后，由于对金融机构的处置非常缓慢，导致危机后的市场出清过程是漫长的，这对宏观政策构成了挑战。日本在危机初期采取的财政刺激发挥了积极的作用，但随后受到传统观念的压力，财政政策出现几次摇摆。在货币政策方面，日本也实施了量化宽松货币政策，但效果比较有限，最终无奈取消。在危机期间，银行资产质量下降的压力会很大，但又很难补充资本，此时若加强监管，必须以国有化兜底问题机构，如果没有政府注资的辅助，监管往往只能暂时容忍。但日本只是加强监管，又没有注入资本予以支持，造成了金融紧缩，教训也是深刻的。

第三节 欧债危机：致命的财政掣肘

1992 年，欧共体 12 国签署了《欧洲联盟条约》（马斯特里赫特条约），目标之一是实现货币统一。1999 年，在欧盟 11 国的推动下，欧元诞生，并成立了欧洲中央银行（以下简称"欧央行"）。2002 年，欧元区成员国的货币全面退出，由欧央行统一欧元区的货币政策。在统一货币政策的同时，欧元区并未实行统一的财政政策，导致成员国经济出现问题的时候，欧元区层面没有财政干预机制，成员国自身财政又受到制约，没有办法使用财政手段，由此埋下风险隐患。

一、货币政策统一但财政政策不统一埋下了风险隐患

德国 2000 年面对互联网泡沫破灭冲击，无法使用财政手段，欧央行使用宽松货币政策进行应对，导致欧洲其他国家出现泡沫。德国版纳斯达克市场的股票在 1998—2000 年的全球互联网泡沫期间上涨了 10 倍，大量的德国家庭和企业参与其中。当泡沫破灭时，股票大幅下跌，持有这些股票的企业和家庭蒙受了损失，社会总需求下滑，经济陷入了衰退。按一般逻辑，德国要想摆脱困境，应实施财政刺激，但各国财政赤字率又不能超过 3%，对实施财政刺激构成了制约。考虑到德国经济疲弱对欧元区的负面影响，欧央行被迫实施了宽松的货币政策进行应对，2003 年将短期利率下调到 2%。但德国以外的欧洲国家没有面临经济衰退，低利率导致这些国家经济过热，特别是刺激了房地产泡沫，为后来的欧洲主权债务危机埋下了隐患。不过，这些国家需求的

增长，带动了德国的出口，使德国从经济衰退中解脱出来。

2008 年次贷危机导致欧洲国家房地产泡沫破灭，各国政府对金融机构进行了救助，抬升了政府债务，并在希腊主权债务危机的冲击下，演变为波及多国的欧债危机。次贷危机刺破欧洲房地产泡沫后，欧洲银行业坏账率飙升、陷入偿付危机，很多国家政府进行了救助。这抬升了主权债务，不少国家自身赤字率超过 10%。希腊主权债务危机成为导火索。2010 年 4 月，希腊政府已无法通过公开市场发债融资，向欧盟和 IMF 申请 450 亿欧元援助贷款，危机正式爆发，并迅速扩散至其他主权债务风险较高的国家。到 2011 年底，27 个欧盟国家中已有 23 个进入过度赤字程序。

欧盟、欧央行、IMF 对遭受主权债务危机的欧洲国家实施了救助，但大多以极为具体和苛刻的财政整顿条件为前提。以欧洲稳定机制（ESM）为例，提供金融救助的前提是受援国签署《财政契约》，并对受援国提出全面具体的改革措施。这些改革措施将结合该国具体情况以谅解备忘录（MoU）的形式，由受援国和欧盟共同签署。欧盟联合欧央行、ESM 和 IMF 共同定期对改革实施情况进行核实，只有审核通过，下一阶段救助资金才能到位。从希腊的案例看，接受救助的条件极为苛刻，不仅要求希腊在一些特定领域内（如教育、国防、公务员工资、社保、转移支付、国企）实施扩大收入、削减支出的量化指标，还对预算编制等财政框架改革、教育系统改革、医疗系统改革等提出细化要求。但为获得外部援助资金，"欧猪五国"[①] 相继出台财政紧缩措施，包括增税、降低公务员工资、减少公共投资等，降低政府赤字和公共债务。

---

① "欧猪五国"是国际上对欧洲 5 个出现债务危机的经济体的贬称，包括葡萄牙（Portugal）、意大利（Italy）、爱尔兰（Ireland）、希腊（Greece）、西班牙（Spain），这 5 个国家的首字母组合"PIIGS"类似英文单词"pigs"（猪）。

在进行财政整顿时，银行也承担了债务重组损失，这进一步弱化了总需求。银行是主权债的重要持有方，投资的本国偏好使得银行倾向于持有本国国债，同时相互持有国债也很普遍。当政府因债务问题陷入困境后，私人部门不得不参与债务重组，给银行业造成了冲击。以希腊为例，私人部门 1970 亿欧元面值债券参与债务重组，最终打折 53.5%，损失超过 1000 亿欧元。以爱尔兰为例，2010 年政府赤字与 GDP 之比高达 32%，主权评级被降至垃圾级，银行业亏损达 1000 亿欧元。在财政政策受严格约束的情况下，欧洲国家的总需求受到连续冲击。

二、持续宽松的货币政策效果有限

欧央行实施了一系列宽松的货币政策，但对于提振需求的作用一般。一是扩大流动性投放、提供低成本资金。连续调低基准利率①、存款准备金率，与美联储重建货币互换机制，两度联手全球五大央行向欧元区提供外币流动性。二是放松合格抵押品条件，放宽银行向欧央行申请融资的抵押品门槛，降低欧洲银行业尤其是高负债国家银行融资难度。三是启动证券购买计划，多次从二级市场购买成员国政府债券，纠正主权债券风险溢价。四是两次推出三年期、利率为 1% 的长期再融资操作（LTRO），共为超过 1300 家银行提供 1.02 万亿欧元资金。五是推出直接货币交易，取代证券购买计划，承诺在满足救助条件的前提下，无限量购买国债，并且放弃优先偿还权，一定程度承担了最后贷款人职能。从 2008 年到 2012 年 3 月，欧央行推出第二轮长期再融资操作，欧央行资产负债表扩张了一倍以上，资产规模超过 3 万亿欧元，

---

① 2008 年 10 月—2009 年 5 月，连续 7 次下调主要再融资利率（MRO），自 4.25% 下调至 1%。

但最终的结果并不理想。

由于宏观政策上存在的制约与问题，总需求并没有稳住，欧洲经济随之陷入了长期低迷，并进一步引发严重的社会动荡。欧洲经济衰退时间持续长达四年。2009 年，欧盟和欧元区的经济跌幅分别达到 −4.5% 和 −4.4%。经济衰退和财政紧缩引发失业率居高不下，欧盟、欧元区的失业率在 2009 年分别升至 9% 和 9.6%，并在 2013 年进一步抬升至 11.4% 和 12.1%。欧债危机还抬升了重债国家融资成本、加重其债务负担、侵蚀了银行资本，导致了欧元的大幅波动，对欧洲银行业和欧元的竞争力也造成负面影响。高福利国家的财政紧缩还引发了民众的不满情绪，罢工和游行引发社会动荡，政府更迭加快，民粹主义政党崛起。此外，不同国家之间的利益博弈，进一步放大了欧洲国家民众之间的冲突。此后一段时间，欧债危机余波未了，不时卷土重来[①]，对市场信心造成持续影响。

新冠疫情暴发后，欧央行强化了非常规量化宽松货币政策，创设了疫情紧急资产购买计划（PEPP）等工具，为金融体系提供流动性支持；此外，欧央行还进行了延长抵押品放宽的实施期限等结构性宽松措施。然而，伴随着货币供应量的强劲增长，居民银行存款增加，流动性沉淀成为银行存款。为了避免重蹈欧债危机的覆辙，欧盟在财政政策方面也推出诸多举措。除了推出总规模逾 1.8 万亿欧元的经济复苏计划以外，欧盟还暂停了超过 3% 赤字率的相关惩罚措施，并加强了财政协调，赋予欧盟联合举债的权利。欧盟因此进入了疫情后经济重启的活跃阶段。

总的来看，危机时期，财政手段至关重要。欧元区成员国遵从刚

---

① 如 2015 年，希腊对 IMF15.5 亿欧元贷款违约，并与国际债权人谈判破裂，希腊债务危机卷土重来。

性的财政约束，但又没有欧元区层面统一的财政干预机制，导致德国经济衰退的时候，只能通过欧央行的货币政策来解决，却激发了其他国家的房地产泡沫。2008年房地产泡沫破灭后，银行出了问题，不少国家进行了救助，又抬升了主权债务水平。主权债务危机爆发后，这些国家为了接受援助，又被迫进行严格的财政整顿。总需求持续受到冲击，以致陷入长期的经济低迷和接连的社会动荡。危机时期的财政掣肘，代价比较大。

第四节　应对内外部冲击：我国宏观政策选择①

最近二三十年，我国自身还没有发生过大的经济金融危机，但面临过几次内外部的冲击，包括20世纪90年代末亚洲金融危机的冲击、2008年国际金融危机的冲击以及2020年以来疫情的冲击。这些时期宏观政策的逻辑，实际上与危机时期是一致的。我国现在处于疫情后的经济恢复期，同时正经历发展模式的转型，面临的局面依旧复杂严峻，宏观政策选择非常重要。国际上历次危机以及我国在亚洲金融危机、国际金融危机期间的应对经验，都是值得借鉴的。

一、亚洲金融危机时促进总需求的系列改革

亚洲金融危机时期，我国国有企业和乡镇企业大量倒闭，经济陷入通货紧缩。在亚洲金融危机之前，国有企业和乡镇企业的发展都面临不

---

① 几次危机冲击过程及应对措施参考了中国政府网、新华网、人民日报等公开报道。

少问题，其中，国有企业主要是效率不高，1988 年国有工业企业亏损面为 10.7%，1995 年达到了 33.3%。亚洲金融危机爆发后，由于东亚国家与我国的经济联系比较紧密，东亚国家的经济萎缩导致我国出口贸易不断恶化，1998 年出口增速降至 0.5%，相对 1997 年的 20.9%，几乎是直线下跌。我国经济增速也放缓，1991 年后经济增速基本在 10% 左右，1998、1999 年降至 7.8%、7.7%，2003 年才回升到 10% 以上。亚洲金融危机进一步导致国有企业和乡镇企业大量倒闭，许多工厂开工不足，处在停产或半停产的状态。1998 年，国有企业的亏损面达到 47.4%，累计剥离下岗职工 1350 万人。宏观经济持续处于通缩的状态，1998—2002 年，CPI 同比增速连续五年低于 1%，其中 1998、1999 和 2002 年是负增长。

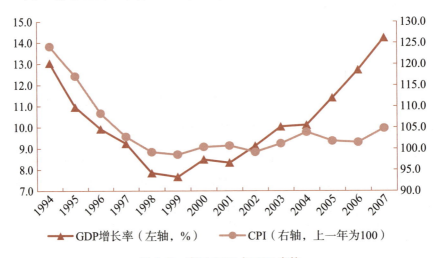

图 1-9　我国 GDP 与 CPI 走势

数据来源：国家统计局。

21 世纪以来，在经济金融领域，我国推动了一系列有助于促进总需求的结构性改革，帮助摆脱危机，并实现经济腾飞。一是加入 WTO，充分利用外需。我国在 2001 年成功加入 WTO，迎来巨大的发展机遇，出口快速发展起来。外资企业看重我国廉价劳动力等成本优势以及巨大的市场潜力，纷纷前来设厂，外商直接投资（FDI）快速增长。从数据来看，出口从 2001 年的 2660 亿美元增长至 2007 年的 12200 亿美元；
FDI 从 2001 年的 469 亿美元增长至 2007 年的 748 亿美元。与此同时，
参与世界市场的激励、开放带来的竞争、很多行业准入的放开，激发了
私营企业的快速发展，成为国民经济最有活力的部分，也带动了农村劳
动人口的转移，大量劳动力涌向东南沿海城市，出现"孔雀东南飞"的
现象。二是住房市场化改革，带动了房地产和基础设施投资。我国抓住
城镇化发展大势，深化城镇住房制度改革，停止住房实物分配，让房地
产市场走向市场化。房地产的发展带动一大批上下游产业链的发展，解
决了大量就业问题，特别是农民工就业。GDP 增长率从 1999 年的 7.7%
提高至 2007 年的 14.2%，总量从 9.1 万亿元增加至 27.0 万亿元，增长了
近 2 倍。三是在金融领域，也适时启动了国有商业银行和农村信用社的
改革。金融是现代经济的核心，是实体经济的血脉。2002 年开始，我国
帮助四大行剥离不良、补充资本并完成上市，帮助农信社甩掉历史包袱
并进入快速发展阶段，有力提升了金融服务实体经济的能力。经济金融
领域的改革相互呼应，激发了市场潜力，极大地促进了总需求。

图 1-10　我国出口和房地产投资

数据来源：国家统计局。

总的来看，我国在受到亚洲金融危机冲击的时候，财政的力量并不充裕，但在经济金融领域适时推动了一系列可以增加总需求的改革举措，有力激发了内外需，帮助摆脱危机冲击的影响，这一经验是值得借鉴的。

二、国际金融危机时实施刺激计划

2008年，始于美国并蔓延至全球的国际金融危机爆发，我国总需求面临重大冲击。从21世纪初加入WTO以来，我国积极参与国际分工，进出口贸易快速增长，成为拉动经济增长的重要动力。而2008年国际金融危机爆发的背景下，外需遭受了前所未有的冲击。当年10月，以美元计算的进出口总额同比仅小幅下滑，仍是增长的，到11月和12月，进出口总额同比出现负增长，分别为-9%和-11%，全年为-14%左右。在外需下滑的拖累下，我国经济增长快速回落，2008年第四季度，同比增速下降至7.1%，较第一季度下降4.4个百分点，2009年第一季度进一步下降至6.4%。随着经济的下滑，不少出口企业倒闭，大量工人失业，大批农民工返乡。由外需不足引发的总需求疲弱，如任其发展，可能陷入经济金融的紧缩循环。

这种情况下，我国及时实施积极的财政政策与适度宽松的货币政策，阻断总需求下滑趋势，在主要经济体中率先恢复。2008年11月，国务院常务会议指出，要采取强有力措施来扩大总需求。随后实施4万亿元投资计划，同时大力刺激消费，拉动总需求。在4万亿元投资中，中央投资将近1.2万亿元，占比接近30%，其他投资2.8万亿元，占比约70%，主要来自地方预算收入、地方政府债券、政策性贷款、企业债务等渠道。同时，实施适度宽松的货币政策，支持财政扩大总需求。M2增速在2009年达到26.5%，2010年仍处在20.7%的高位，社会融资规模由2008年的7万亿元增加到2009年、2010年的13.9万亿元、

14 万亿元，其中新增人民币贷款由 2008 年的 4.9 万亿元增加到 2009、2010 年的 9.6 万亿元、7.9 万亿元。2009 年第三季度，GDP 增长就恢复到 10% 以上，全年为 9.4%，2010 年也在 10.6% 的高位。

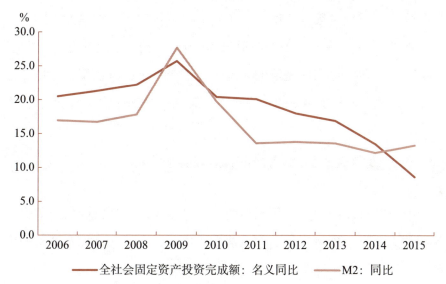

图 1–11　国际金融危机后我国实施了经济刺激政策

数据来源：WIND。

图 1–12　国际金融危机前后我国 GDP 增速的变化

数据来源：WIND。

总的来看，应对国际金融危机冲击的经济刺激政策是必要的。这个过程中出台了很多的政策，像家电下乡补贴、小排量汽车减税等政策，效果都是很好的，但由于形势比较紧急，政策出台节奏很快，也有些政策没有经过很好的讨论，实施中也有效率不高的问题。后来经济恢复了，一些政策也没有及时退出，出现了房地产过热等问题。但是，经济刺激计划归根到底是帮助我国走出了经济下行的困境，稳住了宏观经济，至于过程中存在的一些问题，则是另一个层面的事情。

三、疫情后宏观政策及改革的着力点

中外应对疫情的方式是不同的，结果也不同，这是我国当前经济问题的大背景。疫情三年期间，地方政府、企业、居民的资产负债表都有损伤。一个直观的事实是，进入 2023 年，失业问题比较严峻，尤其 16—24 岁的青年人失业率比较高，这只是显性的，考虑到房地产、建筑等行业低迷造成农民工失业，包含隐性失业在内的真实失业率可能更高。

与此同时，21 世纪以来的"双轮驱动"发展模式已不能持续，房地产问题与地方债务问题风险交织。21 世纪初加入 WTO 后，我国顺应经济全球化趋势，持续加大对外开放力度，积极吸引外资，并依靠人口红利，成为世界工厂，不仅解决了国内就业问题，劳动者收入也大幅提高。同时，我国顺应人口城镇化发展趋势，适时推动住房市场化改革，这个过程中，地方政府在土地财政模式下，依靠房地产、城投拉动政府基建投资来扩大内需，带动地方经济增长。开放带来的收入提高又支撑了房地产的繁荣，我国经济形成了出口和房地产"双轮驱动"的良性循环。现在情况不一样了。一方面，逆全球化思潮盛行，中美战略竞争加剧，美国及其盟友在一些领域对我国"脱钩断链"，加入 WTO 以来的良好外部发展环境有了重大变化，我国居民收入增长速度相比之前明显放缓；另一方面，人口老龄化等问题下，国内房地产市场发展趋势出现转折，加上收入的下滑，住房需求明显下滑，住房销售比较困难，土地也很难卖掉，土地财政已不可持续，过去土地财政模式下形成的地方政府超高债务杠杆问题，也随之暴露出来。

　　当前情况下，要顺利推动经济转向双循环的发展模式，亟须通过一揽子政策，同时解决增长问题和地方债务问题。与许多国家不同，中国经济现在同时面临增长问题和债务问题，解决单一的问题无法真正改善预期，也无法让经济恢复内生活力。增长问题与债务问题是连在一起的，增长问题的核心是预期和需求的问题，没有增长，债务问题解决不了，债务问题不解决，增长也实现不了。当前，化解地方债务要有一定的力度，同时，要配合中央和地方财政关系的改革，探索建立"一级政府、一级财政、一级预算、一级税收权、一级举债权"体系，各级财政相对独立、自求平衡，以避免将来的道德风险。这样，在避免道德风险的同时，又能解决地方债务问题。此外，由央行和财政配合解决地方债务问题，也必然有助于解决增长问题，进一步通过改善营商环境等改革举措，可以提振中外投资者的信心、改善预期。这种情况下，企业和居民才可以休养生息，找到新的发展路径，逐步构建以国内大循环为主体、国内国际双循环相互促进的新发展格局。

第二章

房地产危机时
首先要保住
金融机构的功能

历史上很多次危机都与房地产有关。例如，日本20世纪90年代泡沫经济破灭、美国2008年次贷危机以及瑞典20世纪90年代金融危机。金融体系的资产与房地产、土地的关联性很大，风险是交织在一起的，同时房地产既是一项资产，又是债务质押品，容易出现资产价格与债务杠杆的正反馈，从而诱发危机。一个重要的问题是，房地产出问题时涉及面比较广，政策的优先级就比较重要。

从各国应对危机实践来看，房地产出问题时首先要保住金融机构的功能，才能有利于房地产问题的解决与实体经济的恢复。金融机构在经济循环中相当于心脏，心脏一旦出问题，影响非常大。从解决房地产问题的角度，只有金融机构正常发挥作用，借助其期限错配功能，才能帮助房地产跨越较长的下行周期，避免行业过度下行。从实体经济的角度，一般情况下，由于顾虑舆论压力，救助资源可能优先考虑居民和企业，而不管金融机构，甚至让金融机构承担更多的损失。但如果金融机构出问题，银行会惜贷，企业和居民得不到资金，势必减少投资和消费，实体经济如同无水之源，将陷入持续的低迷。总的来说，只有金融机构的功能还在，才可将房地产的问题延缓到长期中去解决，危机才能尽快度过。

2021年以来，我国房地产市场的下行，与历史上是不一样的。从人口增长和人口结构、城镇化水平、人均住房面积、房价等指标来看，房地产市场发展都到了拐点，行业将从数量扩张转向高质量发展阶段。这个过程中，化解房地产的风险非常重要，必须在解决总需求不足、保持一定经济增速中去解决房地产的问题，同时要注意以下几个方面。首先，我国的大型房企不是一般意义上的房企，更像金融机构，具有广泛的风险敞口，应从宏观系统角度思考房地产行业；其次，房地产在我国的资产结构中占比很高，所以要避免房地产价格大幅下跌；再次，处理房地产风险时，不能让风险向金融机构集中，否则经济会有长期的隐患；最后，土地财政现在已不能持续，建立地方政府债务硬约束机制，同时中央财政要帮助地方财政平稳过渡。

第一节 日本房地产泡沫破灭：风险集中于银行体系

一、长时间宽松货币政策助长了房地产泡沫

20 世纪日本房地产泡沫的形成与当时的宏观背景有关。一是市场对日本的经济持续繁荣充满信心。20 世纪 80 年代，日本战后形成的出口导向和制造业驱动的发展模式达到高峰，经济高度繁荣，GDP 规模跃居全球第二并有直追美国之势。市场对日本经济继续保持高增长充满信心，对经济基本面非常乐观，支撑了资产价格的上涨。二是日本的经济转型催化了房地产的投资与居住需求。日本经济面临从制造业到服务业、从倚重外需到倚重国内市场的转型需要。传统的制造业投资需求相对趋缓，企业持有大量利润寻找新的投资领域；人口和商业开始向主要城市集聚，催生了对主要城市地产的居住需求。三是金融管制放松下资金追逐更高收益的领域。既受到当时主要西方国家去管制思潮的影响，又是经济发展到一定阶段的客观需要，日本在 20 世纪 80 年代开始对高度管制、相对封闭和以银行为主的金融业进行放松管制和开放，包括利率自由化、资本账户开放和发展资本市场。大幅放松金融管制和没有及时跟进的金融监管，催生了金融过度扩张和风险集聚，传统银行业也因为竞争加剧和利差收窄，开始更主动寻找收益更高的领域，包括房地产市场。

长时间宽松的货币政策，助长了房地产泡沫的膨胀。“广场协议”是日本宽松货币信贷政策的起点。“广场协议”签订的背景是，由于

时任美联储主席沃尔克采取高度紧缩性的货币政策应对通胀，美元从1979年底到1984年底升值近60%。与此同时，美国对外贸易逆差大幅增长，美国希望通过美元贬值来增加产品的出口竞争力。1985年9月，美、日、西德、法、英五国的财长和央行行长，在纽约广场饭店举行会议，决定联合干预外汇市场，使美元兑日元、马克等主要货币有序贬值，史称"广场协议"。"广场协议"签订后，日元对美元大幅升值，从230日元／美元升值至120日元／美元。为应对由此引发的经济衰退，同时遏制日元升值，日本央行大幅放松货币政策。从1986年1月到1987年2月，日本央行在一年内连续5次降低利率，把中央银行贴现率从5%降低到2.5%，不仅为日本历史最低，也为当时世界主要国家最低。此外，日本央行还通过窗口指导的方式引导银行增加信贷供给。宽松的货币政策为房地产泡沫的膨胀创造了条件，东京的房屋价格指数由1985年的100左右上涨至1987年11月的235。

表 2-1 日本央行 20 世纪八九十年代的货币政策

	轮次	日期	利率变动
广场协议开启降息	1	1986 年 1 月 30 日	5.0% 降至 4.5%
	2	1986 年 3 月 10 日	4.5% 降至 4.0% 与美联储和德国央行（德意志联邦银行）同时宣布降息
	3	1986 年 4 月 21 日	4.0% 降至 3.5% 与美联储同时降息
	4	1986 年 11 月 1 日	3.5% 降至 3.0% 美日财长发表稳定汇率共同声明
	5	1987 年 2 月 23 日	3.0% 降至 2.5% 根据卢浮宫协议

	轮次	日期	利率变动
泡沫出现后经历了近两年的犹豫期	1	1987 年 8 月底	日本银行引导货币市场利率上行
	2	1987 年 10 月 20 日	美国发生"黑色星期五"后，日本央行暂停引导货币市场利率上行
	3	1988 年 1 月 13 日	竹下登首相和里根总统发表联合声明表示将维持低利率
	4	1988 年 7 月—1989 年 5 月	日本银行重新开始引导货币市场利率上行
开启加息	1	1989 年 5 月 31 日	2.5% 加至 3.25% 对商业银行的信贷数量和质量进行窗口指导
	2	1989 年 10 月 11 日	3.25% 加至 3.75%
	3	1989 年 12 月 25 日	3.75% 加至 4.25%
	4	1990 年 3 月 20 日	4.25% 加至 5.25% 对房地产贷款设置上限
	5	1990 年 8 月 30 日	5.25% 加至 6%

此后，日本在泡沫出现的情况下继续实施长时间的货币宽松，导致了房地产泡沫的扩大。在资产价格大幅上涨的背景下，日本央行虽有警觉，但由于消费价格指数仍较平稳，一直未实质性收紧货币信贷。1987 年 8 月，日本央行开始释放收紧信号，但 1987 年 10 月美国发生"黑色星期五"股灾，日本央行再次转为维持低利率。直到 1989 年 5 月，日本央行才开始进入加息周期，这时距日本央行首次释放收紧信号已有近两年时间。这一时期东京房价继续保持高位，大阪、名古屋等其他重要城市房价也出现了明显上涨。1990 年，日本东京的房价指数最高时已经到了 248，比 1987 年的高点又高出不少。目前的共识是，日本央行犯了维持过长时间宽松货币政策的错误。

图 2-1　日本东京房价指数

数据来源：WIND。

二、房地产泡沫破灭诱发了银行业危机

日本多管齐下抑制房价过快上涨，最终刺破房地产泡沫。主要包括四个方面：一是短时间高强度的加息。自 1989 年 5 月 31 日首次加息 75 个基点，日本央行在 15 个月内 5 次累计加息 350 个基点至 6%，并窗口指导控制银行信贷增速。二是严控房地产贷款。日本于 1990 年 3 月发布行政指导，要求金融机构严格控制在土地上的贷款项目，房地产贷款增长速度不能超过总体贷款增长速度。受此影响，各金融机构的房地产贷款增长速度迅速下降，到 1991 年，商业银行实际上停止了对房地产业的贷款。三是直接指导房价。日本于 1987 年设立土地交易监视区域制度，并成立土地问题特别委员会，直接对有关的土地交易和价格进行指导和调控，实际是行政调控房价。四是调整房地产相关税收政策。日本于 1992 年 4 月引入地价税，还改革了遗产税中对土地价值的评估方法，提高了遗产税中对土地的税负，还对农业用地的税收政策和执行进行了

调整。这些政策的用意均是抑制地价过快上涨，促进土地更加合理的分配和有效使用，但这些税收措施出台时间较晚，实施中有较多规避方式，实际税率不高。普遍认为，加息和严控房地产贷款是刺破房地产泡沫的直接触发原因，打破了低的资金成本、信贷扩张和房地产价格上涨之间互相加强的循环。日本的房地产价格自 1991 年开始持续下跌，商业地产价格自高点回落 87%，住宅价格回落也接近 50%。其中，东京的房屋价格指数在 2003 年时又重新回到 100 以下。

日本银行业总资产中房地产相关比重很高，在泡沫形成过程中进一步放大。房地产行业贷款与以房地产、土地为质押品的各类贷款，本就是贷款的重要组成部分，况且在房地产价格上涨过程中，抵押品估值上涨会推动房地产相关信贷进一步增长。银行贷款以房地产作为直接抵押的份额从 1980 年的 6% 提高至 1990 年的 12%，进入 90 年代后仍加速抬升，以房地产为间接抵押的贷款增幅更快。银行贷款加速转向高风险领域，尤其是土地抵押贷款显著增加，如建筑业、房地产业、非银行金融服务业，这三类贷款占比从 1985 年的 38% 提高至 1995 年的 52%。随着资产价格泡沫破灭，这些贷款回收困难，很大比例成为不良贷款。

房地产泡沫破灭后，银行业不良资产迅速增加。到 1996 年，日本银行业资产质量和盈利问题加快暴露，多家银行相继亏损，20 家主要银行中 16 家亏损，这 20 家银行的总资产占全国 147 家银行总资产的 74%。前 10 大银行的经营业绩与上年同期相比，除樱花银行略有增长外，其余 9 家均为亏损，平均每家亏损 16139 亿日元；3 家长期信用银行（日本兴业银行、日本长期信用银行和日本债券信用银行）均亏损，平均每家亏损 5200 亿日元；7 家信托银行中多家亏损，如三井信托、安田信托和日本信托的亏损金额分别为 133 亿、151 亿和 40 亿日元。"影子银行"冒险行为也加剧了日本银行业亏损。住宅金融专门会社（简称"住专"）是日本主要从事住房贷款的公司，大多是银行的子公司，向银行、信用社等金融机构借款，并向个人和小企业发放住房贷款。"住专"受到的监管比银行宽松，成为实质上的"影子银行"，作为规避监管的通道。"住专"贷款条件更加宽松，规模巨大，且大量以房地产作抵押，在资产价格下跌之下损失惨重。

经济衰退与金融风险形成恶性循环。亚洲金融危机的爆发又冲击了日本经济，悲观的经济前景和下跌的资产价格增加了银行的压力，导致日本在 1997 年、1998 年爆发了系统性的银行业危机。风险通过银行同业市场进一步传导，1997 年因无法在银行同业市场获得短期拆借资金，日本四大券商之一的山一证券倒闭，另一家中型券商——三洋证券也被迫倒闭，部分银行也因此倒闭。金融危机与经济萧条相互强化，银行不良贷款急剧攀升。大藏省资料显示，到 1997 年 9 月，主要银行的不良资产高达 76.7 万亿日元。一些民间机构估算，实际的不良资产规模要大两至三倍，约占国民生产总值的 20%。尽管 1999 年 3 月之前，日本的 15 家大银行已经处理了 10.4 万亿日元的不良资产，但由于经济萧条和通货紧缩，破产企业增多，新的不良资产接踵而来。根据日本帝国资料公库的数据，截至 1999 年 3 月底，日本 138 家银行的不良资产比上年同期又增加 3.32 万亿日元。

三、风险集中于银行体系的代价很大

日本房地产出问题后，风险集中于银行体系，但当时认为激进的机构应破产，不应拿纳税人的钱去救助。1992 年 8 月召开的财界人士座谈会讨论了救助银行业的问题，时任首相指出了投入财政资金的必要性。由于违背"自由主义"的市场经济原则，业界、媒体和大众对此强烈反对，最终这一构想破产。当时的主流思维是，激进的金融机构应该破产，不应花纳税人的钱进行救助。20 世纪 90 年代初，"住专"激进地进行监管套利，从银行大量借款，发放抵押贷款。随着房价下跌，"住专"损失惨重。"住专"很多资金来自农业金融机构，因此将亏损传导到农业金融机构。当时，日本国会中代表农业利益的议员有很大话语权，1995—1996年，他们迫使政府注入6800亿日元资金，救助了一批"住专"，但这一行为引发了当时日本业界、公众和媒体的强烈反对。因此，在很长一段时间内，财政部门都不再将动用公共资金处置银行业风险作为政策可选项。

直到1998年，政府才出资充实银行处置资金。1998年2月，日本国会立法确定了稳定金融体系的临时性措施，授权提供30万亿日元救助银行，其中，17万亿日元用于处置倒闭银行，13万亿日元用于购买银行优先股和次级债、协助银行补充资本。1998年10月，日本国会将救助资金增加至60万亿日元，达到当年GDP的12%，并规定问题银行要么被金融重组管理局接管，要么被临时国有化，无论是接管方式，还是临时国有化方式，问题银行的业务经营应正常进行。其中，17万亿日元进入日本存款保险机构特殊账户用于为银行存款提供保险，18万亿日元用于支持问题银行的清算、临时性国有化等，其余25万亿日元用于给未倒闭的银行补充资本金。

由于未及时救助银行业，房地产市场恢复很慢，宏观经济也受到影响，形成恶性循环，结果导致银行业系统性危机以及经济持续衰退。日本银行业在房地产泡沫破灭后出现大量不良贷款，资本充足率下降。政府没有及时使用公共资金进行注资，导致银行业带病运行，房地产持续恶化，实体经济也愈加艰难。经济收缩和银行困境相互影响、恶性循环，将日本经济拖入更深、更持久的衰退。1997年北海道拓殖银行和山一证券破产，1998年日本长期信用银行和日本债权信用银行先后破产，到2002年，累计180家大小银行和金融机构相继破产。银行业危机给日本经济带来了新一轮巨大冲击。日本经济也由此陷入长期的低迷。有学者估计，在1997年银行业危机系统性爆发之后的三年内，日本累计减少的总产出达到 GDP 的 18%。

间接代价是政府债务率的持续攀升。相较于危机发生初期，日本政府后来的处置成本已非常高，造成政府债务大幅攀升。而且在长达数年的危机中，还要持续出台财政刺激计划，以稳定总需求。1990 年房地产泡沫破灭后，1998 年亚洲金融危机、2008 年国际金融危机接踵而来，也没有给日本政府收缩债务规模的机会。近年来，日本政府债务占 GDP 的比例持续在 200% 以上，财政由此背上了沉重的负担。

总的来看，日本房地产泡沫在长期过度宽松的货币政策下产生。而泡沫破灭后陷入持续经济衰退以及政府债务高企，与风险集中于银行体系且未及时予以救助有关。银行天然具有期限错配功能，可以帮助房地产行业"以时间换空间"，如果银行出问题，不仅房地产问题解决不了，金融的收缩还会影响企业的投资与居民的消费，触发经济与金融紧缩的恶性循环。日本忽视了金融机构在危机传播链条上的关键作用，最终造成银行体系出问题，房地产问题迟迟解决不了，宏观经济也稳不住。日本在房地产危机时对金融机构作用的不正确认识，最终付出了很大的代价。

第二节　美国次贷危机：房地产金融化与金融机构救助

一、房地产金融模式扭曲

房地产行业的发展模式很重要，2008 年美国次贷危机的一个重要教训就是房地产金融模式出了问题，房地产市场高度金融化。美国的房地产金融包括一级市场和二级市场。一级市场由商业银行、储贷机构、抵押贷款银行（mortgage bank）等组成，直接向家庭或企业发放抵押贷款。其中，抵押贷款银行是美国最具特色的房地产金融机构，本身不吸收公众存款，发放贷款后一般将其在二级市场出售，用于回笼流动性，重新发放下一轮贷款。二级市场是抵押贷款的流通市场，买方包括国际投资者，通过金融市场将风险分散到全球。

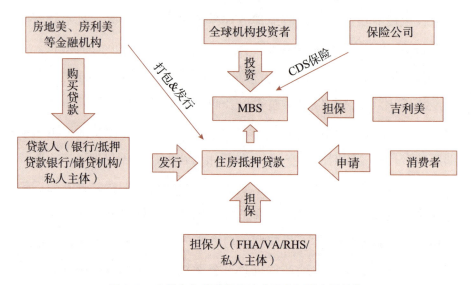

图 2-2　次贷危机前美国住房金融市场的交易结构

21 世纪初，美联储宽松的货币政策与美国政府致力于让每个家庭都有住房，使得次级贷款大量增加。一方面，为了应对纳斯达克泡沫破灭可能引发的经济衰退，美联储实施极为宽松的货币政策，基准利率和房贷利率均降至历史低位并长期保持[①]，而通货膨胀之所以能维持低位，主要是经济全球化与中国加入 WTO 带来的"红利"，大量进口的廉价商品抑制了其国内的通胀压力，但流动性过剩和低利率导致美国房价一路攀升。另一方面，美国当时社会思潮下，强调低收入群体要享有平等的金融服务，强调金融机构的社会责任，使得金融机构开始关注低收入或信

---

① 2001 年后美联储连续 13 次降息，联邦基金利率从 2001 年初的 6.5% 降至 2003 年 6 月的 1%，30 年固定利率抵押贷款合约利率从 2000 年 5 月的 8.52% 降至 2004 年 3 月的 5.45%。

用记录比较差的人；政府为提高住房自有率，也要求金融机构向低收入群体发放贷款①，并要求"两房"增加对中低收入家庭住房抵押贷款的购买比例②。由此，次级贷款大量发展起来，面向信用记录较差、负债比例较高或收入较低的贷款对象。据统计，净资产最低的20%居民的杠杆率最高，此类借款人没有其他金融资产作缓冲，若出现偿付危机，整个债务链条难以为继。抵押贷款银行大量发放30年以上房贷，但负债端是隔夜或者7天期限的货币市场资金，资产与负债期限严重不匹配，一旦利率上行，极易出现债务挤压（credit crunch）。

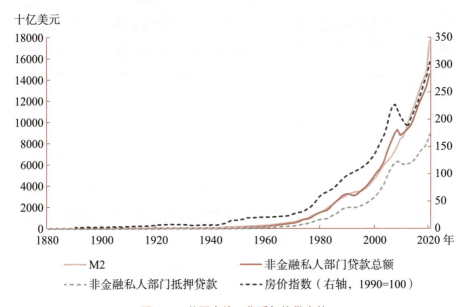

图 2-3　美国房价、货币与信贷走势

数据来源：Jorda-Schularick-Taylor。

---

① 2003年出台《美国梦首付款法》，每年为首次购房的低收入家庭提供2亿美元援助，目标是帮助4万户家庭支付首付款和贷款手续费。

② 1992年颁布的《联邦住房企业金融安全和稳健法》授权美国住房和城乡建设部（HUD）制定"两房"的贷款购买目标。HUD自1993年首次制定目标以后，多次上调目标水平，到2007年，对"两房"购买中低收入家庭抵押贷款的比例要求达到55%，对极低收入家庭的比例要求达到25%，对市中心、低收入水平、少数族裔聚居等服务不足区域的比例要求达到38%。

这个过程中，美联储等金融管理部门对金融创新采取自由放任的态度，形成了巨大的监管真空，美国房地产金融进入泡沫化阶段。20世纪80年代以来，主张新自由主义的华盛顿共识成为各国的主流思潮。受其影响，所谓"最少的监管就是最好的监管"一度甚嚣尘上，迅速发展的金融创新模糊了传统金融行业的界限，从而引发了不同国家不同行业的"监管竞次"。此外，传统观点认为，只要物价稳定就能够自动实现经济和金融稳定，中央银行仅需关注通胀目标并采用利率调控，不应关注资产泡沫。比如，格林斯潘认为，中央银行可以关注资产价格，但不要主动去抑制资产价格，只需要事后收拾残局即可。事实上，危机前没有任何一个机构以整体金融稳定视角，真正负责系统性金融风险。次贷危机表明，这种做法是值得商榷的，跨市场、相互交叉、结构复杂的金融产品形成巨大的监管真空，信贷和杠杆率迅速上升，影子银行体系发展迅猛，形势近乎失控。

发放按揭贷款的金融机构通过资产证券化，以发起－配售模式，把风险传导给银行、证券、保险、对冲基金等各类金融机构。次贷就像烂苹果，正常的按揭贷款是好苹果，如果光卖烂苹果，谁都不会买，金融机构就把好苹果和烂苹果放在一起，再进行分层。这个过程中，发放按揭贷款的金融机构找到评级机构，给一定的咨询费，评级公司指导如何通过担保等信用增进方式，将不同层级的房贷打包为从AAA级到B级的不同等级，最后再卖给不同风险容忍度的机构投资者，高评级的卖给银行、保险公司、退休基金，低评级的卖给对冲基金。如果机构投资者还不放心，就找投资银行买一个保险，即信用违约互换（CDS），相当于债券违约的保险。这样一来，次贷通过打包、证券化、分层和保险，变成担保债务凭证（CDO）这样的结构性产品，一经卖出，风险就扩散到不同的金融机构。

由于政府信用参与、产品设计过于复杂、二级市场频繁交易，风险容易被忽视且普通投资者难以识别。"两房"等金融机构将抵押贷款打包成证券化产品，通过出售将风险转移给资本市场，但实际上利用了政府信用降低风险溢价，政府在一定程度上承担最后担保人的角色；保险公司等金融机构为抵押贷款相关证券提供 CDS 保险，但 CDS 合约被投机者和对冲基金在二级市场上频繁交易，新买入合约的保险人不仅与证券的基础资产毫无关联，而且可能不具备赔偿违约损失的能力。

表 2-2　AIG 在美国住房抵押贷款领域的金融业务分布

子公司名称	主营业务
美国通用金融公司（American General Finance，AGF）	为消费者发放第一、第二顺位（first and second lien）的住房抵押贷款，包括一定比例的次贷，同时也向第三方投资者出售整体贷款（whole loan），即将单笔住房抵押贷款出售给单个投资人以回收本金
UGC（United Guaranty）	为第一、第二顺位的抵押贷款提供抵押担保保险，主要客户是房地美、房利美等，所担保的贷款结构多元，消费者的经济能力各异
AIGFP（AIG Financial Products）	为"超级优先级（AAA+）"资产支持证券（ABS）提供 CDS 保险，ABS 的基础资产主要包括住房抵押贷款、多层 CDO、担保贷款凭证（CLO）（特定类型的 CDO）等，其中约 80% 的多层 CDO 的最底层资产包含次贷
AIG 保险公司	投资住房抵押贷款及相关衍生品，包括（个人）住房抵押贷款支持证券（RMBS）、商业房地产抵押贷款支持证券（CMBS）、CDO 等
AIG 资产管理公司	

资料来源：Stanford University，"Residential Mortgage Presentation"。

次级贷款证券化过程中，中介机构没能充分尽职履责，场外衍生品的透明度也严重不足。评级公司作为金融市场的守门人没能尽职，把宏观经济的风险量化到评级中去，使得住房抵押贷款的经纪人、发起人、承销商、评级机构和投资者可以在短期内实现收益，却把风险递延到未来。此外，CDO、CDS 等金融产品都在场外交易，没有信息披露和清算体系，产品流动性较差，但是规模巨大。美国政府2000年出台《商品期货现代化法案》，规定场外衍生品市场不受监管，刺激抵押贷款证券化产品规模大幅扩张。截至2007年底，全球衍生品的规模（名义合同额）超过500万亿美元，其中美国就有160万亿美元，全球CDS高达62万亿美元。这些产品大多以花旗、雷曼兄弟等十几家大投行作为中心进行交易，形成了场外交易链，如果其中一个交易中心出问题，整个市场就可能崩溃。

图2-4　美国住房抵押贷款相关证券余额

数据来源：美国证券业和金融市场协会（SIFMA）。

二、风险爆发并蔓延至整个金融体系

早期次贷的低违约率是在房价上涨背景下计算，次贷的风险被严重低估。次贷发展到后来，贷款客户的财务状况与信用记录越来越差，而2004年出台的《零首付法》将FHA保险贷款的最低首付比例从3%

降至 0%，这些住房贷款失去了"安全垫"。但是，当时金融机构的次贷违约率依然按照长期低利率、房价持续上涨背景测算，评估风险的数据库没有包括整个经济周期，计算出来的次贷违约率很低，风险被严重低估。当房价不再上涨之后，整个逻辑就变了，次贷的违约率开始快速攀升，市场一下就雪崩了。

2004—2006 年，美联储连续加息 17 次，造成房价下跌，次贷家庭发生大面积违约、止赎、抛售住房，风险在不同金融市场间传染并逐渐失控，最终引发金融危机。美国房价自 2006 年、2007 年高点跌去 60%以上，随着房价暴跌，次贷风险暴露出来，包括新世纪金融公司（New Century Financial Corporation）在内的 30 余家抵押贷款机构相继破产，银行破产的数量比金融危机之前大幅增加。房地产危机沿着二级市场迅速蔓延至金融领域，相关衍生品大幅贬值，参与 CDS 保险和投资的金融机构遭受巨额亏损。其中，AIG、"两房"等深度参与房地产金融业务的系统重要性金融机构均发生严重亏损[①]。当CDO这样的场外产品出问题后，由于对冲基金模型相似的程式化选股和交易，导致股票市场踩踏式抛售，而投资银行的高杠杆投资，使得商业银行和其他投资人受损，并重创投资人信心。通过这些传导机制，次贷风险在整个金融市场逐渐失控。雷曼兄弟的破产使次贷危机变成全球金融海啸，并从金融领域向实体领域蔓延。

---

① AIGFP 自 2007 年 10 月至 2008 年 6 月末累计亏损 250 亿美元；UGC 担保的第二顺位贷款余额仅占其国内业务的 10%，但在 2007 年产生了 58% 的损失，截至 2008 年末公司累计亏损 31.2 亿美元；AGF 在 2008 年的经营损失达 7.2 亿美元；虽然 AIG 保险公司、AIG 资管公司和 AIGFP 投资的抵押贷款衍生品规模不大，截至 2007 年 6 月末投资组合中只有 11.4% 涉及房地产抵押贷款，但相当一部分以次贷为基础资产或担保，在 2008 年价格急剧下跌。"两房"持有并担保的 MBS 净值在 2007 年大幅缩水，当年房地美、房利美的 ROE 分别为 –21 和 –8.3。根据美国政府 2010 年发布的"两房"接管备忘录，预计年末房利美亏损金额为 180 亿—500 亿美元，房地美亏损金额为 110 亿—320 亿美元。

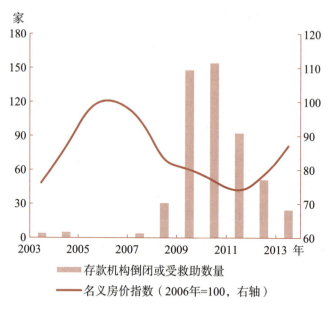

图 2-5 危机期间房地产风险向美国金融体系传导

数据来源：FDIC。

三、迅速救助核心金融机构

美国政府刚开始对金融体系的雪崩过程认识不足，有的机构救了，有的机构没救，但看到雷曼兄弟出问题后风险快速蔓延，迅速采取了救助行动。实际上，由于房地产金融化，风险蔓延极快，如不及时遏制的话，会波及整个金融体系。在此情况下，2008 年《紧急经济稳定法》授权美国财政部通过 TARP 计划提供不超过 7000 亿美元的救助。在 TARP 下，财政部通过注资、与美联储和 FDIC 共同提供资产担保等方式，支持银行维持正常功能。除了银行业机构，由于房地产金融化牵涉甚广，政府也救助了 AIG、"两房"等房地产金融链条上的重要非银行金融机构。AIG 同时担任贷款人、保险人、担保人、投资人等多重角色，衍生品交易对手方覆盖欧美多家系统重要性金融机构，且与地方财政、美国公众投保人的利益息息相关。"两房"作为政府支持机构，是美国房地产金融市场最主要的流动性提供方，持有或担保全美 40% 左右的住房抵押贷款，金额高达 5.3 万亿美元。在 2007 年严重亏损的情况下，"两房"还继续扩张业务，购买的抵押贷款规模为 2006 年的两倍，占当年美国新增住房抵押贷款的 75%。AIG 方面，美联储向 AIG 发放紧急贷款，购买优先股，并成立两家专门处置公司剥离不良资产；财政部通过 TARP 于 2008 年 11 月、2009 年 2 月向 AIG 共注入 700 亿美元。"两房"方面，美国政府接管"两房"后，财政部通过购买高级优先股的方式注资 1875 亿美元，并购买"两房"发行的 2250 亿美元 MBS；美联储授权纽联储根据实际需要向"两房"发放短期紧急贷款，并购买约 1 万亿美元"两房"发行的债券及 MBS。

表 2-3　美国政府救助 AIG 的考量因素

业务板块	系统重要性的表现
AIGFP	危机发生时 AIG 的风险敞口总计 2.7 万亿美元，包括 12000 份场外衍生品合约，其中有 1 万亿美元的风险敞口集于美国和欧洲的 12 家大型金融机构，多数为系统重要性金融机构。 截至 2007 年末，AIG 为欧洲金融机构 3790 亿美元的 CDO 提供 CDS 保险（占 AIG 当年 CDS 保险总金额的 72%），欧洲金融机构因接受其保障而被允许遵守更宽松的资本监管要求。据美国国会预估，AIG 破产会导致欧洲金融机构增加 180 亿美元的监管资本，并引起全球股市更大规模的暴跌 AIG 承保的部分 CDO 由债券保险机构（monoline insurer）提供信用增进，若 CDO 因 AIG 破产而失去保障，可能会使债券保险机构承压，削弱其对市政债券的保障。 AIG 通过投资市政债券、签订市政担保投资协议（GIA）、为市政债券互换（swap）提供流动性等方式支持地方财政。截至 2008 年末，AIG 持有的州政府、市政和政府分支机构债券（obligations of states, municipalities and political subdivisions）市值达 612.6 亿美元，并为市政债券互换提供 6.1 亿美元的流动性工具（liquidity facility）

续表

业务板块	系统重要性的表现
AIG 保险	AIG 的保险业务几乎囊括所有险种,包括普通保险(General Insurance)、寿险和养老金业务(Life Insurance & Retirement Service)两大类:前者涵盖家庭财产损失保险、火灾保险、保证保险、再保险以及特殊险种如蒸汽锅炉保险,后者涵盖普通人寿险、意外伤害险、养老保险等

资料来源:2008 年 AIG 年报、AIG 官网、Residential Mortgage Presentation、The Financial Crisis Inquiry Report。

表 2-4　美联储救助 AIG 的具体措施

救助措施	具体内容
发放紧急贷款	2008 年 9 月 16 日,美联储授权纽联储向 AIG 提供 850 亿美元循环紧急信贷额度,期限 2 年,以 AIG 及主要子公司的全部资产作为担保。紧急贷款旨在帮助 AIG 偿还到期债务和 CDS 赔偿款,为 AIG 出售部分业务筹集资金争取时间。作为贷款条件,美国政府获得 79.9% 的 AIG 股权,有权决定 AIG 的管理和股息支付等政策;为保证纳税人利益,紧急贷款具有优先偿还权
	2008 年 10 月 8 日,纽联储向 AIG 子公司提供 378 亿美元的贷款额度,AIG 子公司以投资级的固定收益证券作为担保,实际贷出 205 亿美元
购买优先股	2009 年 3 月 2 日,美联储授权纽联储向 AIG 子公司美国友邦人寿保险公司(AIA)和美国人寿保险公司(ALICO)购买优先股,并于 6 月 25 日支付 250 亿美元,固定股息率为 5%,旨在提高 AIG 的资本状况和流动性水平,降低其财务杠杆,推动其子公司重组和上市。出售优先股后,AIG 仍保持对这两家子公司的控制权;纽联储与这两家子公司相对独立,但为了保护纳税人利益,拥有一定的治理权
发放间接贷款	美联储授权纽联储成立 ML II LLC 和 ML III LLC。2008 年 11 月,纽联储向 ML II LLC 发放贷款 195 亿美元,令其从 AIG 子公司购买 205 亿美元的 RMBS,另外 10 亿美元作为 AIG 子公司债权;纽联储向 ML III LLC 发放 243 亿美元贷款,令其从 AIG 对手方购买 293 亿美元 AIGFP 发行的 CDS 合约,缓解 AIG 因 CDS 业务产生的资本和流动性压力,并终止其 CDS 业务。AIG 以 50 亿美元 CDS 产品取得 ML III LLC 六分之一的股权

资料来源:美联储救助 AIG 经验及启示,宋湘燕、杨润坤。

对金融机构的救助，稳定了金融体系与宏观经济，美国在发达经济体中最先走出经济衰退。信贷市场逐步恢复正常，银行在通过压力测试后获得了市场信心，并从股票市场获得 1500 亿美元资金，资本充实的银行开始向市场提供贷款；资产证券化市场逐步复苏，住房抵押贷款支持证券和商业贷款支持证券价格上升；美国公司债券的融资规模从 2008 年的 8000 亿美元，增加至 2009 年的 1 万亿美元。由于保住了金融机构的功能，金融危机的影响被及时阻断，主要控制在金融和消费领域，对其他领域的影响较小。尽管房地产崩溃以后，个人财富缩水，财富效应导致消费下降，汽车行业也出了问题，但总的来说，企业领域的问题没有那么大，远小于大萧条时期。到 2013 年，美国 GDP 比危机前已经提高了 6%，而日本、英国和欧盟的 GDP 还低于危机前的水平；虽然 6.7% 的失业率依然很高，但是已经远低于危机时期 10% 的峰值，也远低于欧元区 12% 的失业率。当然，除了金融机构的问题得到及时解决之外，这也与美国金融体系以直接融资为主有关，可以通过资产证券化等产品让全世界分担损失。

总的来看，次贷危机教训表明，房地产金融模式应该简单透明，如果出现扭曲，风险隐患很大，影响会超出正常房地产出问题的情形。不过，美国次贷危机爆发后，虽然初期在金融机构救助上也有所摇摆，但看到风险快速蔓延后，政府果断出手救助了银行业以及房地产金融链条上的重要非银行金融机构，稳定了金融体系与宏观经济，在发达经济体中最先走出经济衰退。

第三节 # 瑞典 20 世纪 90 年代初危机：全力保住银行业

一、长期低利率下房地产泡沫化

由于实行资本项目管制，瑞典可以长期保持低利率政策，以促进充分就业。二战期间，瑞典加大对经济金融领域的全方位管制，资本项目管制是其中之一。资本项目管制将瑞典金融体系与世界其他国家隔离，为瑞典央行瑞典国家银行（以下简称"瑞典央行"）自主实施低利率政策创造了外部条件。进入 70 年代后，很多西欧国家都面临着高失业率问题，但瑞典作为一个高福利国家却免受失业之苦，主要原因就是瑞典的资本项目管制提高了其刺激经济的能力。在劳工组织的强大政治压力下，瑞典将充分就业作为主要政策目标，实施宽松的财政政策和货币政策；并在 1976—1982 年间数次调整克朗汇率（贬值）。在人为压低名义利率、失业率下降、通货膨胀高企、实施大额融资成本税前抵扣政策的背景下，私人部门融资需求激增。即使在布雷顿森林体系解体后，瑞典仍坚持资本项目管制措施并一直持续到 1989 年。

与此同时，金融管制的放松从供需两端刺激了私人部门信贷规模。在 1985 年 11 月以前，瑞典银行业贷款规模受到瑞典央行的严格管制，私人部门融资实行配额制，银行总资产中债券占比超过 50%[①]。但在

[①] 主要为国债和抵押贷款机构债（bonds issued bythe government and by mortgage institutions）。

1985 年 11 月 [1]，瑞典央行废除商业银行信贷总量控制政策，自此私人部门融资需求被释放、大量举债，商业银行则为贷款市场份额展开激烈竞争。这一刺激政策带动信贷规模大幅增长，私人部门融资规模占 GDP 比重 5 年间从 85% 升至 135%。对很多借款人而言，在低名义利率、高通胀率、利息税前抵扣等综合效应下，实际税后融资成本已经为负。

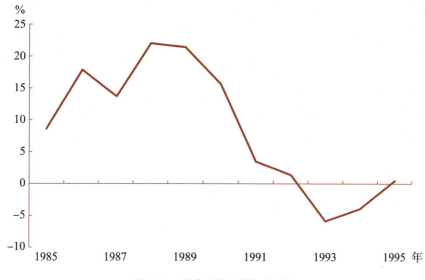

图 2-6　瑞典信贷规模年均增速

数据来源：Jonung L，2009。

信用扩张大量流入房地产市场，吹大房地产泡沫。瑞典银行业长期受到政策保护，本身缺乏风险识别和管理能力，在金融自由化政策出台后，银行为抢占市场份额，过度承担风险，主要表现为：缺乏全面分析信用风险的文化，对不符合资质的客户提供贷款；风险过度集中，单一客户、单一行业、单一地域的贷款集中度很高，信贷投放主要集中于房地产；降低风险标准，房屋贷款价值比（loan to value，LTV）从 1985 年

---

① 事实上，自 1983 年开始，瑞典就已经开始推动金融自由化，废除流动性比率指标、取消利率上限等。

的 75% 升至 1988 年的 90%。与此同时，房价增长迅速，租金房价比在
1980 年至 1990 年从 10% 降至 4%，股票指数也在 3 年间增长 118%[1]，资
产价格上涨又提高了抵押物价值，加之通胀持续维持高位并于 1990 年
达到高峰，私人部门举债规模持续扩张。

图 2-7　瑞典房屋价格指数（1985 年为 100）

数据来源：Jonung L，2009。

除内债外，私人部门大量积累外债，央行在坚持钉住汇率制度的
同时，难以通过加息解决本国经济过热问题。政策利好刺激了私人部
门举借外债的需求。80 年代后期，瑞典在金融自由化中放松私人部门
举借外债的监管限制。与此同时，瑞典实施钉住汇率制度（钉住美元），
降低了外债的汇率风险。由于外币融资利率相对较低，企业对外币融
资需求增加。上述因素共同催生大量私人部门外债，1985—1990 年外
币债务占比从 27% 升至 47.5%，使得瑞典银行业过度依赖海外融资，
银行总融资中短期海外融资的占比达到 40%，瑞典央行有很强的动力

---

① 1985—1988 年，住户部门金融资产占 GDP 比重从 82% 增长至 102%。

坚持钉住汇率制度、支持本国货币克朗。[①] 但钉住汇率制度掣肘了本国货币政策独立性：在面对国内经济过热时，不敢贸然实施紧缩政策、提高利率，因为资本流入后为维持固定汇率必然要释放流动性，担心给本就过热的经济"火上浇油"。

二、实际利率回升刺破房地产泡沫

危机的端倪始于房地产市场的见顶。1989 年秋季，过高的价格让商户入驻变得愈加困难，瑞典商业地产价格见顶，此后房地产股指开始下跌，截至 1990 年末已从高点跌去 52%。一些金融公司[②] 的贷款也零星出现亏损，但当时没有人认为会发生大范围的金融危机。

在内外多重因素综合作用下，瑞典的税后实际利率开始超预期地强劲回升。首先，1989 年瑞典取消资本项目管制，导致资本外流，需要抬高利率以缓释压力。其次，1990—1991 年，瑞典启动税收政策改革，减少了利息支出的税收抵扣，推升税后实际利率。再次，在前期财政紧缩政策以及坚持钉住汇率制度的政策下，瑞典国内通胀在 1990 年达到峰值后急转直下，带动通胀预期向下，进一步抬升了实际利率。最后，国际环境也带来加息压力。东、西德统一后，德央行为降低通胀而提高利率，引发多个欧洲国家加息，在瑞典克朗钉住欧洲货币单位（ECU）篮子的背景下，瑞典为防止克朗继续遭受投机性攻击（speculative attacks）、增强汇率可信度，不得不跟随提高本国利率。内外多重因素作用下，瑞典实际税后利率从 1989 年 –1% 提高至 1991 年 5%。

伴随着实际利率的提高，房地产价格陷入螺旋式下跌，并引发经济

---

① 瑞典央行坚持钉住汇率制度还有一个考虑是希望借此能够降低通胀。

② 在瑞典，金融公司（finance company）是一类可以从事租赁、保理、信用卡、贷款等业务的公司，与银行不同，金融公司不能吸收存款或发行债券，其融资来源为向银行借款或发行投资凭证。

衰退。1991 年和 1992 年，瑞典首都房价分别下跌 35% 和 15%，房地产价格下跌造成了私人部门的财富缩水，特别是许多投资都加了杠杆，抵押物价值也在下跌，市场悲观预期使得资产价格下跌形成踩踏[1]，企业资产负债表不断恶化，破产数量激增。房地产过去是瑞典经济增长引擎，泡沫破灭后，房地产新增投资几乎被突然冻结[2]，建筑行业投资降至冰点，1991—1993 年，瑞典的 GDP 下降了 6%。地产投资的断崖式下降和实际利率的回升均使瑞典总需求锐降，失业率从 1990 年的不到 2% 攀升至 1994 年的 10%。危机给瑞典出口产业带来负面冲击，经常项目持续赤字，赤字金额占 GDP 比重在 1992 年达到 3.5%。

实际利率回升和房地产价格下跌也传导至金融体系，引发银行业危机。随着房地产价格低于其抵押价值，私人部门的资产负债表变得极其脆弱，财富缩水明显。住户和企业为了改善财务状况，纷纷变卖房屋资产、增加储蓄，最终结果却是房地产价格进一步下跌，并触发新一轮抛售。股票市场上，银行股、地产股和建筑行业股暴跌。银行业在 1991 年和 1992 年的贷款损失分别达到总贷款规模的 3.5% 和 7.5%，其中 1992 年贷款损失达到经营性利润的两倍。在危机严重时期，房地产贷款或以地产为抵押的贷款损失占所有贷款损失的比例高达 60%。除银行外，抵押贷款机构和金融公司也参与发放房贷。其业务模式激进，风险偏好较高，部分被银行拒贷的企业转而向这类机构申请贷款。由于抵押贷款机构和金融公司无法吸收存款，主要依靠向银行发行债券或向银行申请贷款及发行投资凭证，因此风险在不同类型机构之间传导。

经济金融领域的风险也传导到了货币领域。市场对于克朗能否坚持钉住汇率制度的信心不足，此时，政府当局陷入政策两难：一方面，为

---

[1] 据学者 Söderström 估计，资产价值一度下跌了 30%。

[2] 危机发生后，瑞典新建造的商业地产在 1990 年和 1991 年分别下跌 6% 和 40%，办公楼空置率翻倍。

防止对外的货币危机需要实施紧缩性政策；而另一方面，为应对国内的银行业危机又需要实施扩张性政策。瑞典央行越是努力提高利率以维持克朗的钉住汇率机制，本国危机反而会越陷越深。1992年9月，瑞典央行大幅提高隔夜利率以支持克朗，隔夜利率一度高达500%，政府还推出两项紧缩措施防止克朗贬值。但在一连串的投机性攻击下，瑞典未能阻止克朗贬值，只得于当年11月将克朗改为浮动汇率制，克朗大幅贬值，"克朗保卫战"宣告失败。

图 2-8　ECU 篮子对瑞典克朗的汇率

资料来源：Jonung L，2009。

三、瑞典政府全力保住银行业

危机爆发后，政府迅速反应，对银行所有债务进行担保。以Götabanken为例，政府在该银行破产当天就宣布将为其所有债务提供担保，稳定了市场情绪。1992年9月，瑞典政府为防止金融体系崩溃，宣布对本国114家银行及部分特定信贷机构的债务进行无限全额担保，不仅包括存款，还包括其他所有债务。此举不仅有助于防范金融风险的溢出效应，维护金融稳定，而且能够继续发挥银行的支持作用。

由财政提供资金支持，成立专门银行援助机构。1992年12月，瑞典议会通过立法，成立银行援助局（Bank Support Authority，BSA），负责向问题银行提供注资、资本重组、发放贷款等援助。该机构能够从财政部获得源源不断的开放式资金（open-ended funding），有力提升了问题银行风险处置的可信度。银行援助局是一家独立机构，由专业人士组成，虽不隶属于瑞典政府、瑞典央行和金融监管局，但与瑞典央行、金融监管局和国家债务局紧密协作，如有不同意见由财政部裁决。银行援助局对问题银行的财务数据进行尽职调查，根据其资产状况进行分类，制定除政府担保以外的处置措施。对于A类银行，即资本充足率接近或略高于8%的银行，依靠股东注资就可摆脱危机，但短期内可能需要政府担保或贷款；对于B类银行，即资本充足率大幅跌至8%以下，但经营较为稳健、很快就可恢复盈利的银行，政府需要进行注资；对于C类银行，即资本充足率低于8%且恢复无望的银行，除剥离不良资产外，政府基本不给予资金支持。

表2-5 银行援助局分类施策对银行开展援助

银行类型	银行名称	援助措施	支出（十亿瑞典克朗）
A类	SE-banken	股东注资	0
	Sparbanken Sverige	政府发放10亿瑞典克朗的贷款；股东注资	10
	ForstaSparbanken	政府为银行获得的13亿瑞典克朗贴息贷款提供担保	10（利息补贴）
	Föreningsbanken	与政府签订"资本监管要求担保协议"，若其资本充足率降至9%以下，则政府向其注资。此项承诺最终未使用	0

续表

银行类型	银行名称	援助措施	支出（十亿瑞典克朗）
B 类	Nordbanken	政府注资，将其收归国有	14.2
		救助旧股东	2.1
		政府成立 Securum，注入 Nordbanken 的坏资产	24（政府向 Securum 注资）
C 类	Götabanken	破产后被政府收购，将其并入 Nordbanken。政府成立 Retriva，注入 Götabanken 坏资产，后 Retriva 也被并入 Securum	25.1（政府向剥离后的银行注资）

　　瑞典处理银行不良资产过程中，兼顾房地产市场的出清与稳定。瑞典政府通过成立国有资产管理公司，来承接问题银行的"坏资产"。资产管理公司在制定资产出售策略时，通常需要选择合适的处置节奏、处置时间点、资产包装方式和处置方式，在稳定房地产市场的同时争取实现收益最大化。首先，会尽量定一个低于市场参与者预期的市场价格，这样能保证交易达成、市场有流动性。反观日本在处置问题资产时就因为定价过高，使得房地产市场几乎被冻结了 10年。其次，考虑到房地产价格回暖是金融市场复原、金融危机缓解的关键环节，资产管理公司将处置过程延长至 15 年，采用一对一的交易模式，避免拍卖或大规模的跌价出售（fire sale）给市场带来冲击。最后，密切观察市场趋势，避免在资产价格上涨前过早出售而增加纳税人成本，通过包括三家房地产企业的国内外首次公开募股（IPO）、场外企业间交易、单个资产交易三种方式进行处置，通过翻新房屋等升级措施吸引潜在投资者，以单独出售、打包出售、并入房产控股公司等多种方式进行销售。

　　由于银行体系没有遭受重创，所以经济很快就开始恢复，危机时期加上去的政府杠杆也降下来了。即使在危机期间，银行体系仍在发挥正常功能，没有出现银行挤兑和大规模信用收缩。除两家银行被国有化之外，银行体系总体上保持私有化，在危机后很快就实现了盈利。同时，在多项政策下，自1993年开始瑞典金融体系风险逐步缓释，经济开始复苏，并在整个90年代后半段强劲增长。其中，出口成为经济复苏的主要驱动力，在经济总量中占比大幅抬升，从1992年的28%增长至90年代末的45%。随着货币政策从钉住汇率目标转向钉住通胀目标，瑞典通胀趋于稳定，并激活了本国劳动力市场。在1994年末，瑞典政府开始对扩张性财政政策进行调整，在银行业危机造成巨大财政赤字后，新一届政府决定大幅缩减政府开支、增加税收收入，政府债务与GDP之比在20世纪90年代后期显著下降。

总的来看，瑞典在房地产泡沫破灭之后，全力救助了银行业，对银行所有债务进行担保，并成立专门的援助机构，银行体系仍能正常发挥功能。所以，危机没有加深，经济很快恢复，加上去的政府杠杆也降下来了，被认为是成功的应对。

第四节　我国房地产的风险应对①

21世纪初，随着人口城镇化与住房市场化改革，房地产行业成为我国国民经济支柱性产业，对驱动经济发展起到了重要作用。而2021年以来，特别是恒大风险事件后，各方的行为都在收紧，逐步演变成羊群效应，房地产市场形势发生重大转折。这一轮房地产市场的下行

---

① 关于我国房地产的情况及问题参考了经济参考报、财联社与公开报道。

与以往不一样，行业将从数量扩张转向高质量发展阶段，这个过程中，处理好房地产市场的风险非常重要，其中有一些问题是需要注意的。

一、房地产市场将从数量扩张转向高质量发展

房地产在国民经济中比重很大。首先，房地产及相关产业链条较长，在 GDP 中贡献较高。房地产开发流程包括拿地、施工、销售、竣工、交房、装修等环节，横跨服务业和工业，前端对钢铁、水泥等建材需求以及商务服务等依赖度较高，后端还可以带动家电、装潢等居民消费。按照华创证券的测算，房地产和房屋建筑的增加值在 GDP 中占比约 10%；如果算上对钢铁、水泥、电力等相关产业链的直接投资拉动，狭义口径下的房地产及相关产业链的增加值在 GDP 中占到 20%；如果进一步加上购房之后对家电、汽车、家具等行业的间接消费带动，广义口径下的房地产及相关产业链的增加值在 GDP 中占到 30%。其次，房地产及相关产业链关乎农民工就业。我国目前农民工人数 2.85 亿，建筑业吸纳的农民工超过 5000 万。比如，恒大的员工 14 万人，直接影响了包括农民工在内的 300 多万人就业。最后，房地产是地方财政的主要依托。地方政府收入的自给部分主要是一般财政收入与政府性基金收入，2020 年，地方政府的土地出让收入合计约 8.4 万亿元，在地方政府性基金收入中占比 94%，土地和房地产相关税收（土地增值税、契税、城镇土地使用税、房地产税、耕地占用税）合计约 2 万亿元，在地方政府一般财政收入中占比 20%。也就是说，土地和房地产合计贡献了地方政府收入自给部分的 55%。

房地产市场的高增长时代已经过去了，我国房地产市场供求关系已经发生重大变化，房地产发展迎来拐点。支撑住房需求的是城镇化、人口年龄结构等因素，除了个别地区外，我国房地产发展空间已经比较有

限。从城镇化来看，2020年，我国常住人口城镇化率已达64%左右，主要发达国家的城镇化水平大体在80%左右，考虑到我国城镇化主要是把农村的青年人集中到城里，目前的空间可能不大了。从人口增长来看，2010年前后，我国的人口自然增长率在0.5%左右，2019年降到了0.3%，2020年和2021年由于疫情的影响分别降至0.145%和0.034%，2022年已经跌至负增长，为 -0.06%。从人口结构来看，除了少数热点城市，一、二线城市人口净流入但增速放缓，三、四线城市人口净流出；我国现阶段还面临人口老龄化的问题，60岁及以上人口增加至2.6亿，现在每年有四五百万人退出劳动力市场，人口年龄结构也向住房需求减少的方向发展。从人均住房面积来看，我国现在已经提高到42平方米，欧美发达国家在50平方米左右，差距也不是很大。从房价来看，我国的房价收入比在主要经济体中可能是最高的，像深圳、北京等一线城市的房价收入比在世界上排名靠前。从收入增长来看，疫情影响了劳动者就业与收入水平，地缘政治下出口企业变得艰难，居民收入已经不像以前增长那么快。从日本20世纪90年代来看，房地产泡沫破灭正是出现在城镇化末期及人口结构变迁阶段。1975—1985年，日本城镇化率稳定在76%左右；1985—2019年，65岁以上人口占比从10%升至28%。也有学者认为，我国的房地产在前几年就应该下行了，是棚户区改造延缓了这一进程。从住房新开工面积这一指标观测，由1998年的1.7亿平方米增长到2013年的阶段性高点14.6亿平方米，之后回落，2016—2019年又增长到新的高点16.7亿平方米，确实符合这一判断。

此外，房地产的投资品属性也在趋弱。中国房地产没有经历过完整的调整周期，过去很多年一直上涨，大家把房地产既看作消费品又看作投资品。随着2021年后房企陆续出问题，对房价上涨的预期趋弱；而且居民房贷利率是5%，但出租的收益率只有2%，持有多套房地产的人会选择抛售，房地产的投资品属性有了很大改变。当前"房住不炒"

的定位是比较明确的，房地产的功能发生了一定变化，房地产行业将从数量扩张转向高质量发展阶段。

二、我国房企更像具有系统重要性的金融机构

2010 年之后，在房地产调控中限制股市融资，也不发展不动产投资信托基金（REITs）市场，使得房地产行业杠杆很高，成为宏观经济中最脆弱的一个环节。过去 20 年快速城镇化过程中，住房供不应求，房价持续上涨，房企做大规模的动力很强。2010 年以前，房地产还可以通过正常的渠道进行融资，但 2010 年后，为了抑制房价过快上涨，政府部门开始试图通过使用金融手段，卡住房地产企业的资金来源，来逼迫房企降价销售商品房。交易所基本暂停了房地产企业的股权上市、再融资以及重大资产重组，也不发展国际上常用的房地产 REITs 市场。由于股权融资渠道受限，房企只能通过信贷等债务融资，杠杆水平随之抬升。后来，银行开发贷与信托融资也全面收紧，房企开始到海外发行高成本的美元债，还大量占用购房者与上下游企业的资金。这一系列的调控不仅没能控制房价，还加剧了房地产行业的高杠杆，并且杠杆更隐蔽、更危险。

同时，由于预售资金监管等一些基础性制度未能到位，我国房地产行业的商业模式与国外相比有显著差异，对金融机构、上下游企业、购房者等各类主体形成了广泛的风险敞口。一是在拿地环节，一些信托、保险资金就以"明股实债"等方式介入。房地产企业不仅通过房地产开发贷、房地产债券等方式从金融体系获得融资，还在拿地环节通过"明股实债"形式违规引入信托、保险、券商资管、基金子公司等渠道资金，甚至部分小贷公司、融资租赁等融资渠道涉及房地产行业。二是在建设环节，借助供应链上的优势地位以应付账款形式占用

上下游企业资金。房地产上下游的产业链条很长，而且普遍依附于房地产企业，大型房地产商很容易就借助优势地位占用上下游企业资金。以恒大为例，对上下游8000多家企业形成占款将近1万亿元。三是在销售环节，住房预售模式下出售期房占用购房预收款。我国房企的开发资金高度依赖预售回款。国际上的住房预售与我国不一样，通常只收取一部分定金（房企不能使用这部分定金），或者严格按照施工进度分阶段支付，但在我国却成为房企获取大量无息资金的重要路径。一旦暴露风险，就可能迅速波及大量的普通购房家庭。

由此造成，我国的房企和国外的房企有着本质的不同，国外的房企没有系统重要性，我国的房企更像是具有系统重要性的金融机构。我国房地产企业的杠杆很高，资产负债率长期在80%以上，而2018年日本上市房企资产负债率为68%、美国为57%、英国仅38%。我国的房企不仅杠杆很高，而且对金融机构、上下游企业与普通购房者有广泛的风险敞口。这就意味着，我国房地产企业的风险特征已完全超出一般实体企业的范畴，更加类似于金融机构，具有极强的负外部性。特别是一些大型房企的债务总量动辄成千上万亿元，其影响波及面完全不亚于一个中小银行，如果几十家这样的房企同时出问题，就像是几十个包商银行同时出问题，肯定会产生系统性影响。

三、房地产风险应对与发展新模式

2021年恒大出风险后，各方的行为都在收紧，演变成羊群效应，造成房地产市场无序去杠杆。从上下游企业来看，由于回款难度增大、回款周期拉长，供应商与建筑商改变过去欠账供应与带资建设的模式，纷纷控制风险。对房地产企业的销售政策明显收紧，不能赊账，不再接受商票，要求现金结算，部分建材类企业停止向房地产企业供货。从金融机构来看，恒大事件后，金融体系各个渠道对房企融资都在做减法，银行到期就回收、信托收紧更快，境内外债券投资人也变得不认可，信贷、境内外债券、信托等主要渠道净融资一度均为负。从购房者来看，进入持币观望状态，楼盘参与人数明显减少，在购房者对收入与房价预期不乐观的情况下，住房销售恢复很慢。从地方政府来看，郑州购房者"停贷断供"事件后，购房者信心进一步受挫，各地为维护本地购房者权益加强预售资金监管，进一步收缩了房企的资金运用。

在房地产行业转向高质量发展的过程中，要在解决总需求不足、保持一定增速中解决房地产问题，同时处理好房地产的风险需要注意几个方面。首先，我国的房企不是一般意义上的房企，更像金融机构，具有系统性影响，应从宏观系统角度思考房地产行业。其次，我国资产结构中60%、70%是房地产，所以房地产价格不能大跌，否则会诱发资产负债表调整而造成恶性循环。再次，根据国际经验，处理房地产风险时，不能让风险集中到金融机构。如果金融机构出问题，对于经济会有长期隐患。最后，土地财政现在已不能持续，要建立地方政府债务硬约束机制，中央财政也要想办法帮助地方财政平稳过渡。

未来，应逐步探索建立中国房地产发展新模式。严格区分保障房与商品房分别施策。保障房用来解决低收入群体的住房问题，属于政策性的范畴，而商品房则是市场化的范畴。对于商品房，可以研究通过房地产税、遗产税等税收手段进行调控，避免通过价格、金融等行政性手段来直接限制。对于保障房，应该限制买卖和出租，配置也不能太高，现在有些富人也去买保障房，中间可能滋生腐败问题。当然，保障房也可以考虑有一些层次，对于愿意交一点钱的家庭，配置可以稍微好一点。另外，当前情况下，政府提供保障房是通过收购供给过剩的商品房，还是通过新建的方式，要根据当地市场的情况因地制宜来决定。

第三章

财政危机的
短期应对与
中长期改革

本章导读

多数情况下，财政危机往往根源于财政自身的一些问题，只是在内外部的冲击下才显现出来。一个健康财政的基础是良好的财政纪律与有效的激励约束机制，如果偏离的话，就可能出现财政危机。从诸多案例来看，有的是中央和地方财政关系没有理顺，有的是财政乱花钱，有的是举债缺少管理。比如，希腊案例中，表面上是旅游业遭受危机冲击、资本外流、数据造假的影响，本质上是本国居民享受着与经济发展水平不相适应的高福利以及财政支出不受节制。再比如，美国底特律案例中，表面上是产业结构、人口外流、衍生品交易亏损的影响，本质上是养老金缺口难以持续以及财政支出不审慎。

对于地方政府债务问题，中央政府选择救助与不救助，并不是绝对的。这实际上是一个两难问题，答案取决于现实的客观条件。如果建立了激励相容的地方财政自治体制和比较完善的地方政府破产制度，并且不是大规模、系统性的地方财政危机，那么，中央政府不应该救助，如底特律案例。这样，可以最大限度减少道德风险。但是，世界上只有美英等少数国家具备这些条件，大部分国家的财政体制以及破产制度并没有那么完善，而且地方政府出问题往往也不是个别现象，中央政府最后只能救助，这个时候顾不上防范道德风险。

如果进行救助，无论是中央政府对地方政府的救助，还是国际组织对主权国家的救助，要想成功至少做到以下两方面。一是救助力度要足够，要摸清债务的范围和规模，把各类债务包括隐性债务都充分考虑进去。力度足够才能解决问题，否则就像巴西，中央政府前后进行了三次救助，问题反复出现，最终耗费了大量的公共资源。二是短期救助的同时要以中长期改革为交换，才有助于解决根本问题。改革一般涉及财政体制、债务管理、国企公司治理和养老金等领域，以避免财政危机反复。实践中，往往会对改革进度设有监督执行机制。

另外，应对财政危机还要有宏观系统思维。一是债务化解要评估好对总需求的影响。把握好财政重整的力度，避免用力过度让企业和家庭承担过重负担，或者让金融机构损失惨重，这样会破坏经济增长的动力，结果适得其反，类似希腊的教训。二是当财政危机和银行危机同时存在，要处理好两者的关系。不能只顾财政危机，不顾银行危机，甚至把财政问题甩给金融机构。塞浦路斯在这方面做出了正确的选择，在财政危机和银行危机同时发生时，投入了大量的精力和资源去解决银行危机。

至于财政体制改革的方向，无论是联邦制政体，还是单一制政体，大国经济体的分级政府间财政体制一般都实行地方自治。各国普遍建立了财税事权相匹配的"一级政府、一级财政、一级预算、一级税收、一级举债"的财政管理体系。重点是：提高地方政府收入与支出的匹配度并降低对转移支付的依赖，地方政府有独立的税收，建立适配的地方税收体系，同时建立有效激励约束机制下的地方政府债务管理框架。

由于我国中央和地方财政关系长期没有理顺、国有企业的公司治理还不完善，地方政府将大量的财政事项以城投等方式转移至表外，形成规模庞大的隐性债务，目前已经难以为继。地方隐性债务有多种形态，很多有中国特色，在处理时必须予以全面考虑。当前复杂背景下，如何妥善化解地方债务考验政策智慧。中央政府要不要支持以及支持力度，短期化债与中长期改革的衔接，债务化解对总需求的影响，中央与地方财政关系的改革，地方政府破产制度的建立，央行与财政关系的转型，这些问题都要基于国内外实践的深入研究，给出审慎的回答。

第一节 底特律债务危机：中央政府不救助

由于汽车产业衰落、人口外流、税源枯竭，而市政公共服务和养老金福利支出未能及时削减，加上政府决策失误和腐败滋生，美国底特律的财政状况彻底恶化。在州政府批准后，底特律于 2013 年根据联邦《破产法》第九章申请破产。这个过程中，联邦政府基本没有提供救助资金，州政府也只是提供了少量的援助，主要是按照相对市场化的方式进行破产重整。破产重整后，底特律的经济、财政逐渐恢复。

一、底特律债务危机更多是个体自身原因

一是对单一汽车产业的过度依赖。20 世纪 30 年代，底特律的汽车产量占美国的 80% 和全世界的 70%，在最鼎盛的 20 世纪 50 年代，底特律位列美国第五大城市，全市约有 90% 的人以汽车产业为生，80% 的财政收入来源于汽车产业。但自 20 世纪 70 年代开始，在石油危机的背景下，以大排量、高油耗为特征的美国汽车业开始遭受节油性能较好的日本汽车的挑战，同时美国南部的几大州也开始与底特律争夺汽车工厂的选址，三大汽车巨头纷纷将工厂迁往底特律外围地区、美国其他城市，甚至成本更低的新兴市场国家。"汽车城"逐渐走下坡路，从而直接导致了底特律汽车就业岗位和提供税收的能力急速下降。2009 年，美国汽车制造业随着金融危机爆发而受到冲击，三大汽车制造商均遭重创，政府税收严重萎缩。

二是社会冲突导致人口外流。底特律是美国最大的黑人城市之一，种族冲突和产业衰退交织，导致了城市的加速衰退。1967 年 7 月爆发

的黑人暴乱席卷美国，底特律是暴乱中心，三大汽车巨头全部停工停产，白人中产阶级大规模逃离，市区人口锐减，形成了"暴乱—居民外迁—税基萎缩/服务业受创—生活便利性降低—居民加速外迁"的恶性循环。2010年，底特律人口萎缩到了71万人，比鼎盛时期的185万人下降62%。2013年，全市31%以上的居民挣扎在贫困线下，次贷危机以来的失业率在15%以上。底特律社会管理的混乱使中高收入者无心在此安居置业，贫困者无意提高知识和技能，企业家无法也无意愿为产业创新进行长期投资。高素质的劳动者和企业家创业精神的丧失，使城市失去了持续发展的必备条件。

三是政府战略决策失误和腐败滋生。第一，城市管理者缺乏战略眼光，未在产业经历深度调整背景下及时找准城市新的发展方向。为提振经济、走出萧条，底特律试图通过大规模修建办公楼、交通设施来刺激增长，但对教育、职业培训等长期见效的人力资源投资不足，未能在支持产业创新、促进产业转型方面发挥积极的引导作用。这个战略决策的失误，不仅无助于改变现状，还加剧了城市债务问题。当底特律的人口不断减少，房屋和基础设施已供大于求，过度建设只带来了负面作用。第二，政府雇员养老金管理失误。政府雇员数量与总人口数量之比高达1∶50，政府雇员享有的养老金待遇居高不下，养老金缺口巨大。第三，金融衍生品交易决策失误。为弥补养老金缺口，市政府发行了14.4亿美元的市政债，并开展了利率掉期交易，2008年金融危机时期损失严重。第四，腐败滋生。2013年3月，前市长被判定20项腐败和贿赂罪，政府腐败无能使底特律财政状况更加恶化。

二、在完备的破产制度下进行债务重整

美国是财政联邦制，地方政府是一级财政，有较高的自治权，同

时联邦政府对地方政府债务的管理也相对完善。这种情况下，地方政府有财政纪律和有效的激励约束机制，为地方政府财政风险自担奠定基础。同时，美国拥有比较完善的破产法律制度，联邦《破产法》第九章的市政债务重组程序，构成了地方政府破产的法律框架，明确了地方政府出现财政危机后的处置。

（一）城市破产申请须经州政府批准

依据联邦《破产法》第九章，城市申请破产须经所在州政府同意。密歇根州政府在对底特律进行为期 60 天的财政审查后，宣布其进入财政紧急状态，并任命紧急管理人，接管底特律市长及市政管理委员会的全部权力。此后，在紧急管理人的协调下，底特律试图通过债务减记的方式来避免破产，但遭到债权人抵制。最终，经由州政府批准，底特律于 2013 年 7 月 18 日根据联邦《破产法》第九章申请破产，成为美国历史上债务规模最大的市政破产申请。底特律的债务重整相对高效，2013 年 12 月，破产法院批准底特律市的破产保护申请，2014 年 11 月，破产法院批准底特律市的债务重组计划。

（二）《破产法》有效提升地方政府债务重组谈判地位

针对陷入财务困境的市政部门，联邦《破产法》第九章是允许其申请破产的，并赋予地方政府一系列债务重组权利，实质地提升了地方政府作为债务人的谈判地位。对地方政府债务重组权利赋予的理论基础是重新开始理论（Fresh Start Theory）。重新开始理论强调《破产法》的目标是给债务人提供重新开始的机会，债务人应该有机会和债权人进行谈判以达成重组协议，从而减轻其债务负担，实现经济上的复兴。根据这一理论，债务人应当被给予对重整的控制权，以使得债务人能够与债权人通过谈判达成协议。

　　有效提升债务人谈判地位的法律工具主要包括以下四个：第一，自动中止。在申请破产程序后，对债务人财产的一切执行程序中止，这能够有效地保护债务人的财产，同时由于债务人可以暂时免受到期债务的压力，使得债务人有机会获得一定的资金积累。第二，有决定解除或者继续履行未履行完毕合同的权利。这一权利使得债务人可以就某些对其财务造成沉重负担的合同进行谈判。第三，地方政府专属的重整计划提出权。在《破产法》第九章地方政府债务重组中，提出重整计划的权利专属于地方政府，而非债权人。债务人可以在提出破产申请时一并提出重整计划，或在法院规定的时限内提出。第四，申请法院强制通过重整计划的权利。在重整计划符合法律规定的情况下，即使有债权人反对该计划，法院也可强制通过，对少数债权人强制适用多数债权人通过的重整计划。由于上述对债务人谈判地位的实质提升，债务人得以在申请破产程序后，对债权人施加压力，使债权人做出让步，以达成重整计划。

　　此外，债务人在进入债务重组程序后，可以获得再融资的权利。市政实体可以通过举借新的债务来支持市政运营，根据法律规定，这种破产申请后的借款在偿还上具有优先权。

（三）地方政府聘请的专业人士在破产中发挥重要作用

　　由于《破产法》第九章是一个法院控制下的协商谈判程序，无论债权人或债务人均需要专业人士的帮助，在《破产法》框架下进行谈判博弈。《破产法》将专业人士费用列为优先支付的破产费用。底特律聘请了12家专业机构为其服务，制定和提交重整计划，包括提供企业重组服务的公司、律师事务所、会计师事务所、咨询公司、投资银行等。与此同时，债权人委员会也聘请了4家专业机构。为了监督这些专业人士的费用，破产法院任命费用监督人，确保法院、底特律市、债权人与公众充分知悉专业人士的费用信息，并确保这些费用支付的合理性。专业人士在底特律破产中扮演了重要角色，同时也获得了 1.77 亿美元的高额报酬。

三、破产法院强制批准重整计划

联邦《破产法》第九章的核心是达成重整计划。在底特律破产过程中，多方利益集团、专业人士协调谈判，反复修改形成一份重整计划。由于无法得到所有债权人同意，该重整计划最终由破产法院法官强制批准，使多数债权人的意志可以约束少数试图通过抵制而获利的债权人。重整计划的宗旨是在维护城市正常运行的前提下，解决城市的债务清偿问题，这份重整计划的主要内容包括四个方面。

一是保留未来必要支出，允许政府进行必要的、推动经济发展的投资。重整计划批准底特律在未来 10 年内进行 15 亿美元的投资，用于吸引外商投资、推动经济发展、增加税收收入和创造就业机会，主要包括以下方面：（1）重建市区，拆除损坏废弃的老旧房屋、维修路灯、垃圾清运等；（2）提升公共安全，主要投资于警察、消防、紧急医疗等；（3）改善公共服务，提升城市公交、邮政系统等；（4）改进城市信息技术系统，提升效率、降低成本；（5）管理改革，解决管理不善和腐败等问题，包括提高管理效率、增强财务纪律、改进政府运作和服务等。

二是通过削减养老金支出、调整养老基金运作策略等方式，对养老金系统进行全面改革。经过底特律与破产法院任命的退休人员委员会、养老金系统以及主要工会的谈判，阻力最大的养老金改革达成一致：（1）警察和消防部门的退休人员将可以领取到原养老金的 90%，其他退休人员将领取原养老金的 70%，有统计显示，加上每月生活补贴后，这一方案最终保留了退休人员 95.5%—100% 的每月养老金发放；

（2）调整在职员工的养老金缴纳方案；（3）调整警察、消防人员养老金和普通雇员养老金的运作策略，进行更保守投资；（4）设立专门的信托来确保为退休人员提供医疗保险。

三是拓展捐赠、发债融资等外部资金支持，中央政府没有提供直接支持，州政府提供了有限的援助。（1）为避免市政府拍卖艺术品，美国多个基金会、州政府、底特律艺术中心进行了8.16亿美元捐赠；（2）与底特律周边三个县就地区供水和污水处理服务达成协议，成立新的区域供水和污水处理机构，新增收入来源，并成功地进行了供水和污水处理债券的发行，这是《破产法》第九章债务人首次成功地在破产程序中完成债券发行；（3）密歇根州政府在未来20年内向底特律提供3.5亿美元资助，同时获得联邦政府兜底承诺，进一步确保当地退休人员的家庭收入不会低于联邦贫困线。

四是通过债务减记、延长还款期限、续发新债等方式对债务进行重组。在2013年申请破产时，底特律的总债务约为180亿美元，包含114.5亿美元的无担保债务和65.5亿美元担保债务。债权人超过10万名，包括退休工人、公务员、银行和企业等。经过一系列谈判和法院强制执行，最终破产法院批准通过的债务重组计划将180亿美元的债务负担减少了约70亿美元。具体方式包括：（1）延长部分债券还款期限，重新安排利率，发行约12.8亿美元债券，包括新发债券7.2亿美元、债务置换2.87亿美元，资金用于偿还债务及提供公共服务。据统计，对于无担保债券（包括一般责任债券）的债权人，将以底特律发行新债的形式回收约20%资金。（2）向巴克莱资本借贷2.75亿美元。（3）通过谈判减免债务，如联邦破产法院主持底特律市与美国银行和瑞银集团就原有利率掉期交易合同达成重组协议，将市政府偿付金额从2.9亿美元降至0.85亿美元。

表 3-1　底特律市无担保债务明细（单位：亿美元）

无担保债务细分	金　额	各部分小计
有限税款一般责任债券	1.61	19.93
无限税款一般责任债券	3.69	
参与凭证	14.29	
票据和贷款	0.34	
其他退休福利负债	57.18	91.92
养老金负债	34.74	
其他	2.65	2.65
合计	114.5	114.5

四、处置效果相对较好

破产重整后，底特律经济、财政各方面逐渐恢复正常，并重返了市政债市场。第一，财政修复。底特律在州政府的监督下，已连续九年实现预算平衡和现金盈余。第二，失业率下降，人口趋于稳定。2022年，底特律的贫困率为过去 14 年以来最低，失业率不断下降。调查显示，95% 的居民对底特律的改善表示满意，人口数量已趋于稳定。第三，重返市政债市场，评级上调。2018 年，底特律自破产以来首次发行 1.35亿美元债券，随后 2020 年和 2021 年再次发行。2023 年 4 月，标普和穆迪将底特律上调为 2009 年以来最高评级。同时，底特律再次发行 1亿美元债券，其中 7500 万美元为社会责任债券，募集资金用于拆除、翻新空置和破损房屋，2500 万美元用于交通和娱乐设施。

但底特律的复苏仍面临挑战，主要是经济结构转型和养老金改革。一方面，虽然政府大力推动，但产业升级转型缓慢，对汽车行业的过度依赖仍未解决。另一方面，过去 10 年，底特律最大的两个养老基金依靠捐赠及州政府资助等方式发放养老金，2024年起，将恢复由底特律市政府支付养老金，届时市政府仍可能面临支付压力。

总的来说，底特律财政危机的最大特征是中央政府不救助，这与一些客观条件有关。首先，美国建立了比较成熟的财政联邦制，地方政府是一级财政，有较大自主权和独立性，同时有比较完善的地方政府债务管理。在财政纪律与有效的激励约束机制下，地方政府自己承担财政后果。其次，美国拥有比较完善的地方政府破产制度，有一套规范的破产重整程序。最后，底特律财政危机是个体事件，不是多个地方政府同时出问题。因此，在联邦《破产法》第九章下，底特律主要依靠勒紧裤腰带、债务重组等方式来化解债务，经济和财政很快就恢复，还有效地防范了道德风险，可以说是比较成功的地方财政危机处置案例。

第二节　巴西地方财政危机：中央政府救助的经验与教训

巴西在20世纪八九十年代出现地方政府债务危机时，中央政府前后救助了三轮，耗时10年左右。中间由于没有认识到债务已处于不可持续轨道，中央政府与地方政府不断博弈，错失了解决债务问题的最佳时机，导致债务不断扩大。最终中央政府痛定思痛，将所有地方债务都纳入救助方案，帮助地方政府摆脱债务危机，还将债务救助与配套改革同步推进，夯实了未来财政可持续性的基础，同时推动了国有企业、地方国有银行等领域的改革。

一、1989 年救助：应急性缓解债务压力

巴西在此前长达百年时间内不断经历财政分权与集权的交替，至20世纪80年代中期军政府统治结束后，再次进入分权阶段，地方政府的自主权大大提升，在国家税收分配中的比例也不断提高。但彼时中央和地方财政关系尚未理顺，为地方债务膨胀埋下了隐患：一是地方政府财政收入与支出不平衡。地方政府的税收分配比例固然增加，但税收的自主权仍然不够，对中央转移支付依赖比较大，导致债务增加时没办法通过加税来解决问题。此外，政府的支出比较刚性，地方政府与中央政府之间支出职责划分不甚合理，地方政府出于争取更大税收比例以及政治上的考虑，也倾向于扩大支出。二是在分权的过程中，虽然中央政府对地方政府债务是有管理的，但有漏洞。特别是对外债没有约束，还可以通过例外的情形对债务限制予以突破，这就造成了债务约束没发挥太大作用。由于没有考虑好分权下如何建立平衡、激励相容的中央和地方财政关系，最后酿成了一系列债务危机。

最开始出现的是1989年的外债危机及中央政府的第一次救助。80年代末，由石油危机引发的国际债务危机使债券利率大大提高，而当时国外债务在巴西的地方政府债务中占相当比重，急剧提高的债务成本使地方政府迅速陷入债务困境，各州都被迫停止了对国外债权人的债务偿还。地方政府纷纷对中央政府施加政治压力，请求财政援助。还有很重要的一点是，地方政府外债基本都由中央政府担保。

经过长时间的谈判，中央政府同意将累积的地方政府债务转化为对中央财政部的单一债务。1989年12月签署了第7976号法律文件，中央政府正式承担了各州到期时间超过一年的外债，以20年期限和5年宽限期的等值本币债务，对地方政府债务进行置换，再融资总额约

为 105 亿雷亚尔，约占 1989 年各州财政收入的 20%，相当于当时 GDP 的 2%。第一轮救助中，中央政府准备相对不足，救助的力度不够，而且在救助的同时并没有实施配套措施去约束地方政府债务增长。

二、1993 年救助：扩大救助范围并配套初步改革

由于第一轮政府救助力度非常小，到了 1993 年，各州政府纷纷出现无力偿还金融机构债务的违约行为，引发了第二次债务危机。第二轮地方债务重组将重点放在归属于中央政府所控制的机构和公司的债务上，标志性文件是 1993 年 11 月颁布的第 8727 号法律文件。主要特点包括：一是重新调整偿付条款，将贷款期限延长到 20 年，并有本金支付的宽限期；二是考虑地方政府可持续性，为其债务偿还设置上限，将清偿义务限制到不超过其真实净收入的 11%，超额部分可以延期偿付；三是新法律还规定利率将一直保持在债务发生时的初始水平。此次债务再融资总额约 394 亿雷亚尔，相当于当时 GDP 的 7.2%。此外，中央政府开始采取措施规范各州举债，1993 年出台的第 3 号宪法修正案限制了地方政府发行证券的能力（未禁止现有债券的展期操作）。债务协议大幅减少了各州以现金支付的即时偿债义务，但各州能够将还本付息资本化，债务存量在实际利率上升时就会更快地扩张，为下一次债务违约留下很大的隐患。

在开展第二轮债务救助的同时，中央政府还进行了两项宏观经济调整政策：应急行动计划（PAI）和雷亚尔计划（又称"黑奥计划"，Real Plan）。应急行动计划提出了征收金融交易税、控制公共支出、私有化公共银行、深化包括电力和铁道部门的私有化进程、建立应急社会基金等主要条款。雷亚尔计划的重点在于设法打破高通货膨胀的恶性循环，主要条款包括引入一种新货币、公共部门价格首次冻结、紧缩货

币政策以及实行与美元挂钩的浮动汇率制。这两项同步实施的政策表明，巴西意识到处置债务危机要与财政调整以及其他方面的改革同步推进。

三、1997 年救助：加大救助力度并配套财政体制改革

前两轮救助仅仅重组了地方政府债务的一部分，还有很大一部分未解决。同时，地方政府的债务规模仍在不断加大，宏观经济环境的变动使得工资性支出和养老金等福利支出压力凸显，紧缩性货币政策使得债券的实际利率攀高，地方债、短期预付款以及州立银行贷款等各类债务纷纷出现违约，州政府拒绝履行偿还义务，地方政府债务危机甚至波及巴西的金融市场。针对各类不同债务的违约，中央政府采取了一些紧急措施来应对。对于地方政府债券，1994 年，中央银行出台第 2081 号决议，中央政府授权各州可以将其债券交换为更易出售的中央政府或中央银行债券。对于短期预付款，国家货币委员会发布第 162 号决议，中央政府为州政府偿还收入预期贷款，对人员、供应商的欠款提供短暂的信用支持。对于州立银行贷款，中央银行为困境银行提供流动性支持，并继续将借款人所欠的未付利息资本化。1996 年，中央政府开始与各州协商谈判。由于中央政府和地方政府间的博弈，谈判持续了很长时间，最终在 1997 年 9 月颁布第 9496 号法律文件。这是第三轮救助的标志性文件，合并了中央政府和州政府之间长期谈判达成的债务重组和财政调整计划。

第三次救助相比于前两次有着非常大的区别：第一，债务重组方案更加合理，有利于化解存量债务。在利率上，大多数合同中的年利率为国内通胀指数加上 6%—7.5%，此前的救助是按照市场利率来计算。在偿还期限上，大多数州都签订了 30 年的合同，其中有些还有 15 年的

到期条款，偿债期限进一步拉长。此次的重组方案还增加了债务减免的条款，进一步减少地方政府存量债务的负担。第二，救助方案增加了违反规定的惩罚机制。根据约定，偏离商定目标的行为将受到惩罚，债务偿还上限将提高4个百分点，并使用市场利率代替6%的实际利率。对于那些不遵循约定的州，允许国库停止提供转移支付，甚至可以没收其自有税收收入，以防止其不偿还约定的债务，每年都要评估上一年的目标和承诺，并将对目标适当更新，若目标未达成，将处以罚款。第三，在进行债务重组的同时推进财政调整和改革。中央政府与各州政府共同制定《促进州级政府重组和财政调整的激励计划》。作为债务重组的交换条件，各州承诺实施调整计划，以在规定期限内将债务与净收入之比降至100%以下，具体期限为6—19年。这些方案涉及基本余额、工资和投资支出以及国有资产私有化的具体目标。在债务重组的同时进行财政调整，巴西此后几年财政收入增长较快，赤字和债务比率逐年降低。

　　总的来说，巴西地方债务危机最后由中央政府救助，背后有两个因素：一方面，中央和地方财政关系没有理顺是地方政府债务危机的重要原因，世界银行专家在总结发展中国家地方债务危机教训时，基本都是从财政关系开始梳理，也就是说，中央政府并不是没有责任的。另一方面，底特律、伯明翰都是个别地方政府出了问题，巴西则是众多地方政府都出现债务问题，性质是不一样的。尽管巴西地方债务危机由中央政府提供救助是对的，但前后经历三轮救助，耗时10年左右，中间是有教训的。首先，救助的力度一定要足，要将所有地方债务（包括显性和各类隐性债务）都纳入救助讨论中。其次，要将短期救助与中长期改革结合起来，以地方政府配合推动改革为救助的前提，防范未来的道德风险，避免债务危机反复出现。

希腊债务危机：
债务化解要考虑对总需求的冲击

希腊债务危机肇始于 2009 年，彼时政府财政赤字与债务率分别达到 GDP 的 12.7% 和 113%，国际评级机构相继下调该国主权评级，债务链条断裂并引发危机。希腊接受了"三驾马车"（IMF、欧央行、欧盟）的三轮贷款救助，才免于债务违约。但与此同时，外部救助伴随着过于严格的财政整顿要求，导致希腊时至今日也未能完全走出困境并恢复经济增长动力。

一、希腊债务危机发生的原因

希腊在加入欧元区后，通过举债增加福利支出埋下隐患。20 世纪 80 年代，在各党派争取选民的压力下，希腊逐渐发展成为高福利国家，公共部门工资待遇高、退休年龄提前、养老金丰厚。与此同时，劳动生产率并未明显上升，希腊政府借助举债方式增加福利支出。2001 年希腊加入欧元区，债务问题开始凸显。一方面，欧元区内部贸易便利性显著提高，但希腊劳动力成本高、生产率水平低，产品竞争劣势明显，贸易赤字大幅增加。希腊无法动用货币政策工具、以汇率贬值方式弥补赤字，只得动用财政政策为贸易赤字融资。另一方面，加入欧元区使得希腊政府能以更低利率进行举债，举债成本与欧元区核心国家趋同。2000 年以后，希腊政府债务 /GDP 长期维持在 100% 以上。

数据造假掩盖债务风险。希腊数据造假可追溯至 1999 年申请加入欧元区之时。为满足加入条件（财政赤字率不超过 3%、政府债务率不超过 60% 或仅临时性偏离 60%），希腊造假了经济数据，并于 2001 年加入欧元区。希腊新一任政府上台后，2004 年 9 月，财政部长公开承认数据造假，将上一年度财政赤字率的数据从 1.5% 修正为 8.3%，还将 2000 年度财政赤字率从 2% 修正为 4.1%、将政府债务率从 102% 修正为 114%。2005—2009 年，欧统局连续对希腊财政数据半年度评估给出保留意见，这使得希腊的经济、财政数据无法预测。数据质量问题在其他国家也存在，但希腊最严重。欧盟 / 欧统局在 2010 年指出，对预估值进行多次大幅修正，这在其他成员国十分罕见，但在希腊已发生多次，希腊的经济和财政数据缺乏质量，欧统局的严格审查也不足以将其数据质量提高到其他成员国水平。

次贷危机引爆希腊主权债务风险。首先，次贷危机直接冲击希腊实体经济和财政状况。船运和旅游是希腊经济支柱产业，2008 年次贷危机的爆发，给希腊经济造成严重冲击，政府刺激经济耗费巨大，2008—2009 年政府赤字 /GDP 分别达到 10.2% 和 15.1%，政府债务 /GDP 在 2009 年达到 127%。其次，次贷危机发生前，希腊低成本举债很大程度上依赖欧元区核心国家的信用加持。次贷危机爆发后，欧元区其他国家也面临债务压力和流动性紧张局面，不少西欧国家自身赤字率也超过 10%，希腊面临资本流入减少、投资者信心不足、举债成本飙升的巨大压力。2009 年 10 月，希腊新任总理大幅调高政府赤字预期，2 个月后，国际三大评级机构相继下调希腊主权评级。2010 年 4 月，希腊政府已无法通过公开市场发债融资，只能向欧盟和 IMF 申请 450 亿欧元援助贷款。

二、"三驾马车"对希腊实施的三轮救助

2009 年欧债危机发生之后，"三驾马车"对希腊实施了三轮救助，

分别是 2010 年 5 月提供 1100 亿欧元的第一轮救助、2012 年 2 月提供 1300 亿欧元的第二轮救助、2015 年 7 月提供 860 亿欧元的第三轮救助。这三轮救助都附加了一定的条件，也对希腊此后的经济发展产生了影响。

（一）第一轮救助出台缓慢，并附带了财政紧缩要求

希腊于 2010 年 4 月正式申请欧盟和 IMF 的救助，但欧盟各国在是否救助希腊问题上长时间无法达成一致，直到希腊债务危机不断升级后，才达成救助方案。2010 年 5 月，欧盟向希腊提供了 1100 亿欧元的第一轮救助，该资金来自欧盟和 IMF 联合对欧元区成员国推出的总额 7500 亿欧元的财政风险防范机制，该机制包括 4400 亿欧元的欧洲金融稳定工具（EFSF）、600 亿欧元的欧盟金融稳定机制（EFSM）以及 2500 亿欧元的 IMF 备用贷款安排。为了获得这笔救助，希腊政府不得不按照"三驾马车"的要求，承诺在 2011—2014 年采取总额约 300 亿欧元的财政紧缩措施，包括减少政府开支、增加税收、减少养老金，以削减财政赤字。这导致习惯了高福利待遇的希腊民众在短短两个月时间内爆发了三次全国性大罢工，引发社会动荡。

（二）第二轮救助同样伴随财政紧缩条件，私人债权人也参与债务重组

由于第一轮救助收效甚微，2011 年希腊经济仍持续衰退。2012 年欧盟向希腊提供了第二轮贷款援助。第二轮救助同样伴随着严格的财政紧缩计划，包括更大力度的赤字削减，由此导致了薪资、退休金、养老金等社会福利的大幅度削减，加剧了政府和民众之间的矛盾。与第一轮不同，第二轮加强了对希腊救助资金用途和效率的监控，欧盟不再直接将钱打入希腊政府的账户，而是设立一个专门账户，先拨入

可供希腊使用 9—10 个月的资金量，如果不够，再拨入。

此外，银行及保险公司等私人部门债权人也自愿参与到希腊债务重组中，即"私人部门参与"计划（PSI）。PSI 起源于 20 世纪 90 年代发展中国家出现的银行危机，发展中国家出现资本抽逃时，由于官方机构的援助规模不足，银行无法阻止外币存款抽离，而官方债权人又认为完全由其提供援助可能会有道德风险，因此鼓励私人部门以自愿参与的方式，分担官方债权人的援助成本。第一轮救助后，希腊债务可持续性并未出现好转，在此背景下，市场投资者以及官方援助机构均意识到，单纯依赖资金援助无法解决问题，只有减少债务存量才能从根本上解决希腊债务问题，因此引入了 PSI 计划，对私人部门债权进行重组和减记。希腊 PSI 的参与范围是私人部门持有的 2060 亿欧元希腊政府债券。通过参与 PSI，私人部门债权人将获得新的债券包。重组过程中，私人部门名义扣减率超过 50%，扣减金额超过 1000 亿欧元。由于欧洲银行业相互持有政府债的方式较为普遍，私人部门参与债务重组在缓解政府债务压力的同时，也给银行业造成冲击。

（三）第三轮救助包含了对希腊政府的改革要求

对希腊的第三轮救助方案始于 2015 年，在欧盟委员会签署的谅解备忘录中写明，救助额度为 860 亿欧元，为期三年，同时列举了获得该项救助需要满足的条件，包括推进四方面的改革：恢复财政的可持续性、维护金融的稳定性、提升竞争力并提振经济增长，以及实现国家和公共管理现代化。与前两轮救助相比，本轮条款增加了结构性改革的要求。这是因为欧盟通过前两轮救助意识到，单纯强调减少财政赤字对于希腊经济发展并无助益。

三、激进的财政整顿会冲击总需求

2010 年起，希腊开始执行"三驾马车"提出的经济调整计划，前期主要是财政整顿（fiscal consolidation），后期的结构性改革涉及领域广泛，包括财政预算、公共部门、养老金、医疗、商品与服务市场、营商环境、劳工、税收等。

总体看，希腊财政整顿的核心是从"开源"与"节流"两端改善财政状况。一方面，通过提高税率、降低纳税起征门槛来增加税收收入。一是在 2009—2017 年实施了四轮个人所得税改革，加大税收征收的监管力度，同时将雇员和领养老金者的纳税起征点由 1.2 万欧元调低为 9000 欧元，将最高税率起征点从 7.5 万欧元降到 4 万欧元，将最高税率从 40% 增加至 45%，股利课税由 10% 调高至 40%。二是简化增值税品种以提高征收效率，同时提高增值税和烟草税税率，其中增值税税率从 19% 提高到 21%，烟草制品税率从 57.5% 提高到 70%。三是推出团结救助税，对富裕人群征收 1%—4% 不等的税费。另一方面，连续实施财政紧缩计划，并出台具体法案进行部署。第一轮财政紧缩于 2010 年 3 月和 5 月公布，总额 350 亿欧元，目标是到 2014 年将财政赤字占 GDP 比重降至 3%；第二轮财政紧缩于 2011 年 6 月公布，目标是到 2015 年将财政赤字占 GDP 比重降至 0.9%。在此期间，希腊政府陆续出台了多项法案，包括冻结政府雇员工资、削减教育卫生国防开支等。在欧债危机爆发前，希腊公职人员约占全部就业人口的 1/4，使国家财政不堪重负。为此，希腊对公职人员的数量和开支实施管控，整合了中央和地方政府的部分机构和组织，加强公共部门的审计和财政纪律约束，完善人力资源管理。据欧盟统计，2009—2017 年，希腊公共部门的规模减少了 25%，政府对所有公职人员进行年度绩效评估，竞争性选拔高级管理人员，并大幅削减其薪资福利。

结构性改革旨在优化经济增长模式、实现可持续增长，其中养老金、劳工和国企私有化改革的主要目标是恢复公共财政的可持续性。养老金改革方面，危机前希腊属于高福利国家，存在几十只缴费标准、领取条件、领取金额各异的养老金，相关资金缺口主要依靠中央政府转移支付。2010 年，希腊养老金支出占 GDP 的 15%，资金缺口占 GDP 的 7.3%，是财政赤字最主要的组成部分。希腊政府在危机后共实施三轮养老金改革：一是将职工的法定退休年龄延迟到 67 岁，领取养老金的最低工作年限从 37 年增加到 40 年，同时加强提前退休管理。二是不再将养老金规模与 GDP 增长和通胀挂钩，降低已退休人员的养老金发放金额。三是整合所有养老金，砍去部分辅助性养老金，统一并提高养老金存缴标准，减少养老金的结构性赤字和中长期开支。劳工改革方面，为恢复劳动力成本的竞争力，希腊政府在 2012—2018 年实施改革计划，将最低工资降低了 22%，暂停单方面劳动仲裁，取消了"延期""优惠"等工会集体谈判原则，放宽就业保护。截至 2018 年，私营部门名义工资比 2010 年的峰值下降了约 20%。2019 年，为刺激经济，政府调整了政策，恢复了工会谈判权力，将法定最低工资上调了 11%。国企私有化改革方面，为吸引国内外投资，增加财政收入，希腊政府推动国企私有化进程。据欧盟统计，截至 2018 年，希腊政府在国际范围内出售的国有资产包括电力企业、燃气企业、石油企业、能源基础设施、高速公路、物流园区、机场、隧道、铁路、地铁，以及酒店、土地、体育场、商业地产、住宅楼等 100 多个房地产项目。

四、短期化解了债务但长期增长陷入低迷

希腊化解了短期债务违约压力，并且改善了财政收支，但希腊经

济仍处于持续、深度的低迷状态。根据彼德森国际经济研究所（PIIE）的统计，2014 年第二轮经济调整计划结束后，与 2010 年相比，希腊经济产出降低了 25%，失业率达到 27%，负债与 GDP 之比从 2009 年的 130% 攀升到 2014 年的 180%。欧盟在 2019 年报告中指出，希腊仍将长期面临经济失衡问题，包括高额的公共债务、大规模的不良贷款、持续为负的国际投资净头寸和经常账户余额、高失业率以及低的经济增长潜能。根据世行发布的营商环境报告和世界经济论坛发布的全球竞争力指数，希腊在非价格方面的竞争力不断下降，弱于大多数欧洲国家。即使不考虑希腊疲软的国内需求，该国高税率、行政效率低下、银行融资渠道不畅的营商环境也不利于吸引投资。

从长期看，希腊的经济复苏进展远低于预期。IMF 在 2010 年预测，希腊人均 GDP 将在八年后恢复到欧债危机前的水平，但 2022 年希腊的人均 GDP 仍比 2010 年低 22%，IMF 不得不将该指标的预期恢复时间推迟到 2034 年。据 BIS 和部分经济学家统计，2008—2016 年，经济调整计划导致的经济损失占 GDP 的 13%。最严重的是，希腊经济萧条造成的人才流失进一步削弱了社会与经济生产力，损失难以计量。

有机构预计希腊政府不合理的财政目标可能会导致下一场债务危机。2015 年，希腊政府在接受第三轮贷款救济时承诺，到 2020 年将财政盈余占 GDP 的比重保持在 3.5%，到 2060 年保持在 2% 以上。实践中希腊超额完成目标，2016 年财政盈余占 GDP 的比重达到近 4%。PIIE 指出，没有一个国家能在长时间内保持如此高的财政盈余水平。如果希腊政府非要实现这个目标，又不降低私人借款利率以维持经济超预期增长，下一轮债务危机只是时间问题。

总的来说，债务化解必须要考虑对总需求的冲击。尽管"三驾马车"为希腊提供了大量的资金，但效果却不是很好。正如 IMF 在 2019 年所总结的，"三驾马车"低估了财政乘数和财政整顿对经济的负面影响。

时间要求过紧、内部承担过大、触及利益过深是方案的主要缺陷。严厉的紧缩措施削弱了消费和投资，损害了民众福祉，引发反对派、工会和民众的大规模抗议，导致经济增长乏力。此外，对私人债权大幅打折，又让金融机构承担损失，造成金融紧缩，加剧经济恶化。

第四节 塞浦路斯债务危机：银行危机与财政危机

2012—2013 年，希腊主权债务危机的爆发，导致与希腊经济金融联系紧密的塞浦路斯未能幸免，财政不可持续、银行业过度扩张、金融监管脆弱等问题暴露出来。但与希腊不同，塞浦路斯的债务负担没那么重、宏观经济失衡问题没那么大，而且较好地平衡了救助、整顿和改革之间的关系，尤其需要指出的是，在面临银行危机与财政危机的时候，塞浦路斯处理好了两者的关系，所以很快从危机中走了出来。

一、银行危机与财政危机交织

（一）银行危机源自过度扩张时期的监管不足

塞浦路斯银行业急剧扩张，前两大银行资产规模就达 GDP 的 4 倍，2010 年银行总资产超过 GDP 的 8 倍。自 20 世纪 90 年代以来，塞浦路斯的低税率、免签证等各种优惠政策吸引了大量存款。塞浦路斯成为金融寡头和富人们的避税天堂，为危机埋下了隐患。虽然塞浦路斯 GDP 仅占欧盟的 0.2%，但银行业的发展尤为迅速，至 2013 年 2 月，塞浦路斯银行业有超过 670 亿欧元的存款，来自欧元区以外的存款约占所有存款的 30%。庞大的银行业加大了经济的脆弱性，只要银行出问题，很容易就蔓延到经济的其他领域。

大规模持有希腊资产和本国房地产贷款，风险敞口过度集中。因历史文化等原因，塞浦路斯与希腊经济联系十分紧密，银行业持有大量希腊国债。受希腊政府债务重组影响，塞浦路斯银行业遭受超过 40 亿欧元损失，在所有参与希腊债务重整的国家中，塞浦路斯银行业的损失占本国 GDP 的比例最高，据欧盟估计达到 20%。除债券外，银行还向希腊发放了大量贷款。2011 年 12 月，塞浦路斯国内银行对希腊的直接贷款敞口达到 218 亿欧元，相当于塞浦路斯 GDP 的126%，在希腊债务危机期间损失惨重。塞浦路斯的房地产曾繁荣一时，但当金融危机和欧债危机爆发后，房价大幅下跌，银行的信贷资金回笼困难。

（二）公共财政也陷入困境

2008 年金融危机伊始，塞浦路斯财政状况迅速恶化。塞浦路斯作为"避税天堂"，采取的是低税模式，危机之后的刺激政策极大消耗了财政资源，财政赤字 /GDP 从 2007 年超过 3%（盈余）降至 2009 年 -6.1%（赤字）。银行业危机爆发后，大银行丧失外部融资能力，塞浦路斯不得不继续使用财政资金为其增资[①]。与此同时，一般政府债务占 GDP 比重也快速攀升，从 2008 年不足 60% 升至 2012 年的 86%。

政府外部举债融资渠道被切断。希腊债务危机的不确定性、塞浦路斯政府救助银行的意愿，严重冲击了市场对塞政府债券的信心，十年期国债收益率相对德国达到"极其昂贵"的水平。塞政府转而通过

---

① 塞浦路斯花费 18 亿欧元财政资金为大众银行增资。

发行短期限债券进行融资，但随着 2012—2013 年间三大评级机构连续多次调降塞政府主权评级，通过短债滚动融资变得困难。

公共财政的制度性、结构性、长期性问题也不断凸显。一是社会福利制度不合理，福利支出连年飙升，占 GDP 比重在 2012 年超过 15%，12 年间增长了 6 个百分点。二是财政制度低效。塞浦路斯是欧盟成员国中为数不多既缺乏财政约束规则，又没有中期预算框架的国家，财政规划的实施比较低效，因突发事件而连续追加预算的情况很常见。三是养老金入不敷出，依赖政府补贴，人均公共医疗支出在 10 年内增长超过 30%，医疗和养老问题威胁财政可持续性。

二、短期应对以银行危机为重点

为解决日益严重的银行业危机，塞浦路斯政府向"三驾马车"求援，经过多轮谈判，最后于 2013 年 3 月 25 日达成一致。塞浦路斯以牺牲股东、债权人和大储户的利益为代价，向存款超过 10 万欧元的储户筹集 58 亿欧元，以获得 100 亿欧元的援助资金。借此，塞浦路斯政府逐渐稳定局面、走出危机。

第一，短暂关闭银行业，寻求外部援助。自 2013 年 3 月 16 日起，塞浦路斯央行要求本国银行暂时歇业，塞政府紧急寻求外部救助，直到 3 月 25 日与"三驾马车"达成 100 亿欧元救助协议。3 月 28 日，在救助方案达成后，银行得以重新开业，但要求每名储户单日提取不超过 300 欧元。

第二，处置银行业危机。两大银行（大众银行、塞浦路斯银行）在本国银行业存贷款规模的占比达到 80%，总资产达到本国 GDP 的 4 倍。为处置银行危机、提升储户信心，塞浦路斯政府重点对两大银行采取了以下处置措施：一是对大众银行进行拆分、清算。大众银行依据塞浦路斯新出台的银行处置法案进行拆分，分为"好银行"和"坏银行"。银行股权、债权、10 万欧元以上的非受保存款、少量资产将被放入"坏银行"，"坏银行"将被清算；10 万欧元以下的受保存款、对央行负债、大量资产将被放入"好银行"，并入塞浦路斯银行。二是对塞浦路斯银行进行处置。10 万欧元以下的受保存款受到全额保护，将银行股份、债券以及非受保存款中的 37.5% 全部转换为资本，一级资本充足率提高至 9% 以上，另有 22.5% 的非受保存款被冻结，视对外部评估情况，决定是否用于吸收损失。三是为银行业提供流动性支持。塞浦路斯央行在与欧央行充分沟通的情况下，随时准备为银行体系提供充足的流动性支持，塞政府为银行业发行债券提供不超过 29 亿欧元的担保，欧央行持续向塞浦路斯银行提供紧急流动性支持。

第三，缩减金融业规模。一是剥离商业银行希腊分行。将本国前三大银行的希腊分支机构全部剥离，资产和负债全部转移至希腊银行，超过 90 亿欧元受保存款从塞浦路斯转移至希腊，这一举措将银行业规模缩小了本国 GDP 的 130%。二是在两大银行处置过程中"挤水分"。重新评估资产的公允价值，通过压降资产规模，进一步将本国银行业占 GDP 的比重压缩至 350%。三是持续推动银行业开展非核心资产去杠杆，确保 2018 年前将银行业规模降至欧元区平均水平。四是大幅缩减信用社规模，信托机构数量从 100 家缩减至 18 家。

第四，就资本跨境流动实施临时管制。禁止储户向外国银行账户转账，单月与外国发生的信用卡和借记卡交易控制在 5000 欧元以下，塞浦路斯人出国不得携带现金超过 1000 欧元。

第五，开展主权债务重整。在 IMF 和欧盟支持下，将 10 亿欧元的国债置换为新的长期国债，缓解流动性压力，满足获得欧元区财政救助的附加条件，但相关置换没有对本金和收益率打折。

三、在多个领域推动中长期结构性改革

（一）强化金融监管，堵住金融体系潜在的脆弱性漏洞

一是提高不良贷款分类标准的审慎性和拨备标准，逾期 90 天以上的贷款将被全额计入不良贷款，将依据国际会计准则来计提不良贷款拨备。

二是加强对信用风险管理的监管。夯实银行内部治理，禁止商业银行向其独立董事会成员（包括其关联方）提供贷款，并罢免拖欠银行债务的董事会成员。就对外担保、贷款清收、抵押品估值等，制定一系列新的审慎规则。加强对信用风险集中度的监控，建立信用风险中央登记册，作为监管部门现场检查和非现场检查的重要工具。

三是建立早期校正机制。为了在长期内防止监管宽容，提高监管独立性，塞浦路斯建立了一个监管框架，基于银行资本水平实行"自动强制行动"，一旦银行或信用社的资本水平恶化，立即采取监管补救措施。

四是推动信用社监管改革。将信用社监管职责从信用社监督发展局转移至塞浦路斯央行，统一信用社和银行业的监管标准。提高信用社金融信息的透明度，大型信用社必须每年经知名独立审计机构开展审计。通过立法完善对信用社的内部治理，对利益输送和关联交易行为进行规范。

（二）加强财政整顿，推动财政回到可持续轨道

财政整顿着眼于削减政府开支、扩大政府收入。一是在不影响扶持弱势群体的前提下，削减公共部门工资、社会福利、可自由支配开

支等，缩减公务员编制等。二是通过增税增加财政收入。将公司所得税税率从 10% 增至 12.5%，将银行税税率从 0.11% 增至 0.15%，将利息所得预提税税率提高至 30%。这些举措将产生相当于 GDP2% 的收入。三是在中期内实施财政整顿政策，并覆盖其中期预算目标，通过控制开支、改善税收结构、推动财政结构性改革，实现财政平衡。以上财政整顿的举措，使其 2017 年的财政盈余达到 1.7%。

（三）推动财政领域结构性改革，提升财政可持续性

一是完善公共财政管理能力。政府出台《财政问责与预算制度法》，全面规范与公共财政管理的相关事项，并设立财政委员会，加强财政监督；建立中期预算框架，提升财政支出和预算过程的有效性；由政府债务办公室负责，加强对政府担保的风险评估分析；全面采取中期债务管理策略，平滑债务到期结构，降低再融资风险，多元化融资工具和投资人群体，加强对政府担保等或有债务的风险评估；对政府公共投资加强管理，包括项目招标、公私合营等。

二是提升税收征管能力和税收合规性，加强国际税务合作。将缴纳公司税的责任赋予公司实际控制人和税务负责人；对不同税收统一立法，明确不缴纳税收的刑事责任；强化税务机关征收未缴税款的权力，包括没收资产、禁止纳税人转让或使用资产、冻结银行账户无须事先获得法院批准等；建立一家新的综合税务管理机构，将现有税务局和增值税征收职能一并纳入；强化财政部相关税务部门在税务政策制定、税务政策监督执行方面的权力；在标准适用和信息共享方面，加强与欧盟国家的税务合作。

三是改革养老金制度和医疗制度。养老金改革方面，将公共部门雇员退休年龄延迟 2 年，并根据预期寿命变化，每 5 年调整一次退休年龄；对提前退休施加每月 0.5% 的退休金惩罚；减少对军队、警察等

特殊群体的养老金优惠待遇；将公务员养老金收益中 3% 的部分捐至孤寡基金。医疗改革方面，开展卫生部门改革，有计划地重组公立医院 / 公共卫生设施、卫生部、卫生局和其他相关设施 / 组织，所有公立医疗机构将实现盈亏自负；建立全新的全民医保制度，减少过去医保制度中存在的医疗资源浪费、公立医院腐败、部门沟通协调不畅等问题。

此外，塞浦路斯还在国有企业私有化、不动产税收、福利制度、公共部门激励机制（如公务员绩效考核）等方面出台了多项改革举措。

总的来说，塞浦路斯债务处置比较成功，不仅成功解决了危机，而且解决了长期的结构失衡问题，为经济和财政的可持续性打下了基础。塞浦路斯债务危机处置的成功，固然有债务负担没那么重，以及平衡了救助、整顿和改革之间关系等原因，但不容忽视的是，塞浦路斯同时出现了银行危机和财政危机，并没有只顾财政危机，不顾银行危机，或者把财政问题甩给金融机构，而是很好地处理了银行危机和财政危机之间的关系，取得了很好的效果。

第五节　国际上地方财政管理的激励约束体制框架

一、地方自治的财政管理体制是基础

无论是联邦制政体，还是单一制政体，大国经济体的分级政府间财政体制一般都实行地方自治。各国普遍建立了财税事权相匹配的"一级政府、一级财政、一级预算、一级税收、一级举债"的财政管理体系，尽量减少中央政府对地方政府财政管理的干预。

联邦制国家本身是地方政府让渡权力而形成的，地方政府的自主

权力较大。比如，美国联邦、州、地方三级政府独立行使各自的财政预算权力，独立编制、审批、执行本级预算，采取一种自收自支、自求平衡、自行管理、自成一体的体制模式。巴西在1983年修订宪法时增加了联邦对地方政府的转移支付，扩大了州级税基，州政府的可支配财政收入份额持续上升。1988年新宪法规定，州政府和市政府享有自治权，在财政收入和支出方面享有较高的自主性。德国实行联邦、州、地区分级管理的财政体制，各级政府均有独立预算，分别对本级议会负责。

单一制国家通过中央政府授权，赋予地方财政自主权。比如，法国在1982年通过"地方分权"立法，赋予地方民选官员更大的行政和财政权力。2003年3月，宪法修正案进一步充实了地方自治权，承认领土单位的条例制定权、财政自治权，提高了地方财政的独立性。日本自1949年以来，先后出台了很多有关推动地方分权改革的方案，比如，《地方分权推进法》（1995）、《地方分权一览法》（1999）、《地方分权改革推进法》（2006）等，以法律形式推进分权改革，增强了地方财力和财政自主性。

二、利益相关者密切关注地方财政健康状况

地方政府有效健康运营经济和财政，受益主体包括当地居民、地方政府雇员和民选官员。居民的收益有三项：一是更多的就业机会；二是优良的教育、卫生、治安等地方公共服务；三是财政支出效率高，降低养老、医疗等公共服务的成本，减少税收负担，也可避免将当期的债务负担转嫁为后代的偿债压力。政府雇员的收益与财政状况息息相关。在充裕的地方财力保障下，公职人员也有三项收益：一是工作岗位比较稳定，不会因为政府缩减开支面临裁员风险；二是薪水随着经济发展合理

上涨；三是养老金、医疗保险等各项福利待遇得到保障。此外，民选官员面临选举制度的政治约束，必须"对下负责"。财政经济能否健康运行，最终都会反映到选票上，直接关系到民选官员能否获取政府职位。

反过来，州和地方政府的财政运转得不好，居民、普通公职人员都会受损。居民部门的损失：一是地方公共服务的数量和品质都会受到影响。比如，底特律财政破产后，市政建设萎缩，公共服务捉襟见肘。警员力量被裁减掉 40%，沦落为美国最不安全的城市。二是税负加重。底特律市破产时，领退休金和健保福利的人数超过了 20 万，有 40%政府收入必须用来支付退保福利或偿付债息，公务人员的退休金一项就吃掉了全部的房产税收入。底特律不得不通过提高税率和新设税目增加收入，结果使得底特律成为密歇根州税负最高的城市，加速了中产阶级的迁出，财政收入状况进一步恶化。由于公共服务的成本上升、品质下降，底特律的居民不得不向其他地区迁移，由最高时的 185 万居民降至 2022 年不到 70 万。政府雇员的损失包括限薪、解雇、养老金泡汤。本来，底特律市政府的雇员达到 25 年的工龄之后退休，每年可获得 3 万美元的养老金和医疗保险。破产使得退休福利大幅缩水，也不再有医疗保险。2009 年希腊爆发主权债务危机后，希腊政府宣布削减政府开支并缩减公务人员规模，实施了冻结公共部门员工的招收、降低公务员薪酬等一系列财政紧缩措施。由于地方居民、政府雇员和民选官员的利益得失均与地方财政管理的好坏息息相关，因此，对财政运行和重大项目的预算审议十分严格，预算审议的重要性和严肃性凸显。

三、中央救助通常以牺牲地方自治权为条件

针对地方财政管理不善的情形，许多国家建立了地方政府破产机

制。政府破产是政府的财政破产，并不等于政府职能破产，不允许出现无政府状态。破产政府有维持城市居民日常生活所需的最低限度公共服务的义务，同时，通过各种控制支出、增加收入的方法，改善赤字和债务恶化的状况，恢复财政收支平衡。为了防范道德风险，地方政府破产后，中央政府不会无条件救助，如果地方政府希望上级政府施以援手，必须牺牲自治权。比如，美国底特律市财政破产时，密歇根州政府指派的底特律紧急事务主管凯文•厄尔取代民选市长，临时剥夺底特律的地方自治权。法国地方政府出现运转不灵、债务违约的情况时，由总统的代表，即各省省长直接执政，原有的地方政府及地方议会就此解散，所欠债务由中央先行代偿，待选举产生新的地方政府和议会之后，再制定新的财政计划（增税、削减开支）逐步偿还原有债务和中央政府垫付的偿债资金。日本地方政府一旦根据《地方财政再建促进特别措置法》寻求财政重建，就意味着地方政府破产。地方政府将被剥夺地方自治权，编制预算必须由中央政府批准，基本丧失了政策自主性。

四、中央政府对地方政府财政管理的约束措施

巴西《财政责任法》及其配套法案建立了三级政府在财政及债务预算、执行和报告制度上的一般框架，制定了操作性极强的规范地方政府债务的量化指标。比如，巴西地方政府每年须向联邦政府汇报财政收支情况，每四个月必须发布政府债务报告。地方政府的借款额不得超过资本性预算的规模，州政府债务率要小于200%，市政府债务率要小于120%。如果地方政府不履行《财政责任法》规定的义务，对责任人将给予革职、禁止在公共部门工作、罚金甚至判刑等处罚。同时，巴西中央银行对各商业银行向公共部门提供贷款做出一些限制，地方

政府债务余额与银行净资产的比重不得超过 45%，对于违规举债、突破赤字上限或者无法偿还联邦政府或任何其他银行借款的州，禁止各银行向其发放贷款。另外，巴西还实行强制性信息披露的做法，地方政府所有借贷交易都必须在国家信息系统中登记，否则将被视为非法交易。信息系统公开透明，与所有银行联网，任何银行都能查看相关信息。系统自动运行，不能人为调整。

法国在 1982 年通过"地方分权"立法之前，地方政府发行市政债券需要经过中央政府特别许可。1982 年之后，地方政府可自主决策发行市政债券，不再需要经过中央政府审批管理。同时，中央政府通过行政和司法两个体系严密监控地方政府的财政运行和负债情况：一是财政部及其派驻机构的行政监管。2001 年 8 月，成立财政部"债务管理中心"，对各级政府的资产负债情况进行日常监管，确保各级政府债务能够及时偿还。财政部在各省、市、镇派驻有监督机构，对各级地方政府的财政运行状况和负债情况适时进行监督和检查。派驻机构一旦发现问题，会及时向地方政府提出意见并向上级财政部门汇报。这种适时监督，确保了地方政府负债和财政运行状况处于良性状态，大大减少了诸如地方财政破产和资不抵债等情况的发生。二是审计法院的司法监督。审计法院是由国民议会授权的独立国家机构，是检查政府资金使用情况的最高司法机关，不受行政权力干预。审计法院的主要任务是，协助议会和政府监督财政法律法规的执行，检查中央和地方政府各部门以及学校、医院等公用事业机构的会计账目。审计法院设置了预算纪律法庭，专门审理各级国家机关和公用事业机构领导人违反财经纪律的案件。

第六节 我国当前要妥善处理好地方政府债务问题 ①

　　长期以来，我国地方政府将大量的财政事项以城投等方式转移至表外，形成规模庞大的隐性债务，目前已经难以为继。隐性债务是高成本、不透明的债务，最突出的问题是"借、用、还"脱节。借钱的不管用、用钱的不管还、还钱的不管借，导致在借的环节预算软约束、高成本举债，在用的环节随意决策、一些项目社会效益低下，在还的环节无人负责。根据市场机构和权威国际组织的测算，地方隐性债务规模至少是显性债务的 2 倍以上，并且处于发散的状态。随着房地产市场低迷，地方政府卖地收入"断崖式"下滑。2022 年，地方政府卖地收入由 8.7 万亿元降至 6.7 万亿元，再考虑 6.7 万亿元卖地收入中，城投拿地至少一半，也就是至少 3.3 万亿元。合起来，2022 年地方政府卖地收入至少下降 5.3 万亿元，只有不到前一年的四成。当卖地收入大幅回落后，不少地方政府的债务也就难以为继，甚至连利息都负担不了，引发社会关注。

　　地方隐性债务有多种形态，很多是有中国特色的，在处理地方债务问题时要全面予以考虑。至少包括以下形态：一是城投债务。大部分城投债务做的是公益性项目，除了来自地方政府的少量收入外，基本没有其他收入。投资者在购买城投公司债券时，也主要看的是当地 GDP 和财政状况，而非城投公司自身的财务状况。二是地方政府引导

---

　　① 问责案例来自财政部通报，部分观点来自作者公开发表的文章，也参考了证券日报等公开报道。

基金和 PPP 项目。一些地方政府引导基金和 PPP 项目表面上是由政府资金和社会资本共同成立的，但政府一般会对社会资本有固定收益承诺，实际上属于"明股实债"。三是养老金缺口。养老金实行地方统筹，目前一些地方的养老金已经无法满足当期支出。养老金缺口很大部分是历史欠账问题造成，应由财政承担。四是地方金融机构和房地产的风险处置成本。地方金融机构和房地产有不少存量风险尚未处置，这部分或有债务也应由地方政府承担。此外，还包括对一些地方国企欠款等其他的形态。

近年来，党中央、国务院高度重视防范化解地方政府隐性债务风险，对新增隐性债务和隐性债务化解不实等违法违规行为加大问责力度，终身问责、倒查责任。2022—2023 年，财政部共 3 次通报了 24 起地方政府隐性债务问责案例，问责对象涉及地方政府、地方国有企业、融资平台公司及金融机构等。在新增隐性债务方面，有的地方是融资平台通过政府部门担保等方式违规举债，有的地方是要求国有企业垫资建设，有的地方是欠付公益性项目工程款，也有金融机构违法违规向地方政府及其部门提供融资及相关服务。在化债不实方面，有的地方是以融资平台公司或国有企业为主体融资借新还旧并作为化债处理，有的地方是直接修改政府购买服务的合同金额并作为化债处理。这些问责案例充分彰显了中央治理地方政府隐性债务问题的决心。

中国当前面临的复杂背景下，如何妥善化解地方债务考验政策智慧。从国际经验来看，首要的问题是中央政府要不要对地方政府提供一些支持？这是一个两难问题，救助就有道德风险，不救助风险可能蔓延，还取决于体制机制的完善程度。当然，给予救助的话，还涉及救助的力度。力度不够则问题解决不了，就像巴西一样，中央政府在十年之间进行了三轮救助。救助力度还要基于对总需求影响的评估，中国经济当前最大的问题是总需求不足，如果更大部分由地方政府、居民、企业和金融机构来承担，对经济无疑是一种紧缩。此外，中国现在除了地方政府债务问题之外，中小金融机构风险也很高，这也是一个选择问题。从塞浦路斯案例来看，不能只顾财政风险，甚至将财政问题甩给金融机构，加剧金融风险，这不是一个正确选择。最后，如果中央政府提供一定支持，则需要换回一些改革，特别是中央和地方财政关系的改革，中国上一轮的财政改革已经过去三十年，下一步改革的目标在哪里？实际上，上述问题都需要仔细研究国内外实践，以找到合适的答案。

第四章

金融风险处置
不能拖延

　　金融机构经营下滑达到一定的条件，就要立刻采取校正措施。如果都等到变成问题金融机构的时候再处理，往往就来不及了，代价会很大。对于出现问题的金融机构，处置是不能拖延的。拖延解决不了问题，只会让问题更严重。对于问题机构，市场化约束机制是失效的，拖延会刺激其过度承担风险，把健康的机构与实体经济拖曳进来，从"小风险"积累为"大危机"。另外，金融机构的处置向来有"黄金48小时"的说法。这是因为，危机中不良资产处置有"冰棍效应"，时间拖得越长，价值损耗越多，还可能引发市场踩踏，加大处置难度。

　　对金融风险及时行动取决于两方面。一方面，要杜绝主观上"捂盖子"的投机性想法，相关部门要拿出解决问题的勇气。当金融机构刚刚出现苗头性问题时，应该早介入。现实中往往因为不愿承受来自纳税人的压力、不愿承担单家问题银行倒闭的后果、不愿听到"坏消息"，在风险事件还没演化为危机时，一些部门有掩盖风险的冲动，将希望寄托于经济情况好转和资产价格止跌，导致处置介入不及时，后续却往往要付出更高代价。另一方面，及时行动需要一些客观保障。首先是要掌握充分的信息，只有对风险状况看得清，才能做出准确判断；其次是由于涉及多部门，各部门之间要职责清晰、协调畅通，不相互扯皮推诿，以免贻误战机；再次是监管有效性也很重要，否则会导致风险堆积，典型案例是美国储贷危机；最后是要有充分的资源和能力作保障，包括充足的处置资金、健全的法律和制度、专业的人才队伍等。

　　我国中小银行往往是出了大问题才暴露出来，问题暴露了以后还容易拖，反映出当前仍有一些亟待完善的地方。首先，农信社的监管体制是不完善的，而且地方政府在处理农信社风险的时候，只会让其他农信社来兼并或者做大法人机构来"消灭"风险。其次，早期金融监管部门认为可以依靠自身调动金融资源的能力，独立解决金融机构的风险，因此不太重视监管与处置机制建设。党的十八大以来，先后在国务院金融委、中央金融委的指挥下，统筹监管资源的能力明显加强。但是，目前的个案风险处置还主要是"一事一议"的方式。解决上述问题，一方面有赖于金融监管体制的改革，另一方面有赖于法律的完善，在金融稳定法中要明确谁来处置、怎么处置等内容。

美国储贷危机：
拖延背后的主客观因素

一、金融自由化时期监管未及时调整致风险堆积

20 世纪七八十年代，美国大力推动金融自由化，启动利率市场化进程，市场环境发生重大变化，影响了储贷机构行为，但监管没有及时调整。19 世纪早期，由于银行不发放个人住房贷款，一些团体成立互助性组织，汇集成员的存款并给成员发放住房贷款，成为早期的储贷机构。储贷机构与银行功能类似，但通常比银行规模小，且专注于住房抵押贷款业务。20 世纪 30 年代，为实现"居者有其屋"的目标，美国立法推动储贷机构发展。截至 1980 年，美国有近 4000 家储贷机构[①]，6000 亿美元总资产中 80% 是住房抵押贷款，占当时美国所有住房抵押贷款的 50%。20 世纪 70 年代石油危机爆发，美国通胀高企，利率随之走高，这个过程中，储贷机构的资产端遭受损失；同时，虽然当时已启动利率市场化改革，但存款利率仍受限，实际利率落入负值区间，存款加速离开银行，银行负债短期化。因此，储贷机构的资产端与负债端严重不匹配。到了 80 年代，随着利率市场化进程加快，存款利率限制放开，部分储贷机构出现恶性竞争行为，开始高息揽储或追求高风险投资。实际上，在金融抑制时期，对金融监管的要求没有那么高，但在金融自由化时期，机构的行为明显变化，如果监管还停留在过去，

---

① 这里的 4000 家为 FSLIC 保险的储贷机构，另有 590 家储贷机构参加州存款保险。

很多问题也就暴露出来。

检查权和监管权分离，为行业带来潜在的隐患。20 世纪 30 年代，美国成立联邦住宅贷款银行理事会（FHLBB），作为储贷机构的联邦监管者；成立联邦储贷机构存款保险公司（FSLIC），作为储贷机构的保险者和处置者。FHLBB 成立了 12 家联邦住房贷款银行（FHLBank），并将日常监管权交给 FHLBank，由 FHLBank 的行长作为主要监管代理人（Principal Supervisory Agent，PSA），但将检查权留在自己手中。这种检查权和监管权的分离，为日后行业监管带来隐患。FHLBank 的股东由参与住房贷款业务的金融机构（包括储贷机构）组成，主要业务是给金融机构（股东）提供贷款资金、支持居民购房，因此，FHLBank 实际上要监管自己的股东，存在明显的利益冲突。由于检查权和监管权的分离，检查员向 FHLBB 汇报，但监管员只需要向主要监管代理人汇报，主要监管代理人无须向任何人汇报。[1] 检查员和监管员之间存在广泛的不信任和不尊重。检查员属于联邦雇员，监管员属于 FHLBank（私人部门）雇员，后者工资水平远超前者。前者认为后者拿了过高的工资，后者则认为前者是一群拿着低工资的吹毛求疵者。检查员检查出问题、提出建议后，监管员经常没有回应措施。

与银行监管机构比，FHLBB 的检查权、监管权、执法权都很弱。80 年代以前，储贷机构的业务范围、牌照发放、资本要求、存款利率等，都受到严格限制，也很少出现倒闭等负面事件。储贷行业良好、自律的形象，使得政策制定者给予该行业很大灵活度，在监管模式上更强调自律。FHLBB 只被视为一家对特定公共服务行业进行监督的小监管机构，与同类型其他监管机构相比，职员和薪金受到行政管理和预算局、联邦人事管理局的严格控制。美国货币监理署（OCC）、FDIC、美

---

[1] 内部人士指出，各家 FHLBank"像公爵一样独立运营"。

联储等银行监管机构的工资水平比 FHLBB 高 20%—30%[①]，FHLBB 很难聘任和留下专业的检查人员，许多 FHLBB 检查人员选择跳槽到薪酬更高的储贷机构。FHLBB 的检查人员数量不够、培训不够，职责和资源受限，被称为"金融监管的受气包"。

FHLBB 自身资源和人才不足，只得选择性执法。比如，FHLBB 可对不稳健经营或违规的机构发布停业命令（cease and desist order），对相关储贷机构的雇员或管理层进行禁业（removal and prohibition order）。如果储贷机构对执法行动存在异议，执法过程将变得十分冗长，进一步消耗 FHLBB 本就稀缺的资源。因此，FHLBB 为了减少储贷机构的异议，只对极端严重的违规行为发布停业命令。实际上，FHLBB 的检查流程和人力配置只够满足监管储贷机构的传统业务，无法应对 80 年代的复杂环境和非传统业务。进入 80 年代，随着大量储贷机构资不抵债，这种矛盾日益突出，即使问题储贷机构增多，实际执法数量也很少[②]。

二、一系列因素造成了风险处置拖延

在储贷机构风险开始暴露的时候，在一系列主客观因素的制约下，导致对问题储贷机构的处置不及时。

第一，80 年代初自由主义思潮下，大幅放松监管与反对动用财政资金是主流认识，政府希望宽限处理并放松监管，压力都落在监管和处置部门身上。面对储贷机构的风险，FHLBB 和 FSLIC 缺少像美联储和 FDIC 那样的独立性，而由财政部牵头的内阁经济事务委员会（CCEA）参与决策，发挥重要作用。内阁经济事务委员会成员还包括美国行政管

---

① 1984 年，FHLBB 检查人员的平均工资为 24775 美元，而 OCC、FDIC 和美联储的平均工资分别为 30764 美元、32505 美元和 37900 美元。

② 到 1984 年，FHLBB 的执法律师一共才 4 名。

理和预算局等，他们都是"里根经济学"的忠实拥趸，里根政府的自由主义体现在减少对经济的干预。因此，对于储贷机构，内阁经济事务委员会起草了放松监管的政策，并坚定反对动用财政资金处置风险。政府还不希望关闭大量储贷机构、过度惊扰公众，财政部、行政管理和预算局敦促 FHLBB 和 FSLIC 对问题储贷机构宽限处理（forbearance）[①]，同时要求通过发行 FSLIC notes[②] 的方式解决储贷行业的风险，确保短期内不会增加政府赤字。1984 年，当 FHLBB 发现宽限处理导致大量储贷机构高风险经营，并尝试加强监管的时候，遭到了行业、政府和国会的反对，储贷机构和房地产开发商一直在说服政府，"监管部门管得太多"。

第二，监管部门对风险形势有重大误判，认为不需要应对。70 年代末期，受利率上升影响，储贷行业开始出现风险。80 年代早期，利率有所下降，部分储贷机构的财务状况逐渐恢复[③]，但全行业还有 10% 的机构资不抵债。对于已陷入困境的储贷机构，FSLIC 没有充足的资源去进行处置。此时，监管部门对风险形势有重大误判：其一，认为储贷机构的资不抵债只是纸面上的，而非实际发生的，一旦利率重新回归正常水平，储贷机构就会回归正常；其二，认为只要储贷机构尚有现金来源、能持续运营，就不应该被关闭。

第三，FSLIC 的处置资源不足，远不及问题机构的体量。首先，从数据看，1981 年储贷机构的总资产为 6400 亿美元，当年资不抵债储贷机构的数量达到 112 家、总资产达 285 亿美元，但 FSLIC 的储备资金

---

① 如在资本要求、市场准入、投资范围、利率上限等方面放松限制。

② FSLIC notes 不是债券，是一种类似于现金的金融工具，以 FSLIC 的信用发行，持有者可以将其用于补充资本，但机构是否愿意持有取决于 FSLIC 的信用。

③ 这种恢复不均衡，一部分储贷机构在恢复，但当时油价下跌，美国西南部经济遭受冲击，当地储贷机构资产质量大幅下降。

只有 62 亿美元。根据预测，如果 1983 年处置全部问题储贷机构，预计需要花费 250 亿美元，但当时 FSLIC 的储备只有 64 亿美元，根本没有能力进行处置。其次，更主要地，FSLIC 长期缺乏外部融资来源，直到 1987 年国会通过《银行平等竞争法》，才允许 FSLIC 向外借款，但金额不超过 108.25 亿美元。财政部则始终没有明确支持 FSLIC。最后，FSLIC 保费比率设置不合理。FSLIC 在 80 年代前采用固定费率制，未根据投保机构的风险状况设置差异化标准。有时资本不足的机构反而可以与 FSLIC 协商缴纳更低保费，不仅导致存款保险基金积累不够，还变相鼓励财务状况较差的机构参与高风险业务，损失转嫁给缴纳更多保费的健康机构。

第四，FSLIC 人员和专业能力都不足，并且缺乏高效处置资产的激励机制，增加了处置成本。FSLIC 在处置中采取了更简便但高成本的整体处置法（whole bank resolution），促成问题机构被整体收购、补偿收购方，而不是低成本但更费时费工的资产处置法（asset disposition）。FSLIC 也缺乏一套鼓励员工高效处置资产的销售分成激励机制。问题储贷机构的资产主要是抵押住房，住房需要主动管理，但 FSLIC 缺乏管理这类资产的能力。有一些资产在 1983 年 FSLIC 就接收了，到 1989 年还没完成处置。

三、拖延政策造成了严重的后果

上述约束之下，面对行业风险，FHLBB 和 FSLIC 的应对策略不是及时止损、迅速处置、加强监管，而是赌博式放松监管、提升储贷机构吸储和盈利能力，寄希望于市场环境逆转。监管部门采取的措施包括允许失去偿付能力的机构继续存活，大幅调低资本充足率要求，放宽存款利率的上限，大幅放宽储贷机构的贷款范围（如并购贷款、项目贷款等，比住房贷款风险更高），将存款保额从 4 万美元提至 10 万美元，允许资产损失递延计提，放宽新设储贷机构的准入要求。同时，联邦层面的放松监管刺激了州政府竞赛式放松监管。在联邦层面的监管放松后，大量州储贷机构转为联邦储贷机构。州政府为了自身监管地位、收取更多费用，竞相放松州储贷机构的监管。很多州出台了比联邦层面更宽松的措施 ①，造成了监管竞次。

（一）FHLBB 和 FSLIC 早期许多应对措施都旨在拖延

会计准则的放松，使资不抵债机构的数量被低估。FHLBB 放松了会计计量方式，如允许提前确认收入、资产损失递延确认等，高速增长的储贷行业持续报告"健康"数据，资不抵债的机构数量被低估。此时，FSLIC 的资金对已确认的问题储贷机构尚不足以处置，更无暇顾及被低估的部分。

拉长商誉资产摊销年限，促使大量问题机构被并购。正常商业逻辑下，如果没有 FSLIC 的资金补贴，收购方没有动力收购资不抵债的储贷机构。但是，1982 年 FHLBB 改革了商誉的会计计量方式：并购方收购问题储贷机构时，收购对象的负债超过资产的部分记为收购方商誉资产，FHLBB 将商誉资产摊销从 10 年扩展至 40 年，使得短期内摊销费用小于从表外回调的利润 ②，从而短期内在会计上增加利润、做大

---

① 例如，1982 年，加州允许州储贷机构无限制地开展服务型企业和房地产投资。

② 假设 A 为收购方，B 为问题储贷机构，B 的资产账面价值 10 亿美元（市场价值 8 亿美元）、负债 10 亿美元，资不抵债。如果 A 不花钱直接收购 B，则在 A 的资产负债表中，贷款资产增加 8 亿美元，商誉资产增加 2 亿美元，负债增加 10 亿美元，同时在表外计提一笔 2 亿美元的减值。根据 1982 年前的规定，商誉资产未来 10 年每年摊销 2000 万美元费用，同时每年从表外减值中向表内回调 2000 万美元利润，因此，对利润的影响抵消，收购方没有动力开展收购。但是，1982 年 FHLBB 将摊销时间从 10 年延至 40 年后，A 的商誉资产每年只需摊销 500 万美元，利润回调还是 2000 万美元，10 年内每年可增加 1500 万美元利润。但 10 年后，亏损将大幅上升。

资本，但长期的损失会显著扩大。这表面上维持了储贷机构的利润厚、资本高假象，掩盖了储贷行业的风险，延迟了 FSLIC 的处置时间，风险不仅没有解决，反而不断积累 ①。

宽限处理使得储贷危机严重性被掩盖，贻误财政介入时机。宽限处理后，本该倒闭的机构没有被关闭，本该处置的机构没得到及时处置，FSLIC 的损失是隐性的，而非显性的，政府没有补充 FSLIC 储备基金的政治压力，FSLIC 基金缺口不断扩大。

（二）拖延措施造成严重后果

大量"僵尸"储贷机构存在。问题机构可以更容易地继续高息揽储、持续经营，但由于财务状况继续恶化，成了"僵尸"储贷机构。"僵尸"储贷机构已失去偿付能力，因此孤注一掷，资产端的风险越来越大，最终引发严重的储贷危机。随着"僵尸"储贷机构抬高利率吸纳存款，储贷机构的资产持续增长。1983—1984 年间，储贷机构新增存款 1200亿美元；1982—1985 年，储贷机构的资产增长了 56%，是同期银行业资产增速的两倍。

大量非专业人士进入储贷行业。储贷机构的市场准入标准和监管标准放松后，很多投机者（包括非金融专业领域的人，如牙医，以及明显有利益冲突的人，如房地产开发商）采取新设或并购的方式拥有储贷机构，从事高风险投机甚至欺诈行为。1980—1986 年，新设储贷机构的数量达到 500 家。

储贷机构在资产端过度承担风险。1982 年开始，储贷机构的资产结构快速从传统的住房抵押贷款，转向其他高风险资产，包括并购贷款、房地产直接投资、股票，以及投资赌场、快餐店、滑雪场、农场等，

---

① 1982 年 6 月—1983 年 12 月，储贷机构商誉资产从 79 亿美元增至 220 亿美元。

甚至是垃圾债、衍生工具等。1981—1986 年，住房抵押贷款在储贷机构的资产中占比从 78% 降至 56%。

最低成本的处置方式实际上成本很高。FSLIC 对大量问题储贷机构，与其说是处置，不如说是救助。FSLIC 允许资本充足率 ① 在 0.5%—3% 的储贷机构，向 FSLIC 发行资本补充工具，FSLIC 可以用同等金额的现金认购，或用 FSLIC 自己发行的票据（notes）来认购。。这实际上是 FSLIC 耗尽自身信用去担保储贷机构。FSLIC 还在问题储贷机构的并购中用 FSLIC notes 补偿并购方（由于现金不足）、承诺为并购方承接资产的损失提供担保等，一些技术上破产的储贷机构，在监管机构主导下被推动合并，减少了对处置资金的消耗。FHLBB 没有认识到这种方式的危险，反而将其作为处置储贷机构的最低成本方式予以鼓励。事后来看，FSLIC 采用的上述协助收购方式，不仅成本很高，效果也较差。据测算，截至 1990 年 3 月末，FSLIC 需为其在 1988 年、1989 年签署的 96 份协助收购合约支付 670 亿美元。部分收购方在完成收购后，资本不足、资产风险等问题没有从根本上解决，风险处置目的未能实现，机构倒闭仍在发生。

四、RTC 成立后最终解决了危机

储贷危机将 FSLIC 的储备基金消耗殆尽，国会于 1989 年颁布法案，撤销 FHLBB 和 FSLIC，前者的职能转移至新成立的储贷监理署（OTS），后者的存款保险职能转移至 FDIC、问题机构处置职能转移至新成立的重组信托公司（RTC）；加强财政资金支持，向 RTC 提供了 500 亿美元处置资金，其中约 300 亿美元来自处置融资公司（REFCORP）发行的

---

① 这里资本充足率为净资产 / 总资产。

长期债券，另外 200 亿美元分别来自财政部（188 亿美元）和 FHLBank（12 亿美元），由于 500 亿美元的初始资金不足以解决问题，国会随后将 1989—1995 年向 RTC 提供的资金总额提升至 1050 亿美元；此外，还加强监管力度，收紧储贷机构的资本要求，严格控制储贷机构的资金运用方向，规定不动产抵押贷款至少须占资产总额的 70%，以往购入的垃圾债应于 5 年内出清，高风险投资趋势得到遏制。

总的来看，在金融自由化过程中，金融抑制时期的监管模式已不能适应，埋下了储贷行业的风险隐患。当风险逐渐暴露时，又有一系列主客观因素造成了拖延，包括政府南辕北辙放松监管、赌博式地寄希望于市场环境逆转、处置机构缺乏资源与能力等。在种种约束之下，监管和处置部门采取了拖延的做法，造成风险进一步扩大。RTC 于 1995 年完成问题储贷机构的处置，最终的处置成本估算高达 1600 亿美元，其中 1320 亿美元由纳税人承担。也就是说，1983 年 250 亿美元就可以处置的储贷机构风险，最终花费 1600 亿美元才完成处置。

第二节 日本 20 世纪 90 年代危机：政府的决心很关键

一、1998 年以前监管部门行动迟缓、措施不力

20 世纪 90 年代，日本在泡沫经济破灭后引发银行业风险，大量银行倒闭，但监管部门并未及时处置风险，最终演变为一场系统性危机。

一是推动兼并收购、减少问题银行倒闭，迫不得已才处置。日本政府为了维护金融业稳定，奉行"护送舰队（convoy）"式的金融管理模式，即通过保护弱势金融机构避免过度竞争，维持金融业整体的存

续。监管部门只有在问题银行经营难以为继、不得不破产倒闭时才会介入。例如，在 1993 年的联合检查中，东京都政府和日本财政部就获知两家信用社已经失去偿付能力的信息，但直到 1994 年末才将两家机构关闭。日本经历了多次银行兼并重组，其中有大银行出于战略需要兼并小银行，也有资产质量较好、经营良好的银行对问题银行实施兼并重组。1990 年 4 月，三井银行与太阳神户银行合并，成立樱花银行；1991 年 4 月，协和银行与琦玉银行合并，成立朝日银行；1995 年 3 月，三菱银行与东京银行宣布合并，1996 年 4 月正式成立东京三菱银行；1995 年 11 月，大和银行与住友银行宣布合并。这些兼并重组都是由强并弱，保护濒临破产或者实力较弱的银行。但到 20 世纪 90 年代中后期，金融机构陆续破产，可见这一模式并没有缓解日本银行业的危机，持续的亏损使得日本的地方银行、主要银行、证券公司最终不得不破产，"护送舰队"式的金融管理模式也最终崩溃。

二是对实施政府救助极为审慎。1991 年开始，日本在二战后首次出现银行倒闭事件，预示着日本银行业风险开始暴露。1994—1995 年，小金融机构倒闭事件增多。到 1995—1996 年，日本向"住专"注入6800 亿日元救助资金，政府为此遭到公众极为严厉的批评。受此影响，日本政府部门对于动用公共资金提供救助变得极为审慎敏感。

三是要求银行业调整业务结构、增收减支。日本央行要求全国各银行压缩国内贷款的增长，1991 年日本城市银行的全部资产下降了 5%，这是二战以来的第一次下降。同年，日本城市银行海外分行的资产下降 13%。银行还精简机构，裁减冗员，降低经营成本。据估计，整个银行业裁减员工在 5%—10%，削减工资约 5%。此外，大藏省加强对设立海外分行的限制，银行的业务中心逐步向亚太地区转移，1991 年只批准了 2 家海外分行，是 1990 年的三分之一。

四是实行监管宽容。第一，放松政策限制，帮助银行提高自有资本比例、扩大利润来源。1990 年 6 月，取消了对发行次级债券和次级贷款的限制，允许银行在国内扩大次级债务以增加资本，同时在国外发行欧洲美元次级债券。1992 年 12 月，又解除了对"用信托方式使债权流动化"的禁令，促进银行盘活资产。同年，通过改革方案，逐步取消对银行经营其他金融业务的限制，促进银行业务进一步多样化，以扩大其利润来源。第二，允许亏损银行给股东分红，释放虚假信号。在日本，无论经营业绩如何，银行都会给股东进行少量分红，这已成为监管部门和银行都认可的一种传统。如果停止分红，会释放出银行陷入困境的信号，导致股价大跌甚至挤兑。数据显示，1991 年，日本银行业总的净利润为 2.3 万亿日元，分红金额为 7500 亿日元；到 1995 年，银行业总的净亏损已经达到 9 万亿日元，但分红金额依然维持在 6800 亿日元。这带来严重的道德风险，侵蚀了债权人利益。第三，适用宽松的贷款分类规则。一方面，贷款分类规则过于宽松，1997 年以前，银行均基于宽松规则报告不良贷款，金额被显著低估[①]。另一方面，日本交易所要求上市公司连续三年亏损将被退市，在此规定下，日本上市银行为避免披露损失、防止强制退市，1996 年将损失准备计提金额减少一半。银行为了弥补损失，后续年度不得不发放高风险贷款、追逐高风险业务，赌博式地开展经营，却积累了更多不良贷款。有学者在分析东京都两家信用社倒闭案例中指出，两家机构出现风险后，在 1992 年 3 月—1994 年 11 月，存款和贷款规模却双双翻倍，事后看，这期间新增的贷款绝大部分都成为不良贷款。

五是支持金融机构（包括银行和"住专"）摆脱困境。增加对损失惨重银行的低息放款；1993 年，162 家民间金融机构共同出资 79 亿元

---

① 1998 年 3 月末，主要日本银行基于严格的贷款分类规则统计不良贷款金额，相比基于过去宽松分类规则的金额要高 50%。

成立"共同债权收购机构"，负责不良债权处置；1996 年，日本央行、存款保险机构联合多家银行出资成立"整理回收银行"，负责回收不良债权，但实际效果一般①；1996 年，对存款保险机构追加 50 亿日元资本；1996 年，由存款保险机构和日本央行共同出资，成立"住宅金融债权管理机构"，负责对日本"住专"的资产进行拍卖。

从当局的上述应对节奏和措施可以看到，1998 年以前，日本对银行业危机的处置表现出三大特点：一是监管反应滞后。在银行业出现风险后的 3—4 年时间内，日本监管部门更多发挥银行自身的作用，如要求银行调整业务结构、组织民间金融机构成立处置机构、推动银行之间相互兼并收购等，监管部门的处置措施缺位、处置资金缺位。二是监管措施力度很弱。无论是对存款保险机构追加资本金的规模，还是日本央行牵头成立的不良贷款回收机构，力度都非常有限。三是应对措施以宽容和拖延为主。扩大银行经营范围、允许问题银行通过并购继续存活、放松银行的资本要求、允许银行释放虚假盈利信号，这些措施反而加剧了银行的风险。

二、监管拖延背后的原因众多

日本监管当局没有认识到银行业风险的严重性，乐观地认为风险只是暂时的。在 1998 年以前（尤其是 1995 年以前），日本监管当局几乎没有采取什么应对措施。在二战后的 40 年里，80 年代资产泡沫对于日本也属首次遭遇，金融监管部门当时还没认识到这轮泡沫的严重性②。监管部门认为，银行业的风险来自资产价格下跌和经济下行，但这只

---

① 截至 1999 年 6 月，整理回收银行累计应回收债权 2.29 万亿日元，但实际回收 4813 亿日元，回收率仅为 21.2%。

② 直到 1993 年日本政府才在经济白皮书中使用"泡沫（bubble）"一词。

是暂时的。他们寄希望于经济形势的好转、企业客户信用的恢复、土地价格止跌回升，进而从根源上消除银行业面临的风险。但实际情况是，经济不仅没有好转，还因为亚洲金融危机进一步恶化，房地产价格"跌跌不休"，银行不良贷款和实体经济遭受冲击并相互影响，陷入恶性循环。

日本宏观指标总体稳健，且银行业风险在早期并未扩散，监管机构缺乏及时介入的压力。在90年代初期，尽管实体经济低迷，但其他宏观指标都较为健康，从内部看是高储蓄、低通胀、低失业、财政稳健、社会稳定，从外部看是充足的外汇储备、大额对外净投资头寸、没有资本外逃、国际收支正常、没有货币危机。而且，早期爆发的金融风险还限于银行业内部，没有扩散至银行间市场、海外市场，也没有扩散至证券公司。监管部门缺少采取处置行动的外部压力。

风险处置资金和制度不到位，监管部门担心处置问题银行会引发公众恐慌、造成社会问题。尽管公众对日本银行业深恶痛绝，但因为相关处置机制不完善，日本监管机构缺乏关闭银行的魄力，担心会引发公众惊慌情绪和银行员工失业问题。当时日本的存款保险机制并不完善，能够发挥的作用十分有限。1971年日本就成立了存款保险公司（DIC），但1992年之前，存款保险公司从未给问题银行的储户进行直接赔付，而只是在"好银行"兼并"坏银行"时提供资金。日本监管部门一般不对问题银行予以关闭清算，而是非正式地介入，安排健康机构对问题银行进行兼并。1998年前，日本法律对待破产问题时，将银行与非金融企业一视同仁对待，导致银行倒闭后，所有债权人（包括储户）都只能在清算完成后才能获得偿付，这就加剧了问题银行的挤兑，也使得日本监管部门不敢轻易处置问题银行。

应对方法不当，错过最佳处置时机。在20世纪90年代中前期，日本虽然也成立一些银行风险处置机构，但对银行风险处置的重点并不在不良资产处置上，而将重心放在金融自由化、货币宽松和兼并重组上，错过了不良资产处置的最好时机。当金融机构的股票贬值、坏账增加，面临实质破产时，日本政府并没有让其破产而一再采取姑息态度，希望坚持到经济实现良性循环后，不良债权被自行冲抵，但经济长期低迷打破了这一幻想。从 1994 年起，金融机构大量提取利润冲抵坏账，导致亏损状态，这种状态加重了银行惜贷、企业惜投、消费者惜购的现象，日本陷入流动性陷阱，经济持续低迷。

监管部门未能及时掌握银行资产质量情况，对不良贷款、损失计提缺乏真实了解。日本银行业的信息披露要求较低、会计准则存在缺陷，自二战后至 1995 年，没有一家日本银行公开报告过亏损，真实风险被银行掩盖。1998 年之前，尽管银行业风险陆续暴露，但监管部门没有对银行业的不良贷款情况进行调查，1999 年才开始要求各家银行自己评估并提交不良贷款情况，统计出的金额为 34 万亿日元。但是，这一数据受到广泛质疑，认为被明显低估。2000 年，日本金融厅（FSA）基于更严格的贷款分类规则，对银行业不良贷款、损失准备计提情况进行统计，发现银行的不良贷款金额低估了 37%，损失准备少计提了30%。

三、拖延付出了巨大代价

1998 年以后，随着不良资产问题日趋严重，日本开始出台多种举措来处置风险。1998 年 6 月，日本成立只属于总理府的 FSA，对银行、证券、保险、信托等机构实施统一监管。1998 年 2 月，日本国会授权提供 30 万亿日元用于银行救助，当年 10 月将救助金额增加至 60 万亿日元。1998 年 10 月，日本国会通过和实施《存款保险制度修订法》《金融机构再生紧急措施法》《金融早期健全化法案》，明确存款保险机构对银行所有存款和其他债务提供保护，为此后的风险处置奠定了基础。1998 年 12 月，日本政府成立金融再生委员会，代理总理府具体处理金融管理事务。2002 年 10 月，日本启动金融再生项目（Program for Financial Revival），加速银行贷款的重组。在《金融机构再生紧急措施法》和金融再生项目的推动下，不良债权处理工作快速推进。2005 年 3 月，日本主要银行的不良贷款率降至 2.9%，回到危机前的水平，历经 14 年的日本银行业危机结束。

银行业风险处置的拖延，极大推升了后续处置成本。银行业风险发生后，日本政府本可更早介入：要么强化监管，通过外部约束推动银行自我修复；要么实施救助，补充银行资本，提升银行放贷能力；要么关闭问题银行，防止其继续经营带来的激进行为。但实际上，因为不愿增加纳税人负担、不愿承担单家问题银行倒闭的后果、不愿听到"坏消息"，将希望都寄托于经济情况好转和资产价格止跌，导致处置介入不及时，有的银行该倒闭而没倒闭，有的银行该救助而没救助，最后结果是日本政府动用大规模公共资金才解决问题。在 1991—2005 年的日本银行业危机中，日本政府处置风险共使用了 47.1 万亿日元，其中包括现金拨款 18.9 万亿日元、资本注入 12.4 万亿日元、资产购买 9.8 万亿日元、在处置中为问题银行的资产购买方提供担保等其他方式 6 万亿日元。

总的来看，日本的处置拖延有多方面的原因，其中最大的问题是政府部门缺乏解决问题的决心。财政部门担心舆论和公众的压力而迟迟不敢出资，监管部门担心引发公众恐慌、造成社会问题而不敢处置，监管部门还不掌握银行风险情况，存款保险等处置制度与法律也不健全，导致错过了最佳行动时机，直到问题出现近十年后才开始重视。拖延的代价是很高的。截至 2008 年 9 月，日本政府消耗的 47.1 万亿日元中，只回收了大约 50%（25.1 万亿日元）。

第三节 **硅谷银行破产事件：**
风险的快速处置

一、硅谷银行破产与其自身风险管理能力欠缺有关

2023 年 3 月 11 日，全美第十六大银行硅谷银行（SVB）宣布破产，成为美国历史上规模第二大的破产银行，这也是 2008 年全球金融危机以来最大的银行倒闭事件。硅谷银行破产是发生在美联储货币政策转向背景下，与其资产负债结构的脆弱性有关。

由于机构的风险管理能力欠缺，造成硅谷银行资产负债结构的稳定性较差。硅谷银行成立于 1983 年，是专注服务初创企业以及私募股权基金和风险投资基金（PE/VC）的区域性银行，美国近 50% 科技及医药行业初创企业均与硅谷银行存在业务合作。从负债端来看，由于加密货币与科技创新企业的估值泡沫不断积累，这些企业吸引了大量的资金涌入，带动硅谷银行短期内流入大量存款。2020 年 6 月至 2021 年 12 月，硅谷银行存款规模由 760 亿美元增长至 1900 亿美元，其中大部分为短期的无息存款。硅谷银行总负债中，活期存款和其他交易账户 1328 亿美元，占总负债比重为 67.9%。由于活期存款占比过高，负债结构非常不稳定。从资产端来看，存款增加后，硅谷银行加大了证券投资规模。截至 2022 年末，硅谷银行持有证券合计 1174 亿美元（占总资产比例 55%），明显偏高。与此同时，一般情况下，为满足存款支取需求，商业银行在做资产管理时会保持存款额 20% 左右的备付金。但硅谷银行可用作备付金的现金及等价物只占其存款额的 5.3%。此外，由于美国调整后的划分标准，硅谷银行不是系统重要性银行，在计算

资本充足率时比较灵活，导致大幅浮亏被隐藏，压力测试的要求也比较低。究其原因，根本上是硅谷银行的内部治理不到位，风险管理能力欠缺。2022 年，SVB 的首席风险官缺席了大约八个月，直到 2023 年 1 月份才聘请了一位新的首席风险官。

随着美联储货币政策转向，硅谷银行风险暴露。2022 年以来，美国货币政策骤然收紧，估值处于高位的加密货币与科技创新行业泡沫破灭，这些行业的流动性和融资出现困难，企业流动性趋紧，带动了硅谷银行的存款流失。同时，利率上升导致硅谷银行的证券投资大量亏损。多重因素叠加下，硅谷银行的流动性难以维持。3 月 8 日，硅谷银行披露，由于短期融资成本超过了持有的长期证券组合收益率，为应对流动性需求，已出售主要由国债构成的 210 亿美元证券组合，亏损 18 亿美元，同时希望通过股权融资方式募集 22.5 亿美元的资金。此举被视为恐慌性的资产抛售，引发了储户和投资者的担忧，并进一步引发挤兑，导致 1 天内取款总额高达 420 亿美元，银行股价也大幅下降 60%。

二、硅谷银行处置的成功在于行动迅速

（一）相关部门用时四天认定为系统性风险

仅用时 1 天就实施接管。3 月 9 日，加州金融保护和创新局关注到硅谷银行股价大幅下挫及挤兑现象，迅速对硅谷银行展开评估。仅用时 1 天，就根据调查事实认定硅谷银行已流动性不足、资不抵债，并根据加州金融法案（California Financial Code）实施接管。第 2 天 FDIC 作为破产管理人介入，并按照个体风险事件进行应对。3 月 10 日，硅谷银行破产，FDIC 被任命为破产管理人，最初判断硅谷银行倒闭属于

个体风险。由于第一时间未找到合适买家，FDIC 采取了若干保护性举措，核心是保护 25 万美元以下的受保存款，并维持硅谷银行正常运转。第 4 天重新认定为系统性风险。硅谷银行破产后，挤兑现象持续，并蔓延至其他银行。3 月 12 日，经过多方共同沟通与分析，当局的处置发生重大转变，认定硅谷银行破产适用"系统性风险例外"条款，美联储、财政部、FDIC 出台了一系列举措。整个事件下来，相关部门仅仅用了三四天的时间，就完成了对事件性质的认定、修正与第一时间处置，速度是前所未有的。

（二）FDIC 仅用半个月时间就完成了初步处置

在出现风险外溢并援引"系统性风险例外"条款后，FDIC 立即实施相应处置。3 月 12 日，FDIC 将硅谷银行几乎全部资产及全部存款转移到过桥银行，无担保债权和股东权益则留待后续破产清算。3 月 15 日，FDIC 启动竞标程序，于 3 月 26 日宣布与第一公民银行达成收购协议，将 750 多亿美元资产向第一公民银行折价出售，同时承担约 590 多亿美元负债。剩余 900 多亿美元资产和 600 多亿美元 FDIC 代位受偿权[①]，保留在过桥银行等待清算。同时，FDIC 与第一公民银行签订贷款损失分担的协议，FDIC 还通过购买第一公民银行发行票据、做出承诺等方式，为其提供流动性支持。

在此期间，美联储和财政部协调为银行体系提供短期流动性支持，稳定市场信心。为增强合格存款机构应对流动性压力、保护存款的能力，美联储 3 月 12 日新设了一项定期融资计划（Bank Term Funding

---

① 3 月 12 日，硅谷过桥银行承接硅谷银行总资产约 1670 亿美元及总存款约 1190 亿美元；3 月 26 日第一公民收购承接时，硅谷过桥银行总资产约 1670 亿美元，基本保持不变，总存款约 564.91 亿美元，减少 625.09 亿美元。据此推测，FDIC 至少提供了 625.09 亿美元资金保障储户取款，并获得相应代位受偿权。

Program，BTFP）。该计划以合格证券为抵押，向合格存款机构提供最长一年的贷款。美联储对抵押资产按面值计价，机构能够将已贬值的高质量证券按面值转为现金。同时，美联储放宽了贴现窗口条件，与定期融资计划的抵押条件相同，增加了贴现窗口流动性的可得性。财政部也积极行动起来，在硅谷银行宣布被破产接管后，对美国银行系统整体状况快速表态以稳定预期，并对定期融资计划提供不超过250亿美元的担保资金。

（三）当局如何实现快速行动

第一，法律尽量考虑周全，使得应对危机的各种行动都有授权，避免"一事一议"。这次硅谷银行风险就涉及"系统性风险例外"条款。1991年，《联邦存款保险公司改进法案》设置"系统性风险例外"条款时，明确了严格的判定标准，须由FDIC和美联储联合判定。2010年，《多德—弗兰克法案》进一步限制"系统性风险例外"条款的使用，以确保在公共资金承担损失前，原股东和无担保债权人先承担损失，以严肃市场纪律。有了明确的法律规定，在危机出现时行动就有了遵循。

第二，建立明确的决策程序，各部门之间协调顺畅。美国建立了明确的应对系统性风险的决策程序，在硅谷银行倒闭出现风险外溢后，危机管理机制能够迅速反应。这个过程中，美联储、FDIC、财政部及时沟通并共享信息，不相互扯皮，在掌握全面信息的情况下，及时做出了准确的判断，整个决策过程历时很短，快速稳定了市场情绪。这与英国北岩银行倒闭时监管机构相互推诿扯皮的情况是不同的。

第三，发挥存款保险公司作为专业处置平台的重要作用。在美国的处置实践中，存款保险是核心机制。FDIC有充足的资源、专业的人才、丰富的工具手段，在维护金融稳定上发挥着重要作用。在硅谷银行处置过程中，FDIC一方面确保公平清偿，按照法定清偿顺序，将全部存款和几乎全部资产转移至过桥银行；另一方面通过招标遴选收购承接方，寻求处置成本最小化的方式。最终，在 FDIC 的专业操作下，整个处置过程用时很短、效果很好。

总的来看，美国相关部门在应对硅谷银行危机过程中，能够做到不拖延，根本上还是吸取了历次危机应对中的经验教训，形成了一套成熟机制，并通过法律与制度稳定下来。整个过程中，各部门及时共享信息，根据市场形势变化及时修正结论，FDIC 快速介入主导处置，美联储和财政全力配合，抓住了危机应对的"黄金 48 小时"，及时稳定了市场。

第四节　我国中小银行风险背后的拖延问题 ①

从近年来包商银行、锦州银行、恒丰银行等风险事件以及农信社集中出问题来看，我国中小银行往往是出了大问题才暴露出来，暴露了问题以后还容易拖，反映出当前仍有一些亟待完善的地方。

农信社的监管体制与风险处置有待完善。目前，农信社同时接受金融监管部门与省联社的双重监管和管理，但实践中只有管理、没有监管。金融监管部门既通过各省、市派出机构对省联社、县联社进行直接"监管"（实为"管理"），又通过省联社对县联社进行间接"监管"（实为"管理"）。由于责任主体不清，监管部门往往以风险防范责任归地方为由，将监管责任转嫁给省联社，使得专业的金融监管转变成地方政府的行政管理。同时，存款保险制度还未完全建立起来，及时校正与风险处置的作用尚未充分发挥。在农信社出问题的时候，地方政

---

① 　内容参考了中国经济网、证券时报等公开报道，部分观点来自作者公开发表的文章与专著。

府倾向于掩盖风险，风险无法掩盖的时候，会让其他农信社兼并或者做大法人机构来"消灭"风险，导致问题越来越大。一些地方政府将县级农村信用社合并为地市级，甚至省级统一法人机构。用做大机构的方法去"兜底"风险，实际上是"以优补劣""奖劣罚优"，损害了员工敬业、经营良好的农村信用社的利益，释放了错误的激励信号。

早期，金融监管部门认为可以依靠自身调动金融资源的能力，独立解决金融机构的风险，因此不重视监管与处置机制建设。有人总结了监管部门过去在处置问题机构时经常使用的手段，即"三大法宝"。一是发放新的牌照，新进入者会出钱或者吸收问题机构的损失。事实上，监管部门还有其他手段可以增加进入者的赢利，如通过批准新的业务特别是赚钱的业务促成。二是所谓"一帮一、一对红"，即在监管职责之内，要求好的机构去帮扶或合并落后的机构。但"一帮一"不一定能够合并出好机构，如将 28 家有风险的城信社并入海发行，反而把海发行拉下水。三是无论好的坏的，哪怕都是坏的，也要捆绑在一起。通过"一平二调"式的重组，重整风险和经营权。比如，过去大量合并重组农信社，现在一些地方通过本地城商行合并进行风险处置等。依靠"三大法宝"，监管部门早期起到了一定的风险处置和救助作用，因而常常疏于日常监管，即使在监管中查出问题，也是高高举起、轻轻放下，很多机构早已资不抵债，仍在市场上运行。同时，监管部门没有认识到建立市场化、法治化退出机制的重要性，认为不需要建立存款保险制度，后来即使建立了存款保险制度，也限制其监管和其他作用发挥。但要看到，2008 年国际金融危机期间，正是得益于 FDIC 的快速有效处置，美国才顺利处理了 500 多家问题银行，及时市场化出清，同时也没有引发挤兑。

地方政府和金融监管部门没有积极性去解决风险。由于中央与地方的财政关系没理顺，为了追求经济发展或做大"政绩工程"，一些地方政府通过"管帽子"可以轻松地控制农信社成为自己的"第二财政"，将财政风险转化为金融风险。出了风险时没有动力去解决，往往是把风险做大，然后甩给中央银行或中央财政。由于没有问责机制，金融监管部门不用承担监管失误的责任，因此也没有动力去解决风险。党的十八大以来，我国高度重视金融风险防范化解工作，先后在国务院金融委、中央金融委的指挥下，协调相关部门和地方政府，统筹监管资源的能力明显加强。特别是按照"稳定大局、统筹协调、分类施策、精准拆弹"的基本方针，有序处置了包商银行、恒丰银行、锦州银行等一批高风险问题机构，取得了防范化解重大金融风险攻坚战的重要阶段性成果。但总的来说，目前的风险处置还主要是一事一议的方式，并没有形成法律上的固定程序。解决上述问题，未来一方面有赖于金融监管体制的改革，提高监管的有效性；另一方面有赖于法律的完善，在金融稳定法中要明确谁来处置、怎么处置等内容。

第五章

央行最后贷款人
职能的讨论

本章导读

央行最后贷款人职能是危机时期对金融机构救助的"定海神针"。危机时期，很多金融机构本身并没有多大问题，但可能受到流动性的冲击而出现问题，这个时候，需要公共机构提供紧急救助，防止风险扩散，最后贷款人职能由此诞生。最后贷款人职能一直默认由央行承担，是因为央行决策程序快、政策工具丰富、拥有资源多，可以提供强大救助能力，同时，央行具有信息优势，可以第一时间识别风险并采取行动。但央行的信息要以监管权作为保障，这在北岩银行事件、雷曼兄弟破产事件中有充分体现。2008年全球金融危机以后，由央行统筹监管系统重要性金融机构和金融控股公司、统筹监管重要金融基础设施、统筹负责金融业综合统计，成为重要改革方向。

最后贷款人的理论与实践不断发展，但在法律授权方面总是面临争论。总的来看，央行最后贷款人职能在救助范围、救助方式、抵押品范围等方面是不断拓展的。但这个过程中，也伴随着一些不同的声音，呼吁对央行的这项权力进行约束。2008年金融危机后，《多德—弗兰克法案》限制了美联储的紧急救助权。实际上，从历次危机的情况来看，央行作为最后贷款人，拥有足够的工具与灵活性非常重要。这也说明，并非每一次改革都是往好的方向发展。

央行与财政的关系，决定了央行最后贷款人的作用与效果。一般来说，根据白芝浩原则，央行只对有偿付能力的金融机构在优质担保品与惩罚利率下提供流动性支持。事实上，判断一家金融机构是偿付能力问题还是流动性问题，存在一定困难，因为央行的救助行为会影响金融机构的偿付能力。因此，央行最后贷款人职能不是完全没有承担风险的，而承担风险的大小，一方面取决于与财政部门合作的深入程度，另一方面取决于法律授权的多少。《多德—弗兰克法案》限制了美联储的紧急救助权，意味着下一次再有危机的话，需要美联储与财政部很好配合，财政部要对美联储充分授权，否则会有很大的问题。

21世纪初，在央行的牵头下，我国成功处置了"德隆系"风险。根据国务院的授权，在央行的牵头处置下，多部门协调配合，针对处置过程中的一些问题，依托我国的制度优势做了较好的安排，最终的处置也比较成功。同时也要看到，完善我国央行最后贷款人职能还需要解决一些问题，首先是建立有效的监管与完善的风险处置机制，不应让最后贷款人来解决所有的问题；其次是落实好"三个统筹"，即统筹监管系统重要性金融机构和金融控股公司、统筹监管重要金融基础设施、统筹负责金融业综合统计，确保央行能够掌握充分信息，有能力履行好最后贷款人职能；最后央行还要有足够的法律授权，以及财政很好的配合协调，才能更好履行最后贷款人职能。

第一节 央行最后贷款人职能：
理论和实践不断演进

一、为什么是央行承担最后贷款人职能

央行最后贷款人（LOLR）职能主要体现在危机时期提供紧急流动性救助（ELA）。央行作为最后贷款人，不是提供偿付支持（solvency support），而是发挥流动性再保险（liquidity reinsurance）的作用，即商业银行为居民和企业的流动性提供保险，央行为商业银行的流动性提供再保险。按照白芝浩原则（Bagehot's Dictum），央行应不受限制地放贷（lend freely），救助有偿还能力的金融机构，但要求优质担保品（good collateral）和惩罚性利率（penalty rate）（Bagehot，1873）。不受限制放贷可以避免金融机构低价抛售资产和其他干扰带来的系统性冲击，而针对有偿还能力的金融机构要求优质担保品和惩罚性利率，可以避免央行承担非必要风险并降低金融系统的道德风险（Domanski, et al., 2014）。

央行提供紧急流动性救助主要有三方面作用（Freixas, et al., 1999）。一是避免有偿付力的银行缺乏流动性。避免因信息不对称造成银行挤兑和银行同业市场失效（无法进行拆借或借贷成本过高），进而影响金融系统稳定。二是阻断危机传导。避免因一家金融机构违约而造成其债权人失去偿付力，或持有与违约机构相似资产但有偿付力的金融机构出现融资困难。三是避免无序破产。一方面支持有偿付力而无流动性的银行暂时不依赖市场融资，另一方面可为金融监管机构争

取时间，统筹安排、有序破产。BIS（2014）的研究也指出，央行提供流动性再保险可以带来两大好处。事前，银行短期储户因为知道最后贷款人的存在，挤兑的可能性降低。事后，即使发生储户挤兑，央行提供流动性可以降低银行抛售资产的必要性，从而减少金融资产减值和市场波动，防止不必要的倒闭和危机。这既可以降低挤兑发生的可能性，也降低了挤兑的负面影响，可以有效防止恐慌情绪蔓延、阻止风险扩散。

一些研究认为，央行并非唯一的最后贷款人，财政部、清算机构等也可成为最后贷款人（Timberlake，1984；Bordo，1986；Fisher，1999），但从最后贷款人概念被提出以来，央行一直被默认为承担该职责的主体（Bagehot，1873）。伯南克在2014年布鲁金斯学会演讲中，介绍了1907年金融危机与美联储成立历史，认为美联储成立最重要的使命就是最后贷款人职能。1907年，为应对银行体系的流动性危机，大银行家摩根和斯特朗等人联手，作为私人部门承担了最后贷款人的职能，借出资金、提供担保、及时披露，为有偿付能力的机构提供支持，增强了市场信心。后来，国会认为私人部门承担最后贷款人职能存在内生性问题，促成了1913年美联储的成立。尽管美联储成立之时，人们也讨论了其平滑利率波动等职责，但最主要的使命还是作为最后贷款人。

从客观条件来看，央行最适合作为最后贷款人。最后贷款人最重要的两项能力是，第一时间识别风险以及有能力处理风险。正如Domanski等在2014年指出的，央行承担最后贷款人职能具有两项优势：一是央行理论上可以提供无限的救助能力；二是央行日常获取的监管数据使其具有信息优势，可以准确提供救助。

一方面，央行在救助能力方面较财政部、微观监管者等有明显优势。从2008年的金融危机来看，在金融体系出现动荡时，央行往往被市场参与者寄予厚望，成为金融稳定的基石。一是从决策过程来看，央行救助决策更加顺畅。虽然各国政府突破传统不干预的政策束缚，及时对问题机构担保或国有化，但决策过程相对缓慢。例如，2008年9月28日美国国会否决了布什政府的7000亿美元救市法案，金融市场迅速恶化。央行的决策过程更加顺畅，在危机救助中有着天然优势（Fischer，2016）。二是从政策手段来看，央行救助工具更加灵活多样。2008年三季度以来随着次贷危机的恶化，美联储通过传统贴现窗口、大量创新工具向不同市场参与者提供流动性支持，果断协调市场或直接参与救助系统重要性金融机构，成功消除市场恐慌情绪（Domanski，et al.，2014）。三是从救助规模来看，央行空间更大。由于预算上限约束，财政政策空间非常有限。2008年金融危机后，美、英和欧盟累计使用超过1万亿美元财政资金救助金融体系，这与美联储危机救助和首轮量化宽松政策期间共购买1.73万亿美元资产相差甚远。

另一方面，央行一直以来较财政部门、微观监管者等有信息优势，在金融危机后这一优势得到强化。央行由于承担货币政策和防控系统性金融风险的职责，必须掌握丰富的信息，一直以来许多国家都是由央行负责金融业的综合统计。最后贷款人对风险性质的判断，不仅取决于单家机构的信息，还取决于金融体系乃至宏观经济的信息。相对于财政部门，央行无疑是有信息优势的；金融监管部门可能在某个金融机构或某个金融行业有信息优势，但在整个金融体系和宏观经济方面，央行更有信息优势。此外，2008年金融危机以来，国际上普遍赋予央行宏观审慎监管权，把系统重要性金融机构和金融控股集团交由央行直接监管，集中市场主要信息的金融基础设施也由央行监管。综合来看，通过金融业综合统计、监管系统重要性金融机构与金融控股公司、统筹监管金融基础设施，现在中央银行掌握的信息远远超过了财政部门与其他监管机构。

除了客观条件，在主观动机上，央行也是最合适的。BIS（2014）指出，有学者认为，最后贷款人的决策应由财政部门根据央行之外监管部门的建议来作出，央行只需要负责执行，这种观点是极端错误的。财政部会面临比央行更严重的前后不一致问题，即承诺不可信，并且会有很强的动力将偿付救助（solvency bailout）伪装成流动性支持（liquidity assistance）。实施上，面对危机时，应当将流动性支持和偿付救助二者进行区分。央行具有更强的独立性，其目标是流动性支持，可以拒绝救助陷入偿付困难的金融机构；但财政部门的目标则复杂得多，如果认为破产处置不合适，是有可能选择对其进行偿付救助的。也有研究指出，央行提供救助可能使自身出现风险暴露和潜在损失，使最后贷款人职能触及央行责任的边界，因此需要政府的担保支持。

二、央行最后贷款人的操作机制及其变化

（一）为什么不能救助丧失偿付力的机构

BIS（2014）分析了央行为什么不能救助陷入偿付困难的银行。根据白芝浩原则，最后贷款人仅应救助缺乏流动性的机构，而不应救助失去偿付能力的机构。BIS对这一问题背后的机理曾有过研究。首先，这损害了银行长期债权人利益。因为央行救助延缓了偿付困难的金融机构的破产时间，使得短期债权人获得偿付，长期债权人利益受损，尤其是央行一般会要求这类金融机构提供抵押资产，这在保障央行安全的同时，损害银行非抵押债权人的利益。其次，这不应该是央行的职责。是否对陷入偿付困难的金融机构实施救助，这应该是立法部门和政府部门的决策范围，央行应保持独立性、不得越界，也不应被政府部门施加压力。再次，有非常大的道德风险。如果偿付困难的银行

都能被救助，银行债权人根本没有动力去监督银行，市场约束机制将失去效力。最后，声誉损失的问题会变得更加严峻。出现流动性危机时，如果有偿付能力和无偿付能力的机构都可以向央行获得流动性，由于担心被误认为失去偿付能力，有偿付能力的金融机构就更不敢向央行申请获得流动性支持。

尽管各方都认为需要救助具有偿付能力的机构，但在现实中，偿付能力通常很难判断。考虑到紧急流动性救助具有快速反应的属性，在紧急情况下很难判断金融机构是流动性问题还是偿付问题。而且在紧急流动性救助开展过程中，原本有偿付能力的机构也可能变为无偿付能力（如被迫抛售优质低流动性资产而造成资不抵债）。因此，该原则在实操中面临较多的挑战（Domanski, et al., 2014）。对此，IMF（2016）指出，许多央行开始重新审查紧急救助对于偿付能力的要求，例如，加拿大央行加拿大银行正在考虑将偿付能力要求改为要求相关实体有可信的恢复计划（即可行性证明）和决议框架。对于偿付能力的替代评估可以是对该机构生存能力（viability）的评估，以使受援者有信心偿还最后贷款人的资金。生存能力评估以机构的商业模式为重点，以确定机构可在未来持续产生足够现金流来偿还最后贷款人的资金。

（二）非银行机构进入救助范围

设立美联储的最初想法是使其成为"银行的银行"，即作为最后贷款人，通过贴现窗口的方式向成员银行提供短期流动性。一般认为，银行可以在正常情况下通过货币市场满足其短期借贷需求，因此需要贴现窗口提供流动性的情形相对较少。根据最初的《联邦储备法》，向非银行机构直接贷款并不在美联储的授权范围。美联储仅被授权对其成员银行提供的范围有限的合格担保品进行贴现（Hackley，1973）。美联储向非银行机构提供流动性支持的授权直至 1932 年增补的 Section 13

（3）才予规定。

2008 年金融危机给最后贷款人职能带来了一些新的问题。BIS（2014）指出，除了承诺一致性问题、道德风险等旧问题，新问题也在出现，其中一个重要问题在于是否应该向非银行金融机构提供流动性，此外还包括中央银行可接受的抵押品范围应该多大、是否应该承担最后做市商职责、如何解决外币流动性短缺等。事实上，美联储在金融危机中对非银行机构进行了救助，例如，贝尔斯登是美联储自 1930 年以来第一次向非银行机构实施救助。

IMF（2016）指出，对非银行机构提供救助的逻辑与救助银行不同，需要慎重考虑救助的原因、是否有其他选择、是否会引入或加剧道德风险。接受央行紧急救助的非银行机构需要加强监管和接受附加条件，但是一般非银行机构不在央行的监管之下，这就需要央行和相应监管机构签订 MOU，保证央行可以获取非银行机构的信息，确保救助的附加条件得以落实。

BIS（2014）也指出，随着非银行机构在金融系统中日益突出的重要性，对非银行机构的救助变得很普遍。由于对银行的监管较为严格，影子银行不可避免地出现，如果非银行机构确信其能获得救助，那么其扩大影子银行业务的动机就会更大，造成更大的道德风险。对非银行机构的救助，关键在于建立救助机制。在该机制下，具有偿付能力和生存能力的银行可以获得最后贷款人的流动性，但事前的救助机制不能太精确透明，而是要"建设性模糊"（constructive ambiguity）。非银行机构想要获得流动性支持，不仅需要具备偿付能力，而且其自身需要具备系统重要性，央行将与政府其他部门就是否救助进行磋商。

（三）抵押品范围、救助工具的变化

在 2008 年金融危机期间，央行最后贷款人的救助工具、抵押品范围进一步扩展。随着危机深入，救助的范围不断扩大，开始面向整个银行间市场提供流动性，扩大合格担保品和对手方范围，并延长公开市场操作期限。美联储面向一级交易商推出 TSLF 和 PDCF，将 MBS、政府机构债及投资级公司债纳入担保品范围，欧央行则拓展其担保品框架，纳入体量巨大的低流动性资产支持证券（Domanski，et al.，2014）。

金融危机初期，欧央行和美联储都有关于常规和特殊流动性工具合格抵押品的明确指引，但这些指引在过去的十年中已发生变化。系统性危机发生后可能出现抵押品短缺的情况，扩大合格抵押品清单成为一种合理的政策应对（Ellis，2017）。然而，抵押品是否应严格遵循高质量要求，是备受争议的。美联储扩大了金融危机期间接受的抵押品范围，例如，2008 年 9 月扩大了一级交易商信贷工具的抵押品接受范围。欧央行 2010 年决定放弃最低信用评级要求，以接受希腊债务作为抵押品，这些抵押品可能不符合白芝浩对于高质量的定义。

救助工具方面也有扩展，紧急流动性救助以及贴现窗口、借贷便利、公开市场操作等央行常规工具，均可作为危机期间央行行使最后贷款人职能的方式（Garcia-de-Andoain，et al.，2016）。有观点认为，央行不应该为金融机构提供双边流动性，而应该用公开市场操作方式提供。双边流动性支持会将央行卷入具体资源配置中，这应是财政部门的职责，且央行也没办法区分缺乏流动性和缺乏偿付能力的情形。相反，只要央行以公开市场操作方式提供流动性，在市场机制作用下，货币市场会自发将流动性配置给流动性短缺的金融机构，还有助于解决金融机构因担心声誉损失而不愿申请再贷款的问题（Goodfriend，et al.，1988；Bordo，1990；Schwartz，1992）。该类观点基于央行对市场参与者没有信息优势的假设，认为央行无法准确提供合理救助（Domanski，et al.，2014）。但 BIS（2014）认为，公开市场操作作为流动性提供机制，其发挥作用的前提是货币市场正常运转，一旦危机降临，货币市场功能失效，逆向选择问题加剧，声誉损失的问题反倒变得更加严峻。

三、如何完善央行最后贷款人机制

BIS（2014）提出了建立现代最后贷款人机制，除了遵循白芝浩原则外，还应遵循以下核心原则。一是在可行的情况下，尽量通过公开市场操作向全市场提供流动性；二是为双边流动性支持提供贴现窗口，并配套公开市场操作使用；三是制定并发布关于金融机构稳健性和偿付能力评估的框架，明确央行是基于哪些假设和条件来对救助对象进行评估；四是对于金融机构 A 收购另一家陷入困境的金融机构 B，央行不应为 A 提供支持；五是对陷入破产处置的金融机构，要明确其恢复到什么程度便可以获得央行流动性支持。

BIS（2014）还指出，央行在承担最后贷款人职能的过程中，承受损失难以避免。央行要么通过计提资本来弥补损失或者向政府少交铸币税，要么直接将损失转嫁给政府。总之，央行的损失最终是一个财政问题，只能通过加税或减少政府开支、铸币税（通胀税）等方式进行弥补。因此，需要提前明确以下事项：合格抵押资产的范围，在什么情况下可以购买哪类资产，是否需要和政府部门、立法机构进行协商，遭受的损失如何由财政部门弥补等。

金融危机后，全球央行进一步认识到流动性的重要性，一系列重大改革与增强金融系统自身的流动性保护有关，减少未来使用紧急流动性救助的概率。流动性覆盖率（LCR）等监管规则的制定，均是为了增加银行体系自身对抗流动性危机的能力。相关研究同时认为，即便全球在危机后建立了更为完善的金融体系，减少流动性风险，最后贷款人机制仍可在系统性震荡、要求快速反应的情况下适用，但要求央行与其他监管机构紧密合作，提供相关支持（Domanski，et al.，2014）。

Mark Flannery 于 2014 年在布鲁金斯学会演讲时指出，要防止道德风险，重要的是增加金融机构向央行申请流动性的社会成本。例如，贴现窗口的声誉损失就是社会成本之一，抵押品要求也是一种社会成本，实际上是让央行获得银行资产的优先求偿权，银行其他债权人的求偿权下降，会进一步加剧挤兑，所以银行也不敢轻易向央行申请流动性。这样可以激励银行用 LCR 等指标来保障自己的流动性（self-financing）。

加强监督干预和采取附加条件是最后贷款人紧急救助的必要先决条件（IMF，2016）。央行应加强监督，并根据需要采取早期干预措施。当某些交易对手的行为未符合附加条件时，监管机构应令其立即采取纠正措施。附加条件可能包括出售资产、限制利润分配和奖金支付、更换管理层等，以及解决治理和风险管理失败问题的措施。

总的来看，最后贷款人职能适合由央行承担，央行不仅有效率优势、资源优势、信息优势，而且能在决策时坚守流动性支持的定位，不救助偿付困难的金融机构。随着金融体系复杂性不断提升，为了有效阻止危机蔓延，最后贷款人救助对象的范围不断扩大，救助方式和工具手段也更加多样。在防范道德风险、与财政的关系、央行日常监管等问题上，最后贷款人机制还需要不断完善，以帮助央行更好发挥职能。

第二节 联邦储备法 Section 13（3）：扩权与收紧的纠结

美联储最后贷款人职能最初是指在流动性危机的情况下，通过贴现窗口的方式向银行机构提供短期流动性。随后，美联储通过 1932 年增补的条款，获得了向非银行机构提供流动性支持的权限。随着金融系统的发展演变，Section 13（3）经历了多次修订，以 Section 13（3）为法律基础的紧急救助工具在 2008 年金融危机和 2020 年新冠疫情期间均发挥了重要作用，但 Section 13（3）也引发了救助范围、实施方式、潜在风险、主体责任、信息披露等方面的争议。此外，两次危机中使用了贴现窗口和 Section 13（3）以外的救助支持工具，其相互之间的关系和影响也得到了密切关注。

一、美联储紧急救助非银行机构的法律依据和发展历程

（一）Section 13（3）的早期制定和应用

1932 年制定的 Section 13（3）赋予了美联储对非银行机构紧急救助的权力，其背景是大萧条期间出现的大量挤兑和倒闭现象。Section 13（3）最初对美联储的限制较为有限，包括必须在 5/7 的美联储委员会委员确认的异常和紧急情况下使用，可以向任何个人、合伙企业或公司提供贷款，借款人必须提供美联储认可的担保品，美联储必须以贴现窗口为限制标准设定利率，美联储必须能够证明借款人无法从其他银行获取贷款等。1991 年，美国对该条款进行了微调，删除了担保品必须与美联储会员银行贴现使用的担保品类型和期限相同的表述，担保品也不再要求现金或现金等价物。该修订的目的是使美联储可以在类似 1987 年股市暴跌的情形下，向不持有符合贴现窗口要求的担保品的证券公司提供救助。

初期，非美联储成员银行和信用合作社也可通过 Section 13（3）借款，直至这类机构在 1980 年获得了贴现窗口的准入。虽然制定时间较长，但在金融危机以前，Section 13（3）极少被使用，仅在 1932—

1936 年间提供了 120 多笔小额贷款。但随着国际金融危机爆发，该条款的使用变得更为广泛和频繁。

（二）Section 13（3）在金融危机期间的应用

2008 年金融危机期间，美联储援引 Section 13（3），动用了 TSLF、PDCF、AMLF、CPFF、货币市场投资者融资工具（MMIFF）、TALF 等，向大量非银行机构提供流动性支持，并将担保品的范围扩大至包括 ABS、MBS 等产品。美联储提供的支持大致包括两类：第一类是在特定市场广泛解决流动性问题；第二类是向具有系统重要性的"大而不能倒"机构提供定制的特别支持，以避免无序破产，如救助贝尔斯登、AIG、花旗集团、美林证券等。第二类中某些借款人实际上是美联储设立的专门用于提供救助的特殊目的公司（SPV）。

有研究指出，Section 13（3）的限制条款并未阻止美联储在金融危机期间采取非常规行动，有些救助在形式上采用贷款的方式，但本质上是将被救助机构的资产转移到了自己的资产负债表上（Mehra，2010）。美联储提供的支持在 2008 年达到峰值的 7100 亿美元，至今已被全部偿还，虽然增加了纳税人的风险暴露，但美联储事实上并未遭受任何损失，而且通过救助工具获得了超过 300 亿美元的利润（Fleming，et al.，2011）。

（三）《多德—弗兰克法案》对 Section 13（3）的修订

对 2008 年金融危机期间救助行动的担忧，致使危机后《多德—弗兰克法案》对 Section 13（3）进行多处修订，包括将"任何个人、合伙企业或公司"改为"任何具有广泛适用性的计划或工具[①]的参与者"，

---

① 2016 年美联储条例 A（Reg A）进一步规定"广泛适用性"（Broad-Based Eligibility）即流动性便利工具拥有至少 5 个合格主体参与。

要求救助"必须以向金融系统提供流动性为目的，而不是救助濒临破产的金融机构"，禁止"从单个特定公司资产负债表上移除资产的计划或工具"，要求任何计划都必须"以及时和有序的方式终止"并得到"财政部事先授权"，且每 6 个月进行一次重新评估。其后，虽然美联储制定了一系列规则执行《多德—弗兰克法案》的修订，但美联储多位高官都认为这些修订限制了美联储在紧急情况下提供必要救助的权限，强调美联储需要在面对金融稳定威胁时保持灵活和快速反应的能力和自主权（CRL Report R44185，2020）。

美国前财政部长盖特纳表示，《多德—佛兰克法案》取消了 FDIC 的担保救助权，也剥夺了美联储干涉特定机构的权力（如美联储对贝尔斯登、AIG、花旗集团和美国银行所做的），如果两者同时都失去了，结果会是灾难性的。

（四）Section 13（3）在疫情期间的应用

2020 年，在疫情冲击导致市场剧烈震荡的情况下，美联储再度使用了紧急救助工具，包括重启商业票据融资工具和一级交易商信贷工具，推出与金融危机时期类似的货币市场基金流动性工具和定期资产支持证券贷款工具，以及新创设 PMCCF 和 SMCCF 等。新工具给予美联储无上限的救助能力，对借款人和担保品评级的要求对美联储（或纳税人）起到了一定风险防范作用。财政部批准了所有的工具，并提供了 100 亿美元资金作为保证金，支持这些工具的创设。

美联储在疫情期间设立的流动性工具有以下三方面值得关注：一是推出顺序。最先推出的是对于恢复和维持市场功能和系统流动性最为关键的流动性工具，其次是旨在支持企业贷款的工具，然后是为市政部门和非营利组织提供支持，随后推出的工具对于维护系统重要性的作用逐步递减。二是宣布效应（Announcement Effect）。即使在流动性工具尚未开始使用或仅获得有限使用，这些工具也可以起到改善市场功能和恢复流动性的作用。Section 13（3）救助的宣布和持续存在，可以对金融稳定和市场功能产生重要影响，甚至远超其直接参与市场活动。三是杠杆比率。较多工具得到了美国财政部的注资承诺，占其规模的 10%，形成杠杆效应。这个杠杆比率并非 Section 13（3）或《多德—弗兰克法案》的要求，而是基于对不同资产类别的风险评估以及满足美联储银行对其信贷扩张安全性的要求。

二、Section 13（3）引发的政策问题讨论

一是为什么美联储会作为最后贷款人？如前所述，美联储最初成立的主要原因之一就是防止银行系统因流动性紧张而造成挤兑，通过其贴现窗口，使银行可以抵押其资产而获取流动性。美联储控制货币供给，理论上使其处于可以提供无限流动性的特殊位置，这个特殊位置也提升了美联储通过信用抵押而结束金融危机的能力。美联储的权限仅在于解决流动性问题，而不应解决偿付问题（破产）。

二是什么机构应该获得最后贷款人救助？首先，是否应向非银行金融机构提供救助？虽然只有银行接受存款，但非银行金融机构也面临资产负债期限错配的问题，在流动性危机中变得脆弱，难以通过其常规参与的货币市场取得短期流动性，需要美联储的流动性支持。但相比银行，非银行金融机构在金融稳定和支付体系中的角色稍显次要，因此美联储只在创造其他社会效益的前提下才会提供救助，如缓释其对金融稳定造成的威胁。金融危机证明了非银行金融机构对金融稳定的重要性，所以美联储对其提供救助的合理性也已不受质疑，当前的问题在于非银行金融机构是否也应像银行一样取得贴现窗口支持，以及美联储如何进行审慎监管。其次，是否应向非金融机构提供救助？

美联储允许非金融机构通过商业票据融资工具等获取流动性，《多德—弗兰克法案》对 Section 13（3）的修订也未限制救助非金融机构。非金融机构的问题在于其一般不面临期限错配造成的流动性问题，也很少造成系统性金融风险。对非金融机构提供长期信贷的好处在于刺激实体经济投资，但由美联储提供支持可能将美联储置于其不擅长的"挑选赢家"的位置，且可能对私人资金造成挤出效应，但在流动性危机期间可能发挥私人资金无法起到的作用。再次，是否应向政府或政府类主体提供救助？美国国会考虑限制政府机构及国有企业、金融机构获取 Section 13（3）救助，主要是担心美联储帮助地方政府，而不是向金融系统提供流动性。虽然美联储从未以此为目的提供救助，但将政府机构债和国有企业债纳入其合格担保品范围，可能造成一些法律上的争议。最后，是否应向美联储自身提供贷款？金融危机期间，美联储通过贷款方式向其建立或控制的有限责任公司（LLC）或 SPV 注资，以满足 Section 13（3）对贷款救助的要求。这些 LLC 或 SPV 的建立主要出于购买证券以提供流动性。问题在于，Section 13（3）是否应对美联储向其 LLC 或 SPV 贷款进行限制，是否应允许美联储通过购买债券提供短期流动性。对于机构而言，通过借贷或发行债券获取流动性，在目的上没有区别，且在实践中更多使用发行债券的方式，因此美联储购买债券可使其更有效地行使最后贷款人职能。《多德—弗兰克法案》允许美联储继续使用 LLC 或 SPV，但禁止从单个特定机构资产负债表上移除资产的计划或工具。

三是紧急救助的潜在成本是什么？Section 13（3）救助的成本包括纳税人承担的风险和更广泛的经济后果，而这些成本可被救助的效益（如维持金融稳定、就业和社会福利）所平衡。纳税人承担的风险主要是违约风险，美联储可以通过控制担保品质量、折扣率、保持优先债权人地位等方式降低违约风险。Section 13（3）项下的救助一般被认为比贴现窗口风险更高，且美联储缺乏对非银行金融机构审慎监管的手段，但在危机期间，美联储在宏观层面上维持金融稳定的能力也可以减少单笔贷款的违约风险。此外，美联储可以通过非常规担保品来保护纳税人，如金融危机期间要求 AIG 用股权换取贷款救助，但该项授权受到较多法律限制。更广泛的经济后果主要包括最后贷款人引发的道德风险，有观点认为，Section 13（3）应因道德风险而被取消，但美联储前主席将其比喻为，为了防火安全而关闭消防局（Bernanke，2015）。

四是应授予美联储多少自主裁量权？美联储在紧急救助上拥有较大自主权，使其可以快速反应，为不同贷款人创造多样化的工具，甚至提供与最后贷款人精神并不完全相符的救助方式（Baxter，2009）。但是，美联储的自主权可能使其提供不符合《多德—弗兰克法案》意图的救助，如帮助机构避免破产，也可能在选择被救助机构时出现偏向性，或增加救助的不确定性。此外，自主权问题还在于美联储相对国会和政府的独立性，《多德—弗兰克法案》要求，Section 13（3）救助需要财政部批准，已降低了美联储对政府的独立性，但对国会依然保持相对独立的地位，有观点认为，美联储基于 Section 13（3）的行动也应获得国会许可，其可行性仍在讨论中。

五是美联储应收取多少利率？白芝浩原则认为，央行应收取惩罚性利率，以增加回报率和减少道德风险。然而，金融稳定却要求救助利率应尽量接近市场利率，避免机构因担心声誉损失而抵触救助工具，也避免因借款人情况进一步恶化而影响金融稳定。这也引发了如何在危机期间计算市场利率的问题。在金融危机期间，有批评者错误地认为美联储以低于市场的利率开展救助，但事实上同期美联储将联邦基金利率降到了零。在救助一些特定的脆弱市场（如金融危机时的商业票据和 ABS 市场）时，美联储也可能收取较低的利率，虽然增加了风险暴露，但也避免在自己不擅长的领域（如"挑选赢家"或对复杂证券准确定价）牵扯精力。虽未明确征收惩罚性利率，但《多德—弗兰克法案》对 Section 13（3）的修订，事实上要求美联储在其常规利率的基础上收取额外利率。

六是借款人的身份是否应保密？有国会议员认为，纳税人事实上是这些贷款的最终债权人，有权知道美联储的救助对象。但美联储认为，这样会给被救助的借款人带来声誉损失，削弱投资人信心，造成挤兑，进而影响金融稳定。《多德—弗兰克法案》做出妥协，允许推迟披露借款人身份信息，以缓释声誉损失的风险。此外，信息披露的颗粒度也是一个政策问题。救助计划的统计信息（不包括借款人身份信息）对统筹政策具有较大意义，而各项具体救助信息更受到投资者关注。前者基本可以体现纳税人风险暴露的总体情况，而后者则更为透明，解决诸如偏向性等细节问题，但容易进一步引发声誉损失。实践中，美联储主动披露前者，仅在立法或诉讼时披露后者。

三、Section 13（3）以外的救助工具

Section 13（3）救助主要是为金融体系提供流动性，其性质与美联储作为最后贷款人的属性相符。但在危机期间，仅提供流动性难以解决金融体系和实体经济面临的其他紧急问题，因此需要动用其他救助工具。例如，金融危机期间 TARP 项下的 CPP 和疫情期间的薪资保护计划（PPP）。

金融危机期间，TARP 项下 CPP 的设立主要是考虑到 Section 13（3）未授权对金融机构和非银行机构进行直接投资，无法增加金融机构的资本金。因此，2008 年《紧急经济稳定法》授权美国财政部，通过 TARP 项下 CPP 直接投资银行和金融控股公司的股权。符合条件的

金融机构可向财政部发行和出售无表决权的优先股，初始收益率为5%，5年后跳升至9%，发行人在第3年及以后拥有赎回权。此外，TARP项下CPP还允许发行人向财政部发行普通股认股权证，遵守高管薪酬和普通股股息的限制，并满足持续的披露要求。TARP项下CPP总计向707家金融机构投资2049亿美元，获得了超过160亿美元的利润，在降低银行倒闭概率、缓释系统性金融风险的同时，也为纳税人带来了投资收益。

新冠疫情期间，美国通过小企业管理局设立PPP，目的是将资金注入小微企业，使其可以持续支付薪酬，减轻失业的冲击。PPP与CPP有相似之处，具体区别包括：一是PPP通过政府担保贷款，借款人有可能获得100%的还款豁免，而CPP通过股权投资，最终以票面价值加上应计未付的股息进行赎回；二是PPP提供了延期还款，CPP要求定期按季度支付股息；三是只有获得银行监管机构和财政部批准的合格金融机构才能使用CPP，而几乎所有小微企业都可以使用PPP，只要可以证明这笔资金对支持其运营的必要性；四是CPP基于一个全新法规设立，而PPP是对现有《小微企业法》的扩展。这些差异体现了金融危机和新冠疫情产生的截然不同的问题，需要不同的政策工具解决。

PPP借款人的数量之多，使其不能成为Section 13（3）项下的工具。美联储不可能在短短几个月内审查和处理超过500万笔PPP贷款，因此PPP要求范围更广的贷款人来承担和管理信贷扩张，通过数以千计的商业银行和其他小微企业贷款人成为唯一的可能。在不到12年时间里，由CPP支持和维护的银行系统恰好是快速实施PPP所必需的国家资源。

即使《小微企业法》和美国现有的商业银行体系为处理和发起PPP提供了必要的基础设施，但超过5000亿美元的贷款资金仍面临较大缺口。为应对这一挑战，美联储根据 Section 13（3）实施了薪资保护计划流动性工具（PPPLF），提供紧急流动性。该工具旨在为参与 PPP 的贷款人提供流动性支持，允许贷款人以 PPP 贷款作为担保品，向美联储取得低成本、无追索权的资金，金额等于所抵押贷款的本金。PPP 贷款对贷款人的风险权重为零，使 PPP 的运作效率大大提高。尽管 PPP 本身不是 Section 13（3）的救助工具，但若没有 Section 13（3）对贷款人的流动性支持，PPP 也无法有效发挥作用。

总的来看，广受关注的《联邦储备法》Section 13（3）条款，一定程度上代表的是美联储作为最后贷款人的独立性与灵活性。由于央行最后贷款人理论上没有救助资源的上限，因此对于最后贷款人授权的程度就极为重要。授权永远是一把双刃剑，随着《多德—弗兰克法案》的修订，限制了美联储提供紧急援助的权限，但同时也限制了美联储在紧急情况下快速反应的自主性和灵活性，当下一次危机来临，可能会有不利的影响。

第三节　北岩银行危机：央行的信息要以监管权为保障

一、北岩银行风险事件中监管部门被动应对

在资产负债严重错配下，北岩银行在次贷危机中受到波及。北岩银行是英国第五大抵押贷款机构。为追求业务高速增长，北岩银行从1999 年开始转变经营策略：在负债端，依靠从其他银行借款与在金融市场上出售抵押贷款证券筹款，从全球金融批发市场大量融入资金，2006 年末同业资金在负债中占比约 70%；在资产端，则高度集中于住

房抵押贷款业务，2006 年末住房抵押贷款在资产中占比近 90%。在次贷危机的冲击之下，金融市场的流动性紧张很快从美国蔓延到欧洲。北岩银行负债端对金融批发市场的流动性高度敏感，资产端依赖房地产市场的持续繁荣，受市场流动性枯竭、房价下跌的外部环境影响，其激进的业务模式和失衡的资产负债结构产生了严重的流动性短缺问题。

挤兑事件发生后，监管部门被动应对。2007 年 9 月 13 日下午，市场上开始出现关于北岩银行申请紧急救助的传言，引发市场波动。当天晚间，英国广播公司（BBC）提前泄露了英国当局将向该行提供流动性支持的消息，引发储户恐慌，当晚就出现对北岩银行存款的挤提。为此，央行和金融服务局（FSA）不得不临时将宣布救助的时间从原定的 9 月 17 日提前至 9 月 14 日 ①。但随着官方消息的发布，挤兑却更加严重，北岩银行存款流失约 20%，仅 9 月 15 日就有 20 亿英镑（存款总额的 8%）被提走，银行股价应声下跌近 70%。为防止事态恶化，英国政府多措并举，财政部为北岩银行的存款及其他债权人提供担保，央行发放 200 多亿英镑紧急贷款，FSA 通过金融服务补偿计划（FSCS）为 35000 英镑以下的存款提供全额保障。这些措施稳定了储户的情绪，遏制了挤兑风潮。

北岩银行被临时国有化，并拆分为"好银行"和"坏银行"。2008 年 2 月 22 日，英国财政部根据议会特别立法授权，将北岩银行临时收归国有，成为北岩银行的唯一股东，随后将其拆分为"好银行"（新成立的北岩银行，承接存款业务和健康资产）和"坏银行"（原北岩银行，更名为北岩资产管理公司，专门处置剩余不良资产）。经过一系列整改和努力，新的北岩银行可持续经营能力不断增强。

---

① 实际救助到账发生在 9 月 23 日。

2010 年 2 月，英国政府决定自当年 5 月起取消对北岩银行存款的全额担保。

二、松散协调机制下出现部门扯皮与推诿

从北岩银行危机的处置过程来看，英国监管机构不仅无法群策群力，甚至出现互相推诿、无人负责的情况。英国议会在调查报告中指出，央行与 FSA 的关系堪称 "有毒"（poisonous），监管协调机制的无效和混乱（jaw-dropping incompetence and chaos）到了令人惊讶的程度。最初的监管授权（regulatory delegation）发展成监管拖延（regulatory delay）和政策混乱（muddled policy），最终发展为严重的监管妥协（regulatory compromise）。

央行缺乏足够信息，不了解受援机构具体情况，在危机发生时难以迅速做出正确决断，误判了危机的严重程度，未能及时采取措施予以化解。2007 年 8 月 13 日，北岩银行向 FSA 报告了面临的流动性压力。8 月 16 日，北岩银行董事长致电央行行长，提出申请紧急援助额度，作为北岩银行的后备资金保障。央行最初认为救助会引发道德风险，拒绝向该行提供援助。后来虽表示同意，但对是否要降低合格担保品这一贷款条件犹豫不决，最终还是要求北岩银行提供高评级的优质证券与保证金充足的优质住房抵押贷款作为担保。虽然 FSA 主张救助，但央行对危机处置有一票否决权。同时 FSA 认为北岩银行经营符合自身设定的监管指标，因而也未采取实质性措施。面对北岩银行日益恶化的经营状况，央行、FSA 和财政部讨论了一个多月，直到 9 月 10 日才就解决流动性问题达成共识。消息公告后，北岩银行的挤兑从 9 月 14 日持续到 17 日，但始终没有监管机构出面干预或声援，央行在这四天内也未按照承诺及时发放紧急贷款，直到 9 月 19 日才宣布通过

公开招标向市场注入流动性。有市场专家分析，若央行提早行动，北岩银行的挤兑不至于到如此严重的地步。

三、英国监管协调机制及存在的问题

（一）次贷危机前监管协调的"三方体制"

1997 年后，英国金融监管采用统一监管模式，通过"三方体制（tripartite）"实现金融稳定。20 世纪 90 年代上半叶，英国开始实行金融混业经营模式，银行、证券、保险之间的壁垒被打破，涌现出一批金融集团。为实现从分业监管向功能监管的转型，英国政府于 1997 年启动金融改革，剥离央行的金融监管职能，成立 FSA，授权 FSA 对金融机构和金融市场进行统一监管，形成金融监管与中央银行的分离。1997 年 10 月，英国财政部、央行和 FSA 签署备忘录，确立了金融稳定协调机制的基本框架，即"三方体制"。

备忘录规定了四项协调原则：运作透明（transparency）、权责清晰（clear accountability）、信息共享（regulatory information exchange）和分工明确（avoidance of duplication）。职责分工方面，央行专司货币政策，负责宏观审慎监管，维护金融总体稳定；FSA 负责金融机构的微观审慎监管，并对金融机构行为（conduct of business）和金融市场实施监管；财政部负责金融监管总体框架设计和相关立法。

议事机制方面，成立金融稳定常务委员会（Standing Committee on Financial Stability），由财政部主持，三方均委派副职官员出席，每月定期召开会议，讨论与金融稳定有关的重大议题。若其他两方认为有必要，也可以随时召集会议。当金融机构、金融市场或支付清算体系出现风险时，应召集财政部长、央行行长和 FSA 主席出席委员会会议，由央行与 FSA 各自评估潜在风险对金融稳定的影响，分别向财政部提交评估意见和打算采取的支持性操作（support operation），由委员会作最后定夺。央行只能通过公开市场操作调节流动性，FSA 的方式较为多样，包括提高监管标准、引入第三方注资等。

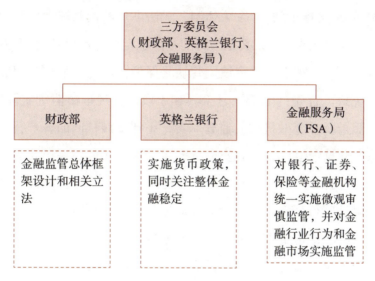

图 5-1 英国"三方体制"架构

资料来源：根据公开资料整理。

金融危机管理方面，若央行或 FSA 确认金融稳定受到威胁，有必要采取紧急措施，则应立即通知其他两方并启动联合行动框架，请财政部提供相应支持或组织修改相关立法。财政部本着尽可能降低道德风险的原则批准具体的救助措施，在救助过程中要求央行或 FSA 及时通报情况，确保对事态发展了如指掌。财政部一般不参与具体操作，而是负责向议会汇报风险处置措施及处置结果。

（二）北岩事件反映出"三方体制"的缺陷

表面上看，备忘录针对日常监管和危机处置作了较为全面的制度安排，但市场人士批评其违反了金融监管的基本原理。从法律性质看，备忘录属于软约束的三方协议，不具备法律强制力。即使一方没有履责，也很难依法追究其责任，公众更无法进行有效监督。从条款内容看，备忘录条款粗糙，存在较多模糊不清之处。实践中还有部门利益博弈、不作为等因素，致使监管协调机制成为一纸空文。正如英国央行 2012 年总结指出的，"三方体制"无法满足甄别系统性风险和维护金融稳定的内在要求，尤其是央行的金融稳定职能难以及时发挥作用。

第一，央行实施宏观审慎监管缺乏保障，宏观审慎与微观监管之间缺乏统筹。首先，由于缺乏工具和手段，宏观审慎监管实际缺位。FSA 被赋予所有金融机构的监管职责，小到金融顾问的客户行为，大到全球大型投资银行运行的安全与稳健，但 FSA 的微观监管有一定的局限性，不会考虑宏观层面合成的系统性风险。再加上 FSA 在微观监管方面也是例行公事，更遑论对全局风险作深入战略分析。央行虽然名义上对金融稳定负责，但备忘录并未授予其履行宏观审慎监管职责的工具和手段。央行行长曾向国会表示，央行当时拥有的唯一宏观审慎监管工具就是"谈论（voice）"，但空谈不仅无法遏制风险扩散，反而会招致公众批评，给央行带来声誉风险。其次，宏观审慎与微观监管之间缺乏统筹并在危机期间被放大，导致救助延误和决策错误。宏观审慎和微观监管具有一定的互补关系，二者紧密相连，只有相互统筹才能形成严密的金融安全网。央行与 FSA 的职责如何衔接、如何配合，监管资源如何协调一直处于模糊地带①。

第二，央行对金融稳定负责，却无法主导金融稳定治理。英国银行家协会在危机后公布的书面证词中指出，"三方体制"最大的问题是各方地位不明，缺乏一个明确的领导者（no one entity clearly in the lead），

---

① 如《2000 年金融服务与市场法案》对 FSA 的职责描述包含"维系金融系统的信心"，这与备忘录中央行职责"维护金融体系总体稳定"之间存在混淆之处。

具备足够的权威和手段来实施宏观审慎监管以及处置系统性危机，包括监测金融体系运行、识别潜在风险、通盘考虑应对措施并采取协同行动。危机后，面对议会的质询，央行行长表示危机期间无人掌控全局，财政部长认为自己承担最终责任，财政部另一名官员则指出，北岩银行事件发生后，财政部确实花了一段时间才梳理清楚自身的职责，发挥了一定的领导作用，但没有央行与 FSA 先行达成共识也是枉然。议会分析指出，掌握风险的监管机构没有资金和资源来实施救助，有救助权的最后贷款人却不了解金融机构的基本风险情况，且备忘录规定的支持性操作未区分流动性支持与偿付能力支持，这种监管安排存在根本缺陷，极易引发错误决断并导致灾难性后果。

第三，协调机制下的信息共享明显滞后。央行作为金融体系稳定的维护者，只有充分掌握机构层面的信息和金融市场的日常运行状况，才能准确评估系统性风险和"地方特色"（local color），即了解金融机构业务模式的起源、演变、影响因素，以及从业人员对风险的判断等。同时，央行作为最后贷款人，也有必要提前详细了解受援机构的情况。"三方机制"虽建立了机构间的信息共享机制，但机制运行并不顺畅。关键是，央行无权主动向市场收集数据和信息，只能被动接受 FSA 的定期报告，很难高效获取第一手信息。即使央行可要求 FSA 提供特定信息，但由于央行掌握的基础信息有限，实践中往往难以准确判断所需信息的范围与内容。北岩银行事件中，FSA 作为长期了解该行情况的监管机构，在挤兑事件前 30 天才向央行通报相关风险信息。因信息匮乏，央行在事前未对系统性风险进行有效识别，在危机发生时难以迅速做出正确决断，误判了危机的严重程度，错过了最佳援助时机。此外，监管也缺乏与公众进行有效沟通的策略。在挤兑期间，三方未能及时发布统一、连贯和协调的信息，导致公众预期恶化。市场认为其沟通方式存在三个问题：一是最后贷款人声明包含的信息既复杂又隐晦，公众难以理解；二是在救助信息被媒体泄露的时候未向公众进行及时的解释沟通；三是没有机构牵头负责与公众沟通，不同政府部门在不同场合发表声明，非但不能稳定市场情绪，反而引起市场对监管举措一致性的担忧。

第四，银行破产立法缺陷导致监管无法及时介入。备忘录规定财政部负责金融立法工作，但从2006年到2007年中旬，银行破产立法一直由多家政府机构缓慢推进，财政部并未发挥牵头作用。根据英国《1986年破产法》的规定，公司只有丧失清偿能力才能进入破产程序，因此，即使银行的流动性危机可能威胁金融稳定，监管机构也无权介入。同时，"三方体制"未明确监管机构接管银行管理、冻结存款、跨越股东强制将银行资产快速出售的权力，监管机构不能及时切断市场预期和流动性恶化的相互强化，也没有时间理性思考救助方案，导致风险扩散。

总的来看，危机前，英国央行没有监管权，通过三方协调机制进行监管部门、财政部和央行之间的信息共享；但北岩银行风险事件暴露出，如果央行缺乏实际的监管权，仅依靠简单的职责分工和松散的沟通机制，是无法有效获取信息、及时做出判断并果断出手处置的。因此，英国在后续改革中，重新赋予央行审慎监管职能，并建立由央行全面负责货币政策、宏观审慎和微观监管的超级央行模式。

第四节 雷曼兄弟破产事件：央行要监管金融基础设施

一、雷曼兄弟未获政府救助而破产

1850年，德国犹太移民雷曼三兄弟在美国阿拉巴州创立了雷曼兄弟公司（以下简称"雷曼兄弟"）。美国内战期间，雷曼兄弟将总部迁到纽约，开始涉足证券买卖、财务顾问和股票发行业务，公司逐步壮大，并向海外发展，先后于1972年和1973年在伦敦和东京设立地区性总部。经过多年发展，雷曼兄弟最终形成了资本市场、投资银行、投资管理三大分部的组织框架，是美国第四大投资银行和美国国债的主要交易商，在伦敦、东京、阿姆斯特丹的证券交易所拥有交易席位。2007年末，公司总资产、总负债分部达到6911亿美元和6686亿美元。其中，自营交易、投资银行、证券经纪、投资管理的业务收入分别占营业总收入的47.67%、20.21%、12.95%和8.81%，各业务单元连续四年实现盈利。2007年，雷曼兄弟荣获《财富》杂志"最受欢迎证券公司"第一名，全球雇员人数达2万余人，员工持股比例达30%，雷曼兄弟的业务能力受到广泛认可，公司因此拥有包括众多世界知名公司的客户群，如阿尔卡特、美国在线时代华纳、戴尔、富士、IBM、英特尔、美国强生、乐金电子、默沙东医药、摩托罗拉、NEC、百事、菲利普莫里斯、壳牌石油、住友银行、沃尔玛等。

业务规模过度膨胀和高杠杆化。雷曼兄弟早期仅专注于传统的投资银行业务。20世纪80年代金融监管放松，引发90年代金融产品创新潮，雷曼兄弟开始大力拓展金融衍生品交易、固定收益产品等业务。2000年开始，通过频繁收购资产管理公司以及住房贷款公司，雷曼兄弟走上了多元化扩张的道路。多元化战略让雷曼兄弟深度参与了抵押贷款业务资产制造、证券化、销售等各个环节，成为住房抵押债券和商业地产债券的顶级承销商和管理人，一度被称为华尔街的"债券之王"。2006年，在次级贷款的不良率从2.4%提升到7.5%、各金融监管机构不断提示房地产风险的背景下，雷曼兄弟逆势成为次级贷款证券产品的最大认购方，市场份额超过10%，获取高收益的同时也积累着巨大风险。2007年，雷曼兄弟利润总额达到历史最高的40亿美元，同时杠杆比例达到32∶1；持有金融资产规模达3131亿美元，占其总资产的45%，其中 MBS 和 ABS 资产规模为 890 亿美元，为净资产规模的 4 倍。

随着信贷环境变化，固定收益投资损失导致巨额财务亏损。2001 年 1 月至 2003 年 6 月，美联储连续 13 次下调联邦基金利率，使利率从 6.5% 降至 1% 的历史最低水平。货币扩张和低利率环境降低了借贷成本，促使美国民众蜂拥进入房地产领域。对未来房价持续上升的乐观预期，又使银行千方百计向信用度极低的借款者推销住房贷款。所有的市场参与者开始产生房价只涨不跌的预期。2006 年，市场开始发生逆转，银行坏账攀升，信贷开始吃紧。2007 年，利率不断升高，楼市下滑，大量次级房贷借款人不能按时还款，转化为坏账，形成了次贷危机。宏观经济恶化引发了信用体系的崩溃。次级债以及相关衍生品价格迅速贬值，而雷曼兄弟持有大量此类高风险金融衍生品。2008 年开始，资本市场业务一改以往的盈利主力地位，固定收益证券投资损失集中暴露，第二季度和第三季度亏损额分别为 28.7 亿美元和 39 亿美元。

错判市场趋势，失去自救最佳时机，危机进一步扩大。美联储在贝尔斯登事件后，出台了一系列流动性支持政策，首先建立了一个 28 天的借款工具，为市场上的主要交易商提供保障。自 2008 年 3 月 27 日起，美联储同意以优质抵押品为基础，向市场提供流动性支持，抵押品包括 MBS 和 ABS（雷曼兄弟拥有大量这样的资产）。市场流动性紧张暂时缓解，金融衍生品的资产价格开始趋于稳定。这些政策和市场结果让雷曼兄弟对未来趋势产生了误判，高估了自身资产质量的稳定性。由于管理者拒绝承认糟糕的财务状况，在采取规避风险的措施时，出现了非常严重的错误，包括没有彻底退出房地产抵押贷款相关市场（停止发放新的自营住房贷款但并没有将超过 200 亿美元的住房贷款以及相关债权卖出，保留在自身资产负债表内）、仍然密集开展商业地产业务。

雷曼兄弟最终破产。6 月 9 日，信用评级机构开始下调雷曼兄弟的评级，卖方分析师也纷纷出具负面报告。雷曼兄弟首席执行官理查德·福尔德马上采取相应措施，通过发行新股募得 60 亿美元资金，并且撤换了公司首席财务官和首席营运官，6 月 16 日，雷曼兄弟股价有所反弹，但股价已经累计下跌了 60%；9 月 9 日，韩国产业银行收购雷曼兄弟的谈判中止，雷曼兄弟股价重挫 45%；9 月 14 日，由于美国政府拒绝为收购提供保证，美国银行、巴克莱银行等潜在收购者相继退出谈判，拥有 158 年历史的雷曼兄弟面临破产。2008 年 9 月 15 日，雷曼兄弟宣布依照美国破产法第十一章，向联邦破产法庭提起破产保护，但不包括旗下经纪和投资银行部门。

二、看不清风险状况与偿付能力导致救助误判

事实证明，在较短时间内判定一家机构是偿付问题还是流动性问题，是比较困难的。2008 年 9 月，美国银行、巴克莱集团和华尔街银团为收购雷曼兄弟开展了短期尽职调查，结果显示雷曼兄弟的问题资产规模为 500 亿—700 亿美元，高估的资产规模为 150 亿—320 亿美元。根据当年第三季度末雷曼兄弟披露的 280 亿美元所有者权益，雷曼兄弟实际所有者权益在 –40 亿—130 亿美元之间，即处于"资可抵债"和"资不抵债"的临界地带。如考虑到雷曼兄弟还发行了 180 亿美元次级债务，可以在持续经营状态下吸收所有者权益的损失，雷曼兄弟净资产在 140 亿—310 亿美元之间，具备偿付能力。尽管事后可以通过严谨分析得出雷曼兄弟具备偿付能力的结论，但在当时，信息错综复杂，监管部门难以在较短时间内冷静分析得出雷曼兄弟是否具备偿付能力的结论。这也说明，危机环境下区分偿付能力问题和流动性问题极为困难。

更重要的是，美国财政部与美联储决定不救助雷曼兄弟，既有来自政治上的压力，也源自其认为这不是系统性风险。雷曼兄弟总资产近 7000 亿美元，有 10 万名债权人、90 万份未平仓衍生品合约，与全

球大量金融机构有密切联系。事后来看，雷曼兄弟破产实际上是系统性风险事件，应该及时实施救助，一家机构的救助成本必然远低于系统性危机的社会经济代价。但是，美国财政部与美联储没有选择救助，当时的观点是，救助贝尔斯登之后，管理部门已经释放流动性，给了雷曼兄弟足够的时间和空间对冲自己的风险敞口，雷曼兄弟破产并不会对金融体系造成持续冲击。雷曼兄弟破产后一天，美联储按照常规流程召开公开市场议息会议，讨论经济增长和通胀前景以及联邦基金利率目标。会议纪要显示，当时美联储官员就金融市场压力进行了讨论，提到雷曼兄弟时，仅仅简单重复雷曼兄弟破产决策正确的表述，并未表现出对潜在危机的担忧。这反映出，当时决策者并未充分认识到，雷曼兄弟破产可能会引发巨大金融海啸。

宏观管理部门之所以产生误判，一个重要原因是对场外衍生品的信息掌握不清，危机后普遍由央行统筹监管金融基础设施。场外衍生品市场长期游离在监管之外，不受监管，透明度很低。监管机构对于金融机构在衍生品上的风险敞口以及互联性认识不清，难以判断系统性风险隐患，而这在随后的金融危机中发挥了主导作用。此外，危机时期，伦敦清算所引入中央对手方清算（CCP）机制，迅速处置包括雷曼兄弟在内的9万亿美元未平仓头寸，未给其他市场主体和伦敦清算所带来损失，而CCP机制当时并未普遍建立。2008年金融危机之后一项很重要的监管改革，就是强化场外衍生品市场的监管，建设场外衍生品交易报告库，推进场外衍生品CCP机制，并且让央行统筹监管重要金融基础设施，实际上就是为了让央行掌握更加全面的信息，能够对系统性风险的判断更加准确。

雷曼兄弟的破产引发了系统性的风险。整个抵押贷款证券化产品的估值下跌，大量金融机构因持有雷曼兄弟发行的证券化产品受损，如花旗银行持有雷曼兄弟发行的约1400亿美元债权资产。持有该类型资产的金融机构不得不进行资产减值甚至抛售，冲击了整个金融市场的流动性。资本市场陷入混乱，股票市场大幅下跌，9月16—19日，道琼斯指数下跌超过1000点，美国证监会暂停了799只金融股的做空交易；货币市场丧失流动性，出现了大量赎回请求（即使这些机构完全没有雷曼兄弟公司风险敞口），联邦基金利率一度飙升到6%，美国历史最久的货币市场基金跌破1美元面值、在两天之内被赎回三分之二；商业票据市场接近冻结，评级最高的公司也难以发行商业票据融资；金融机构遭到挤兑，摩根士丹利的CDS飙升，高盛的流动性资金在一周之内下降600亿美元，两家投行被迫转为银行控股公司；信贷市场瞬间开始紧缩。风险迅速扩散到全球金融体系并引发经济衰退，很多国家被迫干预市场。

总的来看，宏观管理部门之所以没有对雷曼兄弟进行及时救助，除了政治上的考虑之外，还与对偿付问题和流动性问题没有及时判断清楚、缺乏对场外衍生品市场信息的全面掌握有关，产生了错误的判断。央行及时掌握全面信息除了从金融机构直接获取以外，另一个关键渠道是金融基础设施。危机后，推进场外衍生品CCP机制，对不纳入CCP的衍生品交易要求更多的保证金，并且加快建设场外衍生品交易报告库。由央行统筹监管重要金融基础设施，成为危机后的改革方向。

第五节 富兰克林国民银行危机事件：为最后贷款人职能保留空间

一、富兰克林国民银行危机爆发

1973年末，富兰克林国民银行是美国第十二大银行，拥有大约50亿美元的资产。1974年5月3日，富兰克林国民银行伦敦分行告知总部，英国国民西敏寺银行（National Westminster Bank）拒绝通过其账户支付富兰克林国民银行的英镑。5 月 7 日，富兰克林国民银行告知纽联储其外汇交易的巨额损失。这一传言不胫而走，富兰克林国民银行危机爆发。受此影响，该行普通股价格从 4 月 30 日的 16.5 美元下降至 5 月 10 日的 9.5 美元，优先股价格从 4 月 30 日的 25 美元下降至 5 月 12 日的 12 美元。美国证券交易委员会（SEC）下令暂停富兰克林国民银行的股票交易，建议后者暂停季度分红，大萧条以来美国主要银行还从未发生过此类事件。证券市场上的危机迅速蔓延至存款市场，富兰克林国民银行的储户开始大量挤兑。短短 5 个月内，各项存款累计流失高达 20.6 亿美元（见表 5-1）。在实施了一系列的救助和并购措施后，1974 年 10 月 8 日，难以为继的富兰克林国民银行不得不宣布破产倒闭。富兰克林国民银行的倒闭进一步加剧了经济形势的紧张，随后大量房地产信托公司和企业破产，1974 年第三季度和 1975 年第一季度都出现了经济增长大幅下降和失业率大幅提升的情况。

表 5-1　1974 年 5—10 月富兰克林国民银行存款外流情况

单位：百万美元

分行名称	活期存款	储蓄存款	其他定期存款	合计
国内分支行	223	126	17	366
纽约公司业务部	46	—	48	94
个人业务部	52	—	14	66
大额可转让定期存单和市政定期存款	—	—	426	426
国际业务部	24		14	38
外国分支行	12		667	679
信托存款	—	2	—	2
支票存款	390	—	—	390
合计	747	128	1186	2061

数据来源：Joan E. Spero，the Failure of the Franklin National Bank，p.94。

富兰克林国民银行危机爆发后，美国金融当局便迅速介入，防止其他银行受到影响，避免了一场可能发生的银行危机。鉴于富兰克林国民银行拥有大量的同业存款和外汇交易合约，破产会危害美国银行体系的稳定，对国际金融市场造成严重影响。因此，美联储和 FDIC 在危机处置过程中创造了许多新的政策应对工具。

二、美联储采用多种手段进行救助

（一）美联储实施贷款紧急救助

为了稳定市场信心，为寻求彻底的解决方案争取时间，1974 年 5 月 12 日，美联储宣布通过贴现窗口给予富兰克林国民银行紧急贷款救助，以缓解后者的流动性压力，防止其短期内迅速倒闭。

美联储的救助贷款在规模和用途上都是史无前例的。首先，为了弥补富兰克林国民银行巨额的资金流出，美联储的放贷金额创造了救助历史上的新高。从 5 月 13 日到 10 月 9 日，美联储向该行累计放贷金额高达 17.5 亿美元，大约占银行系统准备金总额的 5%。其次，美联储的贴现贷款首次用于覆盖银行海外分支行的资金流出，美联储对富兰克林国民银行海外分支行运用贷款资金不作任何限制。截至 10 月 7 日，美联储有大约 5 亿美元的贷款用于覆盖富兰克林国民银行海外分支行的资金流出。

（二）传统并购解决方案失败

1974 年 5 月富兰克林国民银行危机爆发后，美联储便积极联系相关机构以促成对该行的并购。其中，制造商汉诺威信托公司看重该行在爱尔兰拥有的贷款资源，又想保护其对该行的 300 万美元无担保贷款，因而表现出了强烈的收购意愿。但是，在进行了财务分析后，该公司发现富兰克林国民银行的实际亏损远远超过预期，其没有能力实施传统的快速并购。与此同时，美联储联系的其他银行也表达了相同意思，这宣告了传统并购方案的失败。

（三）美联储接管外汇业务

富兰克林国民银行的巨额外汇交易敞口引发了市场担忧。为此，美联储首先采取措施试图恢复市场对富兰克林国民银行的外汇交易信心。5月17日，在美联储的努力下，外汇市场上威望较高的人员担任富兰克林国民银行的执行董事，帮助富兰克林国民银行重新获得了外汇交易机会。在新主管的领导下，富兰克林国民银行开始降低外汇交易敞口，购买外汇履行到期的远期合约。由于到期合约压力巨大，当富兰克林国民银行无法购买足够的外汇时，美联储实施救助，代为购买现汇保障其履约。但是，由于头寸不断减少，到了9月，富兰克林国民银行已经无法履行合约。

在此情况下，美联储采取第二步措施解决危机。9月5日，美联储决定收购富兰克林国民银行的外汇资产与负债。9月26日，美联储与富兰克林国民银行签署协议，收购了富兰克林国民银行的未到期外汇合约。在外国央行的协助下，美联储获得合约对手方的同意，代替富兰克林国民银行履行合约。截至10月1日，美联储代替履约金额达到591万美元。1975年8月29日，美联储才将所有的合约交割完成。此外，按照协议内容，富兰克林国民银行同意向美联储支付外汇合约预期损失金额，如果实际履约损失小于预期损失，美联储将差额返还给富兰克林国民银行，如果实际履约损失大于预期损失，富兰克林国民银行向美联储支付相应的差额。如果富兰克林国民银行偿付能力出现问题，FDIC保证向美联储支付相应资金。

（四）FDIC 创新收购方案

根据 FDIC 的处置流程，FDIC 应首先从美联储收购破产银行的资产负债，经过资产整合后再转让给相关机构。危机爆发之初，FDIC 便试图通过缩减富兰克林国民银行的资产负债规模，完成对该行的收购计划。首先，FDIC 建议，美联储出售富兰克林国民银行的打包资产与负债时，拿出美联储的贷款。其次，鉴于收购富兰克林国民银行负债会导致 FDIC 总计 60 亿美元的信托基金下降三分之一，FDIC 建议打破惯例，分期支付资金从美联储购买问题银行的资产负债包。8 月 12 日，美联储与 FDIC 达成最终协议，FDIC 分三年支付购买富兰克林国民银行剩余资产，购买价格为富兰克林国民银行对美联储的负债余额，美联储则向 FDIC 支付与资产处置相关的管理费用和法律费用。

在处理完富兰克林国民银行与美联储的债务关系后，FDIC 开始着手设计新的收购方案。基于成本考虑，FDIC 决定通过竞标的方式实现对富兰克林国民银行的并购。为了推动富兰克林国民银行海外分支行的资产负债收购，FDIC 承诺给予成功竞标者总金额 1.5 亿美元的资本援助。其中，1 亿美元的资金支持期限为 10 年，剩下的 5000 万美元资金支持为 8 年的浮动利率贷款。并购银行可以选择富兰克林国民银行的资产及金额匹配的负债。

1974 年 10 月 8 日，富兰克林国民银行宣布破产，FDIC 负责接管其资产负债。同日，FDIC 宣布了对富兰克林国民银行的竞标结果：共有化学银行（Chemical Bank）、欧洲美国银行（European American Bank）、纽约第一国民城市银行（First National City Bank）和制造商汉诺威信托公司（Manufacturer's Hanover Trust Company）参与竞价，最终欧洲美国银行以 1.25 亿美元竞标成功。欧洲美国银行选择了富兰克林国民银行的 14.87 亿美元资产（富兰克林国民银行总资产 36.58 亿美元）以及 13.69 亿美元的存款和 2.43 亿美元的其他负债，其中包含伦敦分行的存款。10 月 9 日，富兰克林国民银行作为欧洲美国银行的分行重新开业。

（五）政策效果

如果对危机处理不当，美国很有可能在 1975 年陷入二战结束之后最为严重的萧条。然而，在联邦政府、美联储以及 FDIC 的强力干预下，美国经济得以避免陷入萧条并在 1975 年第二季度出现了复苏势头。城市登记就业率在 1975 年 4 月企稳回升，工业生产指数在 1975 年第一季度还以 23% 的年率下跌，却在 7、8、9 三个月上涨了 10.6%。经价格调整后的 GNP 在 1975 年第一季度以 9.2% 的年率下降，到第二季度则小幅上涨 3.3%，第三季度增幅继续扩大，达到 11.9%。因"金融不稳定"论而享誉全球的著名金融学家海曼·明斯基在其经典著作《稳定不稳定的经济》一书中，对美联储和 FDIC 在 1973—1975 年美国银行破产危机中的表现给予了很高的评价，并以富兰克林国民银行倒闭为案例深刻分析了央行作为最后贷款人，应当如何在危机救助中发挥积极作用。在明斯基看来，美国金融当局对救助时机的把握及其采取的一系列措施，不仅对稳定美国金融市场和经济复苏起到了关键作用，而且产生了一系列深远的影响。

总的来看，富兰克林国民银行的案例再次印证了央行最后贷款人救助的重要性，可以大大降低危机的破坏性。同时，要为最后贷款人的功能发挥留有充足的空间，无论是适用的情形，还是可采用的手段，这都确保了美联储很好地应对富兰克林国民银行的倒闭。

第六节　德隆系的风险处置：央行主导下的成功应对 ①

一、德隆系的形成与风险暴露

1992 年，乌鲁木齐的唐氏兄弟以 800 万元资金注册成立新疆德隆实业公司（以下简称"德隆"），"德隆"名号首次出现。德隆早期主要是在一级和一级半市场进行股票投机，后进入房地产业、农牧业和娱乐业。一直到 1996 年，作为民营企业的德隆在实业领域暂无名气，但在股票市场已经作为投资大户崭露头角，主要盈利点为二级市场的股票投机。

德隆真正的扩张是 1996 年。此后逐渐成为我国规模第一的民营企业集团，直接或间接地控制着两百余家实业企业以及十多家金融机构。早期，德隆通过购买法人股控制上市公司，搭建了以新疆屯河、湘火炬、沈阳合金（俗称"老三股"）为主体的上市公司平台。通过频繁的投资与配股，"老三股"的价格在 1997—2001 年创出了数倍的累计增幅。以此为基础，德隆系强势进入金融领域。通过直接或旗下实业公司间接收购、参股、委托持股、发起设立等方式，德隆进行了大规模的金融渗透，涉及银行、证券、保险、信托、金融租赁等多种类型。到 2004 年，形成了以新疆德隆为核心机构的庞大企业集团——德隆系，实际控制人为唐氏家族，直接或间接地控制着两百余家实业企业以及十多家金

---

① 关于德隆系事件的描述参考了新华社、央广网等公开报道，以及《金融机构改革的道路抉择》（陆磊，2018）

融机构，业务涉及 17 个行业，分布在全国二十多个省、直辖市、自治区，形成了庞杂的金字塔企业集团结构。实体企业上下游关联企业上千家，金融机构融资规模过百亿元，与上百家市场机构有合作关系。

全面挺进金融业，且实业经营战略不清晰，走向资金紧张和全面危机的不归之路。2000 年 12 月"中科事件"和 2001 年 4 月"郎咸平炮德隆"引发德隆旗下的金新信托出现挤兑事件。虽然挤兑风波因德隆自救得以平息，但过高估计了自己的实力等缘故，德隆从此全面挺进金融业。2002 年 1 月至 2003 年 3 月，德隆启动金融混业经营战略，并开启了历史上最为繁忙的阶段：旅游产业整合计划、农资超市大规模布网、畜牧产业大举投入、全面进入金融领域、友联管理的组建和运营。盲目扩张消耗了德隆大量的财力、物力和人力，进一步恶化了德隆的现金流。此后数年间，德隆系通过委托理财、产业公司输血、收购金融机构等一系列方式，依然无法扭转资金链断裂的结局。2003 年 7 月起，德隆核心企业开始裁员，并发生工资拖欠现象；2003 年 10 月，啤酒花董事长外逃，导致啤酒花股票崩盘，与之有担保关系的公司均出现了大幅下跌，甚至整个新疆板块都惨遭暴跌的厄运；2003 年 10 月至 2004 年 1 月，德隆各金融机构均发生挤兑现象；2004 年 4 月，"老三股"全线下挫跌停，德隆危机全面爆发。此后，上海、新疆等地的机构和自然人掀起讨债风潮，社会不稳定因素开始积累。

德隆危机拖累了整个股票市场，并出现了金融与实体风险交叉感染的局面。德隆危机爆发后，银行开始提前收贷或者只收不贷，而德隆为了应对金融机构的兑付风险，从实业企业抽调巨额资金，使金融机构的兑付危机往实体企业蔓延。与德隆相关的商业银行也面临兑付压力，出现周转困难。受德隆股价暴跌的拖累，股市出现大幅下跌，截至 2004 年底，上证综合指数收盘为 1266 点，创出 5 年最低，股市年融资仅 900 亿元，融资功能极度弱化。

二、相关部门及时干预并快速处置

根据国务院的授权，人民银行牵头处置德隆系风险。面对风险蔓延形势，德隆试图通过引进战投、上市公司合并、变卖资产、员工内部纾困、与银行及地方政府沟通等方式自救，无奈失去市场公信力后收效甚微。2004 年，国家成立专门处置小组，集中多部门力量投入风险处置工作。其中，人民银行负责总体研究风险防范和处置方案，华融负责在原则和方案的指导下按照市场规则推进。风险处置过程中，央行积极协调有关部门指导华融公司的德隆风险处置工作，并明确提出由华融托管德隆的金融机构和实体企业，以市场化方式处置风险；会同财政部、银监会和证监会制订发布了《个人债权及客户证券交易结算资金收购办法》，明确被处置金融机构个人债权收购政策，确定由各个地方政府承担个人债权收购成本；积极协调风险处置有关政策，及时研究解决风险处置过程当中出现的各种问题。在此期间，在央行等部门的坚持和施压下，德隆系的核心人物唐万新也回到国内，有助于处置小组摸清盘根错节的德隆系情况。

公安部、最高人民法院等相关部门和地方政府全力配合。公安部在风险暴露初期及时介入，对德隆系六家金融机构及关联公司涉嫌犯罪问题立案侦查，掌握了犯罪事实，追缴了部分赃款，降低了风险处置损失，并对风险处置过程中的不安定事端或苗头进行了及时处置，维护了被托管金融机构经营秩序和社会稳定，为风险处置和后期的资产处置提供了保障。为保障德隆系的金融机构和实体企业的托管经营和停业整顿工作，最高人民法院出台"三中止"司法保护措施，协调各地方法院暂停受理对德隆系的诉讼，正在处理过程中的诉讼程序或处置程序全部中止，为重组处置创造条件。各地方政府各自成立了专门的风险处置小组，组织中介机构针对辖区内德隆系的资产进行排查，并加强对相关企业的控制，防止风险进一步蔓延，积极配合华融接管工作，维护当地社会稳定，推动个人债权收购、银行、证券、信托等金融机构股权最终处置方案的实施，为全面解决风险提供了保障。

引入华融参与风险处置工作，构建处置操作平台。华融在第一时间成立专门工作组制定资产接收方案，同时根据资产类别进行资产盘查，具体情况进行具体处置，尽量维持基本的企业经营。摸清具体情况后，迅速确定实业企业与金融机构重组处置思路，并与监管机构及利益相关方抓紧沟通，迅速落地。实业处置方面，对屯河股份、天山水泥、湘火炬等六家核心上市公司以及长春企联房地产等三家非上市企业进行了重组，对德隆国际、新疆德隆和新疆屯河三大集团公司进行了破产清算，也对相关的壳公司进行了处置。金融机构处置方面，在进行资产质量盘查的基础上，组织个人债权登记，在相关部门的协助下进行甄别确认；同时有效充当政府与上访群众、债权人之间的隔离墙，对利益相关者耐心解释停业整顿及重组流程等政策，极大稳定了社会秩序；本着"区别对待，分类处置，加速退出，化解风险"的思路，对13家金融机构分别采取了重组、撤销及关闭和股权转让三种处置方式。

三、进一步完善央行最后贷款人职能

在央行的牵头下，针对德隆系处置过程中的一些问题，处置小组依托我国的制度优势做了较好的安排，最终的处置也比较成功。尽管如此，还是要看到处置过程中也暴露一些须解决的问题，以完善央行最后贷款人职能。

首先是必须建立有效的监管与完善的风险处置机制，不能让最后贷款人来解决所有问题，否则成本很高而且有道德风险。一是风险爆发前缺乏有效的监管校正措施。德隆事件爆发的根本原因是对金融控股集团及金融混业经营监管的缺失，导致德隆在资本市场可以轻易操纵大量资源进行扩张，最终爆发巨大的道德风险，陷入扩张—资金紧张—外部融资—再扩张—资金更紧张的恶性循环，外部信贷环境变化成为压倒骆驼的最后一根稻草。整个过程中，金融监管发挥的作用是不够的，如何适应综合经营趋势，如何提高监管专业性有效性，如何发挥存款保险的及时校正作用，是未来监管改革需要考虑的问题。二是风险爆发后缺乏市场化处置手段。在市场化退出机制、存款保险制度和投资者保护制度缺失的环境下，国家为了维护稳定通过行政手段负担了大部分风险处置损失。但是，股东和债权人未完全承担应有责任，市场约束软化，容易引发市场道德风险。同时，市场化程度不高也加大了处置成本，降低了处置效率。

其次是落实好"三个统筹"，确保央行能够掌握充分信息，有能力履行好最后贷款人职能。德隆系的风险处置过程中，面对德隆系盘根错节的复杂状况，央行当时是通过及时掌握关键人物，从而全面了解这家金融控股集团的经营与风险状况，处置工作也才得以有序开展。但完全依靠制度优势来解决问题可能还是不够的，未来须落实好"三个统筹"，即央行统筹监管系统重要金融机构和金融控股公司、统筹监管重要金融基础设施、统筹负责金融业综合统计，为央行早期预警、及时介入提供全面的信息保障。

第六章

公共资金的
政策选择

财政出资和央行出资是公共资金的两种形式。从国际上的危机实践来看，财政资金和央行资金各有限制。一般来说，财政资金面临政治压力，决策程序上不如央行快，同时还受到不同阶段财政状况的约束；央行救助又往往受到法律授权的困扰，虽然在法律中会有一些明确的授权，但在不同时期，界限总摇摆不定，对央行的行动造成障碍。

严重危机的时候往往需要快速行动，最终损失的大小取决于政策的选择，最好是央行与财政很好沟通、在协商中达成一致。比如，次贷危机期间，美联储与美国财政部进行了良好协商，很多救助行动是共同协商推动的，成本也是共同承担的，美联储的超常规行动均得到了财政部的支持，使得最终的处置成本较低，美国也得以相对快地解决问题并从危机中恢复。我国21世纪初进行四大行改革时，面临财政资源不足的情况，也是央行与财政达成一致，过程中获得了相应的授权，效果也是非常好的。

发展中国家一般是财政弱、金融强，财政资源比较稀缺，金融体系出了问题往往由央行牵头处置，我国也是这样。从国际经验来看，由资源丰富、行动迅速的央行牵头处置也是可以的，但央行能做到何种程度，就取决于获得多少授权以及财政的合作程度，否则会造成行动的拖延，未来需要花费更大的代价来处理。所以，金融稳定法要对央行出资的授权做一些考虑，同时财政与央行要加强风险处置上的合作探索。除了财政与央行的公共资金外，我国还建立了许多行业性的保障基金，包括存款保险基金以及信托保障基金、保险保障基金等行业保障基金。尽管这些行业性保障基金不是公共资源，但如何统筹使用，钱怎么来、要怎么用，使用的顺序是什么，这些问题都应在金融稳定法里有所明确。

第一节　财政资金与政治压力

一、雷曼兄弟没有得到救助

雷曼兄弟出问题的时候，美国政府背负很大的舆论压力。2008 年 9 月雷曼兄弟出问题之前，美国政府已经救助了贝尔斯登、"两房"。美国投资者心中的一个理念就是"太大不能倒"，政府不可能让大的机构倒闭。贝尔斯登都救了，雷曼兄弟更大，肯定得救。但是，政府对贝尔斯登、"两房"的救助实际上已经引发了公众的不满。公众认为，华尔街富人平时的工资非常高，刚毕业的工商管理硕士（MBA）学生在华尔街都可能拿几十万、上百万美元的年薪，而现在他们闯了祸，却要用纳税人的钱去救，让普通老百姓买单，这是不能接受的。

因此，当雷曼兄弟出问题后，财政部和美联储去国会两院寻求救助授权时，在乎选票的政治家们表现犹豫。众议院金融服务委员会的民主党主席弗兰克提出，除非财政部、美联储能说服国会，若不救助雷曼兄弟，其后果将是对美国的毁灭性打击，否则，救助雷曼兄弟在政治上看是不可行的。当时正处于美国大选的关键阶段，弗兰克一定程度上代表着美国社会舆论的态度。这使危机处置部门陷入了两难：财政部和美联储不能危言耸听、过度渲染雷曼兄弟倒闭的影响，否则可能会进一步扰乱市场，导致更复杂棘手的局面；但如果雷曼兄弟倒闭的冲击不够大、不够严重，国会不会给予救助授权。由此进入了一个怪圈：在获得授权前，他们只能使用有限的工具，哪怕这些工具无法抵挡危机的蔓延；直到金融危机越发严重，他们才有充足理由使用更多的工具，哪怕此时处置成本已经远远超过危机初期。

尽管不救助雷曼兄弟也有风险看不清、难以做出准确判断等原因，但不可否认的是，社会舆论和政治压力极大影响了政府的选择。2008年9月12日，美国财政部、SEC以及来自花旗集团、摩根大通、高盛、美林公司等机构高管在纽联储进行了为期三天的讨论，由于美国政府拒绝提供任何保证，未能就救助方案达成一致，9月15日，雷曼兄弟宣布破产。而事实证明，美国放任雷曼兄弟倒闭，给了全球投资者当头一棒，并由此引发了波及全球的金融海啸。

二、"占领华尔街"与削减救助权

次贷危机期间，美国两党和社会舆论对于救助金融系统都秉持着怀疑、不满，甚至愤怒。美国民众认为银行家应该为危机负责或者说付出代价，而政府却在拯救这些银行家，耗费的是纳税人的钱，一些批评人士暗讽政府部门为"救助之王"。舆论也在煽风点火，《金融时报》《华尔街日报》与非金融媒体把对问题机构的救助称为"奖励性"救助，并讽刺性地"恳求"停止这些救助。甚至在雷曼兄弟破产后，《纽约时报》《华尔街日报》和一些有影响力的报纸，在社论中居然表现得非常高兴，因为政府部门抵制住了用公共资金来救助一家破产企业的诱惑，由此可见当时的社会情绪。

对政府救助的怀疑和不满在次贷危机后很长时间内还一直持续存在。2011年，纽约华盛顿发生了"占领华尔街"（Occupy Wall Street）的群众性示威运动，其中一个主要的抗议内容就是美国政治家在危机中的表现。不仅如此，对危机期间救助行动的担忧，也致使国会收紧了美联储Section 13（3）的自由裁量权，对美联储在紧急情况下提供必要援助的权限进行限制。但实际上，这种限制也降低了美联储面对金融稳定威胁时保持灵活和快速反应的能力和自主权。

三、硅谷银行与日本银行业危机的处置都不是财政资金

　　实际上，动用财政资金会有巨大压力已经成为普遍现象，所以在进行救助和处置时，许多时候都使用了财政以外的其他方式。2023 年 3 月，硅谷银行和签名银行相继倒闭后，未受保存款引发市场关注，美国财政部与 FDIC 均做出了"保障全部储户的所有存款"的承诺，但强调这笔钱不需要纳税人买单。5 月 11 日，FDIC 发布公告称，拟向约 113 家银行机构收取"特殊费用（special assessment）"，以补充存款保险基金为偿付硅谷银行和签名银行全部储户所造成的预计 158 亿美元的损失。这笔特殊费用的主要征收对象将是资产规模高于 500 亿美元的银行机构，这部分机构将占缴款总额的 95%。FDIC 主席 Martin J. Gruenberg 解释，这笔特殊费用主要面向那些"最受益于对未受保储户进行保护的机构"，同时"还要根据各家机构未受保存款的规模，确保各家机构享有平等、透明、一贯的政策"。另一个例子是，日本需要对大量出问题的银行进行援助时，财政资金也受到了政治上的极大压力。为了解决财源不足问题，1995 年 12 月金融制度调查会发布了全额保护存款方针，规定此后 5 年间暂停存款赔付制度，在此基础上，日本改革了《存款保险法》，自 1996 年 6 月起在存款保险机构一般账户基础上设立特别账户，为超过保险基金的资金援助制定了法律框架，允许存款保险公司运用政府担保方式筹集资金。

　　总的来看，虽然财政资金是一种非常重要的救助手段，但要么受到政治压力而难以调动，要么受到繁杂程序影响而难以及时到位，要么受到财政状况制约而能力不足，这些情况在历次危机应对中都有体现，因此实际上危机中使用财政资金是比较难的。而危机应对向来有

"黄金 48 小时"的说法，救助速度非常重要，这就决定了仅依靠财政资金，会大大增加危机救助的不确定性和成本，导致救助效果不理想。

第二节 美国次贷危机：财政与央行在沟通中达成一致

2008 年次贷危机期间，美国财政部和美联储按照法律授权在各自职责范围内进行救助，除此之外，这么严重的危机之下，很多事情是提前考虑不到的，但又必须行动，所以美国财政部和美联储积极沟通、在协商中达成一致，通过合作解决了许多问题。一则逸事可以反映当时的情况，当美国财政部协调美联储支持摩根大通收购贝尔斯登，时任美联储主席伯南克和时任纽联储主席盖特纳提出，如果财政部为美联储的潜在损失提供补偿，美联储就会同意给予支持。时任美国财政部长保尔森欣然同意了这个要求，但后来财政部的律师告诉保尔森，实际上财政部是无法为美联储提供补偿的。于是盖特纳要求保尔森写信来支持美联储的贷款救助，并在信中明确，如果贷款出现亏损，美联储将减少对财政部的利润贡献。保尔森写了这封信，并称这封信是其真金白银之作。

一、财政部和美联储在各自授权范围内进行了救助

财政救助的一个典型案例是总额 2500 亿美元的资本购买计划，通过认购银行等金融机构的优先股或认股权证，向金融机构注入资本。据统计，从 2008 年 10 月到 2009 年 12 月，财政部共对 707 家机构进行注资，金额达 2049 亿美元。政府注资一般是选择性救助，而且事先对救助条

件及退出条件等规定清晰的框架及程序。美国财政部在救助之前会先在网站发布框架协议，明确优先股和权证认购的规模、股息、赎回条件、股权转让条件及限制条件等核心条款。其中，限制条件是参与银行在财政部持有优先股期间，必须执行财政部关于高管薪酬和公司治理的标准。美国财政部首先将 JP 摩根、高盛、花旗、美国银行等九家具有重要影响力但功能瘫痪的银行纳入计划，这九家银行持有全美 55% 的银行资产。后续筛选过程中，财政部与美联储、FDIC 等银行监管部门密切合作，一般经过银行自主申请、监管机构评估推荐、委员会推荐、财政部确定等四个阶段，重点考察银行长期稳健性和经营能力，对银行测试评级、财务表现等指标进行评估和筛选。2009 年 3 月，美国财政部还公布了银行不良资产剥离计划，从救市资金中拨出 750 亿至1000 亿美元，与私有资本共同设立"公共—私人投资项目"，购买美国银行系统 5000 亿美元的问题资产。救助资金的一半投入"遗留贷款计划"（Legacy Loans Program），用于购买银行不良贷款，由 FDIC 负责对款项实际使用实施监督；另一半资金进入"遗留证券计划"（Legacy Securities Program），用于购买 RMBS 或 CMBS，提高私人投资者对已经基本停滞的证券化市场的信心。

美联储最后贷款人救助案例也不少，如通过定期拍卖工具、定期证券借贷工具、一级交易商信贷工具等工具，扩大支持对象和抵押品范围，解决市场广泛的流动性问题。其中，定期拍卖工具项下，所有被美联储认为财务健康的存款机构均能向美联储申请一个月期的抵押贷款，抵押品标准与美联储贴现窗口相同；定期证券借贷工具项下，一级交易商可以以投资级公司债、市政债券、MBS 和 ABS 等为抵押向美联储借国债，期限为 28 天，借国债的数量和费用由竞标决定；一级交易商信贷工具项下，一级交易商可以向美联储申请隔夜的抵押贷款，抵押品标准与通过主要清算行安排的三方融资协议相同。

二、大部分救助由财政部与美联储协商合作推动

（一）财政部、FDIC、美联储联合进行资产担保

财政部、FDIC、美联储联合实施了一项资产担保计划，定向为花旗集团和美国银行提供，以缓释其资本压力。以美国银行为例，财政部、FDIC 共同为美国银行的风险资产提供担保，受担保的资产范围包括价值约 370 亿美元的现金类资产和损失可能达 810 亿美元的金融类衍生产品，受担保资产的风险权重被统一调整为 20%，有效降低了银行资本要求。该计划明确了各部门之间的损失承担机制，财政部和 FDIC 作为主要执行机构，在力所能及范围内承担损失，而美联储则以非追索贷款方式协助兜底，但机构自身也要承担一部分损失。对美国银行确定了分梯度的损失承担机制。第一梯度，美国银行以自身所有者权益承担最初的 100 亿美元资产损失；第二梯度，损失在 100 亿—211 亿美元之间的部分由财政部、FDIC 和美国银行按照 90% 和 10% 的比例承担损失，其中，财政部最高承担 75 亿美元的损失，FDIC 最高承担 25 亿美元的损失；第三梯度，对于超过 211 亿美元的损失部分，美国银行仍需承担 10%，其他的剩余损失由美联储向美国银行发放无追索权贷款，一旦美国银行违约，美联储的求偿范围限于抵押品价值。作为担保的对价，美国银行向财政部、FDIC 定向发行 40 亿美元的优先股及认股权证 [1]。

---

① https://www.fdic.gov/bank/historical/crisis/chap3.pdf。

表 6-1　资产担保计划担保模式

	一梯度损失	二梯度损失		三梯度损失
美国银行	100 亿美元	10%，上限为 8.3 亿美元	10%，上限为 2.7 亿美元	10%
财政部		90%，上限为 75 亿美元		
联邦储蓄保险公司			90%，上限为 25 亿美元	
纽联储				90%（非追索贷款）
合计	100 亿美元	83.3 亿美元	27.7 亿美元	
总计		211 亿美元		

数据来源：FDIC。

（二）美联储与财政部合作重振特定资产市场

当资产市场出现整体流动性丧失，为阻断传染、恢复银行流动性，有必要超越特定机构，针对整体资产市场采取相应激活措施。次贷危机期间，资产证券化市场受极大冲击，发行量锐减，市场整体流动性丧失。2008 年 11 月 25 日，美联储与财政部共同宣布建立定期资产支持证券贷款工具，由纽联储负责发放总额度为 2000 亿美元的贷款，期限为 3—5 年，财政部为贷款提供 200 亿美元的信用保护（credit protection）[①]。该机制下，合格投资者可以贷款购买 AAA 级的资产支持证券。项目重点支持家庭和小企业的信贷，包括汽车贷款、信用卡贷款、学生贷款、由小企业管理部门担保的贷款等。定期资产支持证券贷款工具对于重振资产证券化市场起到重要的作用，资产支持证券的利率随之下降。

---

① https://www.federalreserve.gov/monetarypolicy/talf.htm。

（三）财政部和美联储联合救助个体机构

AIG 成立于 1919 年，并于 1982 年 11 月 12 日在纽约证券交易所上市，是美国最大的保险集团之一。AIG 业务遍布 130 多个国家和地区，拥有 7500 万个客户，雇员 11.6 万人，总资产高达 1.1 万亿美元，旗下包括保险公司、租赁公司、投资公司等，如美国友邦人寿保险有限公司、美国美亚保险公司、友邦资讯科技有限公司、国际金融租赁公司、瑞士友邦银行有限公司。2005—2007 年间，AIG 蝉联全球净利润最高保险公司，在 2007 年世界 500 强企业中排名第 23 位。次贷危机爆发之前，AIG 在 RMBS、CMBS、CDO、ABS 上进行了大量投资，导致 AIG 与次贷相关的风险过度集中。次贷危机爆发后，AIG 在次贷相关证券、信用违约互换产品的投资损失惨重。2008 年 9 月 12 日，AIG 向美联储和财政部报告，公司面临极严重的流动性问题，请求政府救助。

表 6-2　AIG 收入明细情况（单位：亿美元）

	2007 年	2008 年
保费收入	793.02	835.05
净投资收益	286.19	122.22
已实现资本损失	−35.92	−554.84
其中：非暂时减值损失	−47.15	−508.05
其中：RMBS、CMBS 等结构化证券	−22	−291.46
证券借贷的抵押品的证券投资	−10.54	−121.10
AIGFP 未实现 CDS 的市场估值损失	−114.72	−286.02
其他收益	−172.07	−5.37

数据来源：AIG 年报。

2008 年 9 月 15 日，美国纽约州宣布允许 AIG 借用旗下子公司的

200 亿美元资产用于自救，但这远不能满足 AIG 需求。9 月 16 日，美联储在财政部支持下，授权纽联储向 AIG 集团提供了 850 亿美元的循环紧急信贷额度，期限为 2 年，并以 AIG 集团及主要子公司的全部资产做担保。11 月，美联储授权纽联储成立 ML Ⅱ LLC 和 ML Ⅲ LLC 两家公司，纽联储向两家公司发放贷款，主要用于购买 AIG 持有的 205 亿美元住房抵押贷款证券化产品和 293 亿美元的信用违约互换产品。此外，TARP救助计划通过后，财政部以 400 亿美元购买 TARP E 系列非累积优先股，298 亿美元购买 TARP F 系列非累积股份。相关部门总救助金额高达 1823 亿美元，取得 AIG 92% 的股份，使其阶段性"国有化"。表 6–3归纳了相应的救助金额，以及相关部门退出救助的收益情况。

2011—2012 年，因金融市场状况转好，纽联储开始向市场出售ML Ⅱ LLC 所持的证券，ML Ⅲ LLC 也开始公开拍卖出售持有的 CDS合约，两家公司偿还了纽联储贷款，并额外创造了近百亿美元的利润。Maiden Lane 系列交易有如下特点：一是问题资产从金融机构的资产负债表转移出来，进入了美联储的资产负债表。二是缓解了金融机构面临的打折出售压力，使问题资产的处置得以有序进行。三是美联储和金融机构之间建立了损失和收益的分担计划，美联储向 SPV 提供高优先级贷款，金融机构向 SPV 提供次级贷款或股权，这样金融机构会优先承担问题资产处置中的亏损。但美联储平均提供了 SPV 约 91% 的融资，因此对问题资产有很大敞口。

表 6–3　美国政府对 AIG 救助资金构成（单位：亿美元）

救助方式	资金来源	条件及用途	批准最高使用额度	实际使用	收益
对 AIG 的循环贷款	纽联储	期限：5 年；利率：3 个月期 LIBOR	350	—	68

续表

救助方式	资金来源	条件及用途	批准最高使用额度	实际使用	收益
向两家SPV发放贷款，购买AIG高风险资产	纽联储	期限：6年； 利率：1个月期LIBOR加1个百分点； 用途：通过向Maiden Lane II贷款购买AIG人寿保险公司RMBS	225	195	95
	纽联储	期限：6年； 利率：1个月期LIBOR加1个百分点； 用途：通过向Maiden Lane III贷款从AIG金融产品公司（AIGFP）购买CDO	300	243	
持有AIG及其子公司的股份	纽联储	用途：购买AIG成立的AIA SPV和ALICO SPV优先股，这两家实体拥有AIG旗下子公司AIA和ALICO全部普通股	250	250	14
	财政部	用途：400亿美元购买TARP E系列非累积优先股，298亿美元购买TARP F系列非累积股份	698	698	50
总计			1823		227

数据来源：美国财政部、纽联储、AIG网站。

总的来看，美国次贷危机期间，财政部与美联储共同采取救助行动、共同承担救助成本，使得最终的处置成本比较低，美国也得以较快解决问题并从危机中恢复。其中比较重要的是双方的协商合作，特别是在危机初期，救助迫在眉睫、刻不容缓，但TARP救助计划迟迟没有得到国会批准，而美联储救助又受限于法律授权问题，这种情况下，财政部与美联储进行了很好的沟通，采用一些灵活的方式，在协商中达成一致。

第三节 其他案例

一、瑞典金融危机和欧洲德克夏银行：财政救助

20 世纪 80 年代初开始，瑞典政府放松金融机构监管并放开资本账户管制，信贷市场大规模扩张，热钱流入房市股市，资产泡沫破裂引发金融危机，特别是银行偿付危机①。瑞典议会、政府、央行多措并举、及时行动，包括设立银行支持机构提供担保、成立资产管理公司处理不良贷款、改革汇率制度并逐渐降息等，其中财政救助在银行风险处置中发挥了关键作用。在危机最严重的一段时期，1993 年瑞典政府财政赤字增至 GDP 的 12%，大量财政资金被用以救助问题银行。据 IMF 统计，瑞典政府用于救助银行机构的财政支出达到 610 亿瑞典克朗（占 GDP 的 4.2%），主要形式为提供担保和注资，其他还包括认购股份或股票、利息补贴等。

在具体救助措施方面，瑞典议会通过了《银行支持法案》（*Bank Support Act*），成立财政部门主导的银行援助局。银行援助局可从财政部门获取额度无上限的资金支持，根据银行的财务状况将其分为三类并实施不同的救助策略，实践中约 98% 的救助资金都投入了瑞典规模最大的两家银行 Nordbanken 和 Götabanken。一是财政部门于 1991 年接管 Götabanken 银行并承担其所有债务，将其不良资产剥离给 Retriva 资产管理公司，并为 Retriva 的资产重组过程提供担保。二是财政部门

---

① 据 BIS 统计，1992 年是危机高峰期，瑞典境内银行的不良贷款占比达 11%，且多为房地产抵押贷款。

于 1992 年购买 Nordbanken 银行的所有流通股（约 20 亿瑞典克朗），将其 670 亿瑞典克朗的不良资产剥离给 Securum 资产管理公司，并用财政资金分别为 Nordbanken 银行和 Securum 注入 100 亿和 240 亿瑞典克朗的股本，同时为 Securum 提供了 100 亿瑞典克朗的担保。三是财政部门于 1993 年将 Götabanken 银行并入 Nordbanken 银行，1995 年将 Securum 和 Retriva 合并为规模更大的资产管理公司。

德克夏银行集团（Dexia Group）组建于 1996 年，成立之后通过并购等手段不断扩张业务领域和资产规模，是全球最大的公共基础设施融资银行之一，在 2008 年金融危机爆发前，德克夏银行的发展达到顶峰。根据英国《银行家》杂志的排名，在 2007—2008 年，德克夏银行的一级资本排名列全球银行业第 40 位、第 41 位，资产排名列第 24 位、第 25 位。2008 年国际金融危机爆发后，德克夏银行股价狂跌并被穆迪降级，成为欧债危机中第一家接受政府救助的银行。2008 年 9 月，比利时、法国和卢森堡紧急磋商后，决定由比利时和法国分别提供 30 亿欧元的注资、由卢森堡提供 3.76 亿欧元的可转换贷款。此外，美联储也通过 TAF 对德克夏银行进行了贷款援助。在接受 64 亿欧元援助后，德克夏银行于 2008 年 11 月启动转型和瘦身计划，以 7.22 亿美元将旗下处境艰难的 FSA 债券保险业务出售给美国债券保险公司。通过逐步出售部分亏损业务，并进行裁员及重组，德克夏银行状况慢慢有所好转。

然而，欧洲债务危机持续恶化，德克夏银行持有近 210 亿欧元希腊、意大利等周边国家的主权债券，在巨大的债务敞口面前显得尤为脆弱。2011 年 10 月 4—25 日，其经历了从比利时政府提出分拆建议，到德克夏银行接受建议，再到欧盟委员会、法国国民议会和参议院批准重组方案，德克夏银行最终以拆分应对此次危机，除了以 40 亿欧元的价格出售比利时子公司外，德克夏银行的剩余不良资产获得比利时、法国和卢森堡三国政府提供的最高达 900 亿欧元的财政担保。同时，德克夏银行将法国本地公司公共金融子公司与法国国有金融机构、法国国有邮政服务部门银行分支机构合并，将卢森堡子公司出售给包括卢森堡政府在内的投资团体。由于德克夏银行在欧债危机中的受冲击程度比 3 年前更为严重，因此政府的救助更为频繁、力度也更大，其手段主要为国有化、提供担保和注资。

2011 年 10 月，比利时政府宣布出资 40 亿欧元将德克夏银行比利时分支机构（Dexia Bank Belgium）国有化。该机构是比利时最大的零售银行，储户约 400 万人，存款额约 800 亿欧元。同时，政府还为德克夏银行提供了上限为 900 亿欧元的担保，以满足今后 10 年的放贷需求。其中，比利时、法国和卢森堡分别提供 60.5%、36.5% 和 3% 的担保。2012 年 2 月，比利时和法国达成协议，援助德克夏市政信贷银行（Dexia Credit Local，DCL）旗下的债券发行部门——德克夏市政筹资机构（Dexia Municipal Agency，Dexia MA），为其 170 亿欧元的新发行债券提供担保。2012 年 6 月，欧盟委员会表示，将此前临时批准的对德克夏银行 450 亿欧元融资抵押品可用期限再延长 4 个月。欧盟委员会称，将对德克夏银行及德克夏市政信贷银行展开进一步深入调查，并正式评估对德克夏银行的有序处置方案。2012 年 11 月，法国和比利时同意向德克夏银行再注资 55 亿欧元，同时将获得德克夏银行有投票权的优先股。此外，对德克夏银行的借款担保分配比例和上限也进行了调整：比利时承担 51.41%，法国承担 45.59%，卢森堡继续承担 3% 的比例；担保上限由原来的 900 亿欧元调整至 850 亿欧元。

总的来看，欧洲在应对上述危机的过程中，财政资金通过提供担保、注资和国有化等方式发挥了主要作用。瑞典的财政救助比较成功的原因是，立法与监管部门很快就能达成一致，财政救助行动比较迅速。而对德克夏银行的救助，涉及了多国政府，经过了多轮救助，历时比较长。

二、山一证券救助：央行先救助后协商

（一）山一证券破产危机事件回顾

山一证券创立于 1897 年，在日本四大证券公司中历史最悠久。截至 1997 年 3 月底，该公司的注册资本为 4313 亿日元，总资产约 3.6 万亿日元，吸收客户资金 24 万亿日元。该公司在日本国内拥有 117 家分支机构和营业部，在 30 多个国家和地区设有 33 家分支机构，加上直系子公司共计上万名职工，业务遍及全球，在国际金融行业中享有盛誉，成为一家名副其实的系统重要性机构。20 世纪 80 年代后，日本大力推行金融自由化政策，放松了对金融机构的监管，致使大量的资金通过各种渠道，直接或间接地投向房地产业和证券市场，催生了"泡沫经济"。山一证券也毫不例外地被卷入其中，从而埋下了产生大量坏账、呆账等不良资产的隐患。

1997 年东亚金融危机爆发后，日本金融机构对泰国等东南亚国家的贷款损失惨重。加之日元急速贬值，信心遭受重大打击。山一证券各项交易的实际亏损额高达 2600 亿日元，自日本泡沫经济破灭以来一直苦苦支撑、难以为继。1997 年 11 月 22 日，山一证券公司宣布，因资金周转失灵、经营陷入困境等原因，该公司决定自当日起"自行停业"；11 月 24 日，山一证券宣布倒闭，这成为二战后日本最大的公司倒闭事件。但是，当时日本没有形成有序处理银行业破产问题的法律程序，更不存在证券公司破产方面的法律安排，也没有找到愿意承接该公司资产和负债的金融机构，注入财政资金处理金融机构危机的机制还没有形成。

（二）日本银行果断开展对山一证券的紧急救助

日本央行吸取了此前三洋证券破产的教训，对山一证券采取有序

渐进破产的模式。为了维护金融市场秩序，保护投资者的利益，日本大藏省于 1997 年 11 月 22 日宣布将启用"特别融资法"，由日本中央银行向山一证券公司提供无担保、无限制的特别融资，以保证投资者的资产不受损失。日本央行向山一证券提供流动性支持，让其逐步削减业务规模，最终实现了有序倒闭。1997 年 11 月底，在表外负债披露一周后，山一证券宣布终止签订新的签约，为该公司走向渐进破产创造条件。到 1997 年底，日本央行提供的流动性资金达到 1.2 万亿日元。

对于救助资金来源，各方意见不同，但日本央行果断承担了最后贷款人职能。受到政治压力影响，大藏省一再强调，用国库资金解决金融机构的破产问题是为了使清算工作顺利进行，保护储户和投资者利益，而并不是救助金融机构本身。对于处置成本，日本央行要求由日本证券行业设立的投资者保护基金支付损失。而投资者保护基金方面认为，保护基金是为了保护投资者利益，日本央行的债权不属于保护对象范围，不应由他们承担损失。危机当前，日本央行果断地承担起了最后贷款人职能，以避免危机的扩散。后续通过几个部门的协商，解决了损失分担问题，化解了分歧，在 5000 多亿日元的负债中，一半以上是日本央行的特别融资，日本央行和投资者保护基金各承担了一部分损失。

表 6-4　日本中央银行应对山一证券破产危机情况

时间	部门	采取措施	产生影响
1997 年 11 月 22 日	大藏省	向山一证券下达停办新业务的命令；启用"特别融资法"，由日本央行向山一证券公司提供无担保、无限制的特别融资	保证投资者的资产不受损失，消除人们对金融市场的信用恐慌

续表

时间	部门	采取措施	产生影响
1997 年 11 月 25 日	日本央行	日本央行通过山一证券的主交易银行——富士银行发放了 8000 亿日元的央行特别融资款	对山一证券公司向顾客返还财产、内外交易结算和从海外撤退等提供必要的资金支持。日本央行对山一证券的直接流动性支持，实际上是用自身对该公司的贷款，取代其他私人机构的已有信贷，从而成功避免了山一证券的破产对金融体系造成的直接冲击
1997 年底	日本央行	提供流动性资金达到 1.2 万亿日元	
1997 年	大藏省和金融厅	日本央行和投资者保护基金各承担山一证券 5000 多亿日元负债的一部分损失	解决了山一债权债务的清理，尤其是损失承担问题，化解了日本央行、证券行业和大藏省对于该问题存在的严重分歧

从山一证券案例来看，央行救助确实有速度快、资源多等优势，在紧急情况下是有效的救助手段，但央行救助也面临法律授权的问题，财政与央行之间的协商合作非常重要。在这个案例中，各方对山一证券的救助并没有事先协商一致，是央行的果断出手解决了问题。试想一下，如果央行因为没有协商一致而不行动，后果是不堪设想的。

第四节 我国对四大行的风险处置 ①

发达国家一般是国会和法律对财政有较强规范，而发展中国家一般是财政弱、金融强，发展中国家的金融体系出了问题，基本都是由

---

① 对四大行处置的过程参考了人民网等公开报道，以及《大行蝶变：中国大型商业银行复兴之路》（潘功胜，2012），《金融机构改革的道路抉择》（陆磊，2018）。

央行牵头处置，我国也符合这一特征。自改革开放以来，我国处置问题金融机构基本是由央行牵头的，包括 1998 年前后对海发行、广东国际信托等机构的处置，近年来对包商银行、锦州银行、恒丰银行等中小金融机构的处置等。21 世纪初央行主导四大行的风险处置是比较成功的案例，在财政资源不足的情况下，很多问题由央行与财政协商一致，过程中也获得了相应授权。

一、央行与财政协作推动四大行剥离不良

20 世纪 90 年代末，我国财政薄弱，各种负担较重，无法对四大行风险处置提供资金支持。由于政企不分、产权模糊、管理低效等历史原因，我国金融机构积累了严重的风险。20 世纪 90 年代末，按照当时的会计标准，银行业不良率高达 30%。当时我国市场经济体制初步建立起来，经济基础还比较薄弱，财政实力不强，还面临一系列经济社会问题，包括亚洲金融危机的冲击、1998 年后实行的积极财政政策、国有企业陷入困境、养老金亏空问题等。在此情况下，财政负担比较重，难以对四大行风险处置进行支持。

央行与财政协作，得到全国人大授权，通过发行特别国债、成立四大资产管理公司（AMC），为四大行补充资本、剥离不良。1997 年，亚洲金融危机爆发，为维护国家经济金融安全，防范和化解金融风险，党中央、国务院推进一系列国有商业银行改革措施。经全国人大批准，1998 年 11 月财政部向四大行定向发行 2700 亿元特别国债，同时央行将存款准备金率从 13% 降至 8%，增加的银行资金用于购买财政部发行的特别国债。财政部以特别国债资金对国有商业银行注资。1999 年《政府工作报告》提出，要逐步建立金融资产管理公司，负责处理银行原有的不良信贷资产。此后，在借鉴国际经验的基础上，成立东方、信达、

华融、长城四大 AMC，由财政部拨付资本金 400 亿元。四大 AMC 按账面价值收购四大行不良资产，规模约 1.4 万亿元。

二、"四步曲"处置方案并以外汇储备注资

2000 年后，虽然剥离了 1.4 万亿元的不良资产，但国有大行的历史包袱仍然很重，不良率依然过高，资本充足率依然很低。根据当时一些国外媒体的说法，我国四大行已经处于"技术性破产"状态。在此背景下，对四大行改革是很迫切的，但面对高额的资本金缺口和大量的不良资产，重组资源的来源成为关键问题。2003 年 5 月 19 日，人民银行原行长周小川向国务院作了关于《改革试点——国有商业银行的财务重组》的汇报。在认真总结我国经济与金融体制改革经验的基础上，研究论证各种可能的注资资源选择，创造性地提出运用国家外汇储备注资大型商业银行，并详细设计了核销已实际损失掉的资本金、剥离处置不良资产、外汇储备注资、境内外发行上市的"四步曲"方案。2003 年 9 月，党中央、国务院原则通过了关于国有独资商业银行股份制改革的总体方案，对国有商业银行实施股份制改革。为推进该项工作，国务院成立了国有独资商业银行股份制改革试点工作领导小组，办公室设在人民银行。

通过汇金公司向四大行注资 790 亿美元。2003 年 12 月，中央汇金投资有限公司成立，代表国家对大型商业银行履行出资人职能，明确了对国有资本保值增值的责任与措施。此后一段时间内，国家运用外汇储备向五大国有商业银行注资合计约 800 亿美元：2003 年底，向中国银行、中国建设银行分别注资 225 亿美元；2005 年 4 月，向中国工商银行注资 150 亿美元；2008 年 10 月，向农业银行注资 1300 亿元人民币的等值美元（约 190 亿美元）；此外，财政部、汇金公司于 2004 年

6 月分别对交通银行增资 50 亿元、30 亿元。

表 6-5　大型商业银行改革注资情况

项目	中国银行	建设银行	交通银行	工商银行	农业银行
方案获批时间	2003 年	2003 年	2004 年	2005 年	2008 年
注资规模	225 亿美元	225 亿美元	80 亿元人民币	150 亿美元	1300 亿元人民币等值美元（约 190 亿美元）

三、财政部使用了共管基金方式

在处理工行与农行的不良资产过程中，财政部使用了"共管基金"账户的方式。工行的 2460 亿元损失类贷款和风险资产，按账面价值划归财政部并委托给华融处置，但财政部并没有实际出资，账面上表现为对财政部的应收款。同时设立财政部和工行"共管基金"账户，将财政部持有工商银行股份的分红、工商银行每年上缴所得税以及不良资产处置回收的现金等，专项用于偿还财政部对工商银行的债务款项。农行延续工行的处置思路，与财政部建立"共管基金"。共管基金的偿还主要由四部分组成，包括财政部持有农行股权的分红、农行每年上缴给财政部的所得税、不良资产处置回收的现金，此外，如果财政部在上市后部分减持农行股票，溢价部分也将进入这一账户。

对"共管账户"方式，各方争议较多。不良资产的"资本窟窿"只有注资才能解决，"共管基金"实际上是债务手段，存在"明股实债"的问题。当时工行和农行有大量不良资产，只有财政注入资金才能解决问题。但当时财政没有资源，以"应收财政部款项"的欠账方式剥离了不良资产，填补了"资本窟窿"。财政部的应收款通过"共管基金"来偿还，来源于银行每年上缴所得税、财政部持股分红、减持股票溢价等，并不是财政部直接偿还。实际上，财政部当时使用了不少类似"明股实债"、自己给自己注资的方式。例如，1999 年成立四家金融资产管理公司，财政部 400 亿元的股本同样也是债务资金；2007 年以"定向＋公开"方式发行 1.55 万亿元用于组建中投公司，也是用银行的分红来支付利息，在性质上都属于财政发债银行买、自己为自己注资。

四、四大行从"技术性破产"变为世界五百强

四大行风险得到化解，注资获得明显收益。在注资的同时，在央行和财政的支持下，四大行先后进行了几轮的不良资产剥离，资本充足率陆续达到 8% 以上，随后成功完成股份制改革，均于 2010 年底前顺利上市。改革后，大型商业银行资产规模和资本充足率显著提高，资产质量和盈利能力逐年改善，风险控制能力明显增强，尤其在国际金融危机的冲击下，仍保持较强的盈利水平和抗风险能力。截至 2016 年末，工商银行、农业银行、中国银行、建设银行四家大型银行的资本充足率分别为 14.61%、13.04%、14.28%、14.94%，不良贷款率分别为 1.62%、2.37%、1.46%、1.52%，全年实现净利润分别为 2791 亿元、1841 亿元、1841 亿元、2324 亿元。同时，国有股权在大型商业银行居于控股地位，账面溢价可观，分红收益稳定增加。

前瞻性的"在线修复"改革，在化解风险的同时，维持金融机构正常运转，避免了对社会经济发展造成影响。因为经济运行无法中断，金融体系这架机器还要继续运转，以服务于社会经济的发展，这就需要在金融机构正常经营的同时更换问题部件。实践证明，人民银行等有关部门从前瞻性的角度出发，未雨绸缪，对金融体系的一些系统性

风险和脆弱性领域提前介入，实施"在线修复"，在维护金融稳定方面具有事半功倍的效果。相比之下，如果不能采取前瞻性的措施，等到危机爆发，金融体系濒临崩溃，出现大型金融机构倒闭时才出手处置风险，相当于"离线修复"，对实体经济增长将形成巨大冲击，成本很高。"在线修复"在国际金融危机中也被欧美一些国家学习使用。当然，这种"在线修复"主要针对的是系统重要性的金融机构，对于中小金融机构出问题，还是应该按照市场化、法制化的方式让其有序退出。

第七章

存款保险公司：
及时校正与
专业处置平台

本章导读

金融风险处置需要专业的处置平台，国际上主要由存款保险公司来承担。相对于普通企业，金融机构资产负债规模庞大、业务复杂、涉众面广、外溢性强，一旦出现问题，需要快速处置。但监管机构受限于多重职责，同时也缺少充足的处置资源与专业人才，可能会贻误处置时机，不适合承担处置者的角色。从国际经验来看，绝大多数国家由存款保险公司承担处置平台的角色。存款保险公司需要赔付的资金与处置效果挂钩，因此也有最大化回收、最小化损失的内在动力。

在处置方式上，已经形成了一些比较成熟的国际惯例。一是"好银行"与"坏银行"的处理思维。纵观历次危机中的问题机构处置，尽管具体模式有差异，但基本是将"好机构"与"坏机构"、"好资产"与"坏资产"区分开处置。无论是储贷危机时期的RTC、20世纪90年代的瑞典，还是FDIC经过百年发展沉淀下来的实践，遵循的都是这一基本逻辑。这一过程类似于传染病的应对，如果不进行及时的阻断、隔离、治疗，会逐次波及金融体系和实体经济。我国有些地方在处理问题银行时，简单让"好机构"去兼并"坏机构"，实际上反而把"好机构"也拉下水。二是在处置方式上，与很多人的印象不同，大多国家主要采用承接方式。承接方式下，金融机构虽然"破产"，但业务连续性得到了保障，风险不会扩散。运用存款赔付关闭的情况较少，往往限于小型金融机构。

大多数情况下，存款保险公司不仅是保险者与处置者，往往还是监管者，发挥早期及时校正的功能。存款保险公司作为付款方与处置方，如果不赋予一定的监管权，权利与责任不对等。由于成本要自己承担，存款保险公司比其他监管机构更有动力有效监管、早期校正，尽量预防问题金融机构出现。目前，在调查、获取信息、及时校正等监管权方面，赋予存款保险公司广泛授权和充分独立性，是国际上的主流趋势。

存款保险制度被广泛讨论的一个问题是，应该限额保障还是全额保障，从国际实践来看，这不是绝对的。存款保险制度既要防挤兑、保护中小存款者，又要防范道德风险，所以理论上，限额保障是一个平衡结果。但是，限额保障只在少量金融机构出问题的情形下适用。当金融体系有大量问题机构或者尽管问题机构不多但可能蔓延为系统性风险时，应该果断实施全额保障，优先考虑金融体系的稳定，这在历次危机事件中都有充分体现。

我国建立存款保险等制度之前，金融机构退出主要采取"一事一议"的行政方式，处置效率不高、专业性不足，造成问题机构迟迟难以退出，海发行就是一个典型案例。2015 年，存款保险制度建立，其后我国正式建立了专业的处置平台。我国当前的情况下，要把存款保险制度真正建立起来，首先有两个现实问题要做考虑：一是建立有效的监管问责机制，避免变成监管不承担责任、存款保险成为付款箱。二是针对存量风险的问题，未来应该有一个监管部门与存款保险并行的过程。这个过程中，可考虑建立试点评价机制，哪个机构监管更好、哪个机构风险处置更好，将经验总结成法律或模式固化下来。当然，相比国际上比较成熟的存款保险制度，我国未来还需要进一步发挥存款保险公司在独立处置平台、及时校正机制等方面的作用。在中央和地方财政关系没有理顺的情况下，为避免地方政府干预中小金融机构经营，目前"谁的孩子谁抱"应该是一个阶段性做法。事实上，除个别地区外，很难真正做到"谁的孩子谁抱"，最终应该通过完善监管体制来解决。

FDIC：保险者、监管者与处置者

相比普通企业，金融机构有其特殊性，具有资产负债规模庞大、业务复杂、涉众面广、外溢性强等特点，出现问题时需要快速处置，还要尽可能降低处置成本，因此，一个专业的处置平台非常重要。从国际经验来看，大部分专业处置平台由存款保险公司来承担，其中比较典型的就是 FDIC。FDIC 经过近百年的发展，制度和功能逐渐完善，成为各国存款保险制度的重要参考对象。

一、FDIC 在近百年发展中不断演化发展

（一）"三位一体"的职能

FDIC 的职能是"三位一体"的，兼具保险者（insurer）、监管者（supervisor）、处置者（receiver）三个角色。保险者是指为存款人提供保险、管理存款保险基金，监管者是指作为州立银行（非美联储成员银行）的主要联邦监管机构，处置者是指作为接管人，负责处置问题金融机构。

FDIC 的三个角色相互独立[1]，又彼此赋能。保险者的角色可激励 FDIC 更高效地处置问题机构。作为保险者，FDIC 为存款提供保险、管理存款保险基金，问题机构的处置资金来自存款保险基金，也

---

[1] 美国法院认可 FDIC 作为监管者行使监管权力，同时作为处置者进行市场化交易。

是 FDIC 承担损失的资金。在处置过程中，FDIC 通常成为问题机构的最大债权人。为减少基金损失，FDIC 有动力高效处置、提高资产回收率。如果问题机构未能被高效处置，造成风险传染，那么存款保险基金将遭受进一步侵蚀。因此，FDIC 更有动力开展有序高效的处置。此外，监管者的角色可以帮助 FDIC 尽早防止问题机构的出现。FDIC 不仅是州立银行（非美联储成员银行）的主要监管机构，而且是所有其他投保银行的辅助监管机构（back-up supervisor），对所有银行有检查权、及时校正权。FDIC 的监管权，使其可以在前端就能管控风险，并将资产质量、盈利能力等与存款保险资格相挂钩，减少问题机构的出现和对存款保险基金的消耗。

（二）统一处置平台是在历次危机中逐步形成的

大萧条推动问题银行处置从分散走向统一。20 世纪 20 年代以前，在多轮银行业危机之下，美国曾推出两轮州存款保险计划，但都失败了[1]，储户对银行信心不足。大萧条时期，银行被加速挤兑，1929—1933 年美国倒闭银行数量达 9000 家。此时，联邦银行的处置由 OCC 负责指定处置者，州立银行处置基本是在州立法下比照一般公司进行清算，州银行监管部门或多或少参与处置。大萧条发生后，有经验的处置者急缺，而且国会认为银行接管已成为"肥缺"，处置者收获大量佣金，但处置效率很低。存款人被作为普通债权人对待，在完成清算后才能获得分配[2]，这进一步加剧挤兑。在此背景下，1933 年，FDIC 作为联邦层面的问题银行处置平台成立。

---

[1]　在 FDIC 成立前，美国曾推出两轮州存款保险计划，共有 14 个州参与试运行，但在多次银行业危机之下，两轮试点分别在 19 世纪中期和 20 世纪 20 年代宣告失败。

[2]　1865—1933 年，银行平均资产清算时间是 6 年，最长达到 21 年。1921—1930 年，美国储户在问题银行处置中的回收比例只有约 60%。

储贷危机后，储贷机构的处置权也集中至 FDIC。1934 年，美国成立联邦储贷保险公司（FSLIC），专门负责储贷机构的存款保险和问题机构处置。20 世纪 80 年代，储贷危机爆发，FSLIC 的保险基金亏损严重，财政部于 1986—1987 年共注资 257 亿美元，但到了 1989 年亏空仍然达到 750 亿美元。1989 年，美国撤销 FSLIC，将储贷机构也转移至 FDIC，并成立临时性机构——RTC，专门负责问题储贷机构的处置。在 1995 年完成使命后，RTC 解散，剩余的职能也转移至 FDIC。自此，FDIC 成为美国问题存款类机构唯一处置平台。

次贷危机后，FDIC 处置范围进一步扩至系统重要性非银行金融机构，包括美联储认定的实际从事金融业务的非金融机构。2008 年次贷危机前，FDIC 只负责处置问题存款类金融机构。但危机发生后，由于 FDIC 无权对非银行机构进行处置，最终的结果是部分机构破产（如雷曼兄弟），部分机构获得美联储支持（如贝尔斯登和 AIG），部分机构获得财政支持（如花旗、美林等混业经营机构），反映出问题金融机构处置体系的漏洞。在此背景下，《多德—弗兰克法案》将 FDIC 的处置权拓展至银行控股公司和系统重要性非银行金融机构。特别地，对于系统重要性证券公司，FDIC 作为主要处置人，并指定证券投资者保护公司（SIPC）作为受托人、按照《证券投资者保护法》参与处置工作，证券投资者保护公司不得妨碍 FDIC 作为接管人的相关职责。值得注意的是，FDIC 的处置范围不包括非系统重要性证券公司，这类证券公司的处置一般是证券投资者保护公司根据《破产法》和《证券投资者保护法》执行。

二、拥有强大的资金动员能力

处置机构的资金动员能力，决定了处置的效果。FSLIC 是一个反面案例。作为储贷机构的早期处置者，FSLIC 在储贷危机期间面临自身资金不足的状况，但又缺乏外部融资来源，包括向财政部融资的渠道也不通畅，导致 FSLIC 在处置时被动拖延，而且处置行为十分短视。一些处置短期来看减少了 FSLIC 基金的使用，但长期消耗很大。RTC 成立后，在一段时间内也出现过政府资金到位不及时的情况，导致在是否要接管、是接管还是托管等问题上犹豫不决，迫使很多被托管银行只能自己高成本融资，进一步增加处置成本。

FDIC 的资金动员能力不断增强。1933 年前，罗斯福总统担心成立 FDIC 会动用纳税人的钱，最初是反对成立 FDIC 的，但在银行大规模倒闭的压力下签署了议案。FDIC 的初始资金来源为财政部和美联储的 2.89 亿美元资本金，已于 20 世纪 50 年代初期连本带息偿还。《1935 年银行业法案》规定，FDIC 有权发行不超过 9.75 亿美元的债券，如发债用途是赔付存款人，美国财政部可以在一定金额内投资（实践中从未发行）。1947 年，FDIC 发债的授权被取消，但同时获得直接向财政部借款不超过 30 亿美元的授权。1990—1991 年，美国进一步通过立法授权 FDIC 可以提高保费费率，还将 FDIC 向财政部借款上限从 50 亿美元提高至 300 亿美元[①]，并允许 FDIC 向财政部申请短期借款以补充营运资金，FDIC 向财政部旗下联邦融资银行（Federal Financing Bank）借款的渠道也已畅通。

截至目前，FDIC 可动用的外部融资渠道包括三个：一是向财政部申请不超过 1000 亿美元的借款；二是向联邦融资银行申请借款；三是向投保银行申请借款。根据公开材料，FDIC 在 20 世纪 90 年代确实向财政部借过款，并在后续偿还。此外，对于系统重要性非银行金融机构的处置资金来源，《多德—弗兰克法案》创设"有序清算基金"。该基金不是事前缴费，而是在系统重要性非银行金融机构出问题后，由

---

① 投保银行须在 15 年内通过缴纳存款保险费偿还借款。

财政部借钱给 FDIC 开展处置工作，完成处置后，FDIC 向现存的大型、复杂金融机构收取费用进行弥补。"有序清算基金"的启用需要美联储理事会 2/3 委员投票同意，并由财政部请示美国总统同意。截至目前，"有序清算基金"尚未被正式启用。

三、处置方式在近百年时间内不断演进

FDIC 处置问题银行的方式主要是两种：存款赔付（Payoff）、购买承接（P&A）。这两种处置方式从 20 世纪 30 年代沿用至今，后续创新也都是围绕这两种处置方式进行。FDIC 选择何种处置方式，遵循的主要原则是成本最小化。存款赔付，是指 FDIC 将问题银行的受保存款（insured deposit）完成赔付后，处置问题银行的全部资产，并用处置所得资金按序偿付其他债权人；购买承接，是指 FDIC 将问题银行的全部存款、部分优质资产转让给一家承接银行，并由 FDIC 向承接银行补上现金对价，在处置完问题银行的其他资产后，用处置所得资金偿付其他债权人。

（一）购买承接是 20 世纪 50 年代前最常用的处置方式

在 20 世纪 50 年代之前，购买承接的优势比较明显：一是银行各项业务不中断；二是所有存款（含非受保存款，uninsured deposit）都受到保护；三是银行所在的社区不会受到影响；四是 FDIC 在资产处置、处置资金分配等方面的工作量也显著减少。因此，在 50 年代前，FDIC 主要使用购买承接的方式处置问题银行，只在少数场景下使用存款赔付，例如，找不到愿意承接的银行，或州法律禁止银行承接，或问题银行因欺诈行为和内幕交易形成了大规模表外债务（unbooked liabilities）和或有债权（contingent claims）。

为规避法律复杂性，购买承接具体操作方式也有所创新。在 1956

年前，健康银行承接问题银行的全部存款和部分优质资产，资产不足以抵补存款的部分，由 FDIC 给问题银行发放抵押贷款的方式来弥补，抵押物为问题银行的其他资产。实践中发现，银行借款限制和抵押物处置的法规十分复杂，于是 FDIC 改用向问题银行购买资产的方式来代替抵押贷款方式，并逐渐成为后来的主流方式，这也是 P&A 名称的由来。

（二）20 世纪 50 年代开始存款赔付曾短期成为主流

在购买承接被广泛使用后，1951 年，美国国会有议员指出，购买承接实质上是为所有储户，包括受保存款和非受保存款提供了 100% 的存款保险，这违背了存款保险的初衷。实际上，购买承接方式使得所有储户获得同等保护，会加剧逆向激励，不利于对银行行为形成市场化约束。国会议员还指出，FDIC 对选择哪种处置方式缺少分析，也没有比较成本。

此后，FDIC 开始进行成本分析，只有当购买承接的成本比存款赔付更低时，才会选择购买承接。20 世纪 50 年代开始，存款赔付的处置案例大幅增加，1955—1964 年间，存款赔付和购买承接的案例之比达到 28∶3。直到 1968 年，FDIC 为购买承接引入了公开招标流程，才在更多问题银行（尤其是大型银行）处置中使用购买承接的方式。

（三）"成本最小化原则"推动处置方式进一步创新

在 1991 年之前，FDIC 的成本分析只比较存款赔付方式和购买承接方式，哪种方式的处置成本低就选哪种方式，但对于购买承接下的各种具体处置方案，并没有成本最小化的要求。[①]1991 年出台的《联邦

---

① 例如，A 银行投标报价的处置方案，处置成本为 300 万美元，B 银行报价处置方案的处置成本为 400 万美元，在 1991 年之前，FDIC 综合考虑其他因素后，可以选择 B 方案，但 1991 年 FDICIA 法案发布后，按照成本最小化原则，FDIC 只能选择 A 方案。

存款保险促进法案》（简称 1991 年 FDICIA 法案）进一步明确成本最小化原则，要求 FDIC 在保护投保存款人利益的前提下，尽可能地减少存款保险基金的消耗。

在此背景下，FDIC 处置方式也有较大创新。其中一个很明显的调整就是，原来是将所有存款转移给承接银行，后来变为更倾向于只将受保存款转移给承接银行。这样，非受保存款与其他债权人一样，需要分担问题银行处置的损失。事实上，在 1991 年 FDICIA 法案发布后，非受保存款人分摊的成本明显升高。1986—1991 年，问题银行的处置成本由非受保存款人分摊的比例平均仅 17%，但 1992—1995 年达到 82%。这一定程度上也能增加对银行的市场化约束。

（四）为减小处置压力与基金消耗，FDIC 将尽量多的资产转移给承接银行，由此推动处置方式创新

20 世纪 80 年代前，购买承接方式下，承接银行一般只承接问题银行的全部存款、部分有抵押的债务，资产只包括现金及现金等价物，一般不包括贷款类资产（贷款类资产由 FDIC 处置）。随着 80 年代银行倒闭增多，FDIC 积压了大量待处置的资产，并且基金消耗严重，迫使 FDIC 必须尽可能多地将资产转移至承接银行。但是，承接银行对贷款类资产兴趣不大，因为没有时间对这类贷款做尽职调查，而且认为，问题银行之所以出问题就是尽职调查的标准很低。FDIC 创新出以下几种方法。

将问题银行整体出售（whole bank sale）。所有负债和资产（包括问题资产）全部转移给承接银行，并由 FDIC 对承接银行给予补偿。实践证明，这种操作方式的成本比 FDIC 自己处置资产的成本更高。

资产回售机制。可以选择两种方式：一是 FDIC 先将所有资产转移给承接银行，在 30—60 天后（根据银行规模和复杂性），承接银行将

不愿接受的资产回售给 FDIC；二是在 30—60 天时间内，承接银行可自行挑选自己愿意接受的资产。这种方式使得承接银行只选择优质资产，或是价值被低估的资产。FDIC 后来取消了该种方法。

损失共担机制。这主要适用于大型问题银行的资产承接：FDIC 将问题银行的特定资产（通常是风险资产）转移给承接银行，如果资产回收出现损失，损失部分由 FDIC 承担 80%。因为承接银行自己也要承担损失，因此有动力更好地管理资产，可减少 FDIC 的监督成本。特别地，资产转移给银行而不是直接清算，更有利于资产保值，因为在危机中，资产清算会导致断崖式跌价。

存款和资产池搭售。考虑到承接银行只希望接受问题银行的部分特定资产，FDIC 选择将同质资产打包形成资产池，将存款和资产池搭售给承接银行（all or nothing）[①]，1992—1994 年几乎所有的问题银行资产承接都使用了该方法。

将分支机构拆分出售。由于整体出售缺少竞争性报价，将分支机构拆开出售，可以获得更好的报价，但也使处置流程变得冗长。

四、拥有比较广泛的监管权

FDIC 的监管权在历次危机中不断加强。1935 年，FDIC 利用保费设置难题，巧妙提出保费设置方案，强化自身监管权；在储贷危机等事件后，FDIC 又获得了及时校正等监管权。截至目前，FDIC 已经拥有了比较广泛的监管权，确保能进行风险预防与及时介入。

---

　　① 事实上，承接银行只承接问题银行的存款和现金类资产也面临很大问题，因为 FDIC 要支付承接银行对价现金，使得承接银行手里持有大量现金，难以在短期内找到大量合适的项目或资产去投资，因此承接银行也有动力去承接问题银行的资产。

（一）采取多种预防措施，防止问题银行的出现

一是将银行经营状况、经营行为与银行投保资格相挂钩。FDIC 通过严格设定银行投保标准[①]、限制银行的特定行为[②]、加强监管检查等，推动银行稳健经营。

二是将保费缴纳的费率（保费 = 费率 × 基数）和银行风险状况相挂钩。1991 年以前，银行的保费缴纳费率是统一的，1991 年 FDICIA 法案授权 FDIC 基于银行风险状况执行差别化费率。自 1993 年开始，FDIC 正式根据银行资本充足率、CAMELS[③] 评分收取差别化费率，这一定程度上可以防止银行过度承担风险。

三是将保费缴纳的基数拓展至银行总负债。2010 年以前，银行保费缴纳基数主要包括银行存款。2010 年以后，FDIC 根据《多德—弗兰克法案》的要求，将非存款负债也纳入缴费基数，防止银行过度举债、增加风险。

四是引入及时校正机制（PCA）。1991 年 FDICIA 法案规定，银行监管机构将银行资本充足率划分为五个等级，在银行资本充足率降低且可能危及存款保险基金时，应及时采取有效的纠正措施，包括要求银行补充资本、控制资产和业务扩张、控制重大交易授信、降低杠杆率等；若银行资本充足率低于 2% 且持续 90 天，监管机构必须指定 FDIC 接管。若 FDIC 认为，PCA 更有利于避免长期损失，则可将持续 90 天的要求最多延长至 270 天。

---

① 将银行资产质量、盈利能力、流动性、管理水平等与投保资格挂钩。

② 包括新设分支机构、减资、并购未参保银行等。

③ 资本充足性（Capital Adequacy）、资产质量（Asset Quality）、管理水平（Management）、盈利状况（Earnings）、流动性（Liquidity）和敏感性（Sensitivity）。

（二）加强监管合作，及时介入问题金融机构的处置

1. 对存款类金融机构，FDIC 和 OCC、美联储、州银行监管局加强合作

如果联邦存款类金融机构出现问题，由 OCC 决定何时指定接管人，并且指定的接管人必须是 FDIC；各州的存款类金融机构出现问题，如果是美联储成员银行，则由美联储指定接管人，如果不是美联储成员银行，则由州银行监管局指定接管人。尽管没有法律强制要求，但几乎所有州的存款类金融机构都会由 FDIC 接管。

美国国会还授权 FDIC 自行决定问题存款类金融机构是否该被接管。美国国会担心，如果完全根据其他监管机构的判断进行接管，FDIC 可能难以独立、及时地保护存款保险基金安全，因此，在 1991 年授权 FDIC 自己决定存款类金融机构是否该被接管。但实践中，FDIC 仅使用过一次该授权。

存款类金融机构出现以下情形时，FDIC 可能被相关监管部门指定为接管人：

a. 资产不足以支付存款和管理支出；

b. 因违法违规行为或其他不安全、不稳健的行为，资产或盈利被大规模挥霍；

c. 将相关账簿、文书、记录、资产等隐藏，拒绝在监管部门检查时提供；

d. 业务经营不安全或不稳健；

e. 故意违反行政部门签发的最终禁止指令（final cease and desist order）；

f. 在正常经营活动中无法支付债务或满足储户提款需求；

g. 已经产生或即将产生大额亏损，将耗尽全部或绝大部分资本，

且如果没有联邦支持，资本将无法恢复；

h.违反法律法规或参与不安全不审慎经营，可能严重损害存款人或是存款保险基金利益的；

i.由董事会或股东会同意接管的；

j.不再参加存款保险；

k.资本不足，并在监管要求下不能恢复，或是不能给监管部门提交合理的资本恢复计划，或是不能执行资本恢复计划；

l.资本严重不足；

m.被发现洗钱等犯罪活动。

2000年以来，被FDIC接管的金融机构达到568家，从机构类型上看，几乎都是存款类金融机构，而被接管的原因则涉及多类情形。例如，2008年9月，华盛顿互助银行由于无法支付债务，且业务经营不安全、不稳健，被OTS宣布关闭，并指定FDIC接管；2020年10月，位于堪萨斯州的阿尔梅纳州立银行，由于长期存在资本不足和资产质量问题（longstanding capital and asset quality issues），被堪萨斯州银行专员办公室（Kansas office of the State Bank Commissioner）宣布关闭，并指定FDIC接管；2023年3月，位于加利福尼亚州的硅谷银行，由于无法支付债务或满足储户提款需求（inadequate liquidity and insolvency），被加州金融保护和创新部（DFPI）宣布关闭，并指定FDIC接管。总体来看，资本不足和流动性问题是这些机构被接管的最主要原因。

2. 对于系统重要性非存款类金融机构，FDIC主要加强与美联储、财政部、SEC和联邦保险局的合作

如果判断系统重要性非存款类金融机构出现问题，FDIC和美联储提交一份书面建议（主动或应财政部要求），解释财政部是否应该指定FDIC作为接管人。该书面建议应同时获得美联储理事会2/3的票数同意、FDIC董事会2/3的票数同意。但是，对于系统重要性证券公司

（broker & dealer），上述书面建议是由 SEC 和美联储同意，并与 FDIC 商讨后提交至财政部；对于系统重要性保险公司，上述书面建议由联邦保险局和美联储同意，并与 FDIC 商讨后提交至财政部。

关于非存款类金融机构是否应由 FDIC 接管，应考虑以下要素（也是上述书面建议必须包括的内容）：

a. 评估金融机构是否已经违约，或即将违约；

b. 该金融机构违约对美国金融稳定会产生何种影响；

c. 该金融机构违约对低收入人群、少数群体或服务不足的社区群体的经济状况、财务稳定性的影响；

d. 该金融机构采取行动的可能性，以及通过私人部门渠道防止违约的可能性；

e. 适用《破产法》进行处置的可行性；

f. 违约对债权人、交易对手方、股东及其他市场参与主体的影响。

值得注意的是，美联储对于非银行金融机构的界定有较大的自主决策权，确保实质大于形式。根据《多德—弗兰克法案》的相关规定，非银行金融机构除了包括银行控股公司、美联储监管的非银行金融机构，还包括美联储认定的虽然不属于前面两类但其从事的业务具有金融实质的机构。

关于是否指定 FDIC 作为非银行金融机构的接管人，财政部拥有较大决策权。财政部在收到相关监管部门的前述书面建议后，认为符合条件的，便会通知 FDIC 和问题金融机构。如果问题金融机构董事会也同意，财政部会指定 FDIC 作为问题金融机构的接管人；如果不同意，财政部可以向美国哥伦比亚特区地方法院申请，由该法院授权财政部指定 FDIC 为接管人。

五、救助职能的授予与取消

处置者被赋予救助职能有其合理性。从全局的角度考虑，处置者实施救助（尤其是大型金融机构），如果可以阻止风险传染、减少存款保险基金损失，是符合成本最小化原则的，救助相较处置可能利大于弊。但救助本质上是用其他银行的钱补贴问题银行，会带来道德风险。美国在赋予 FDIC 救助权的问题上十分慎重。

美联储反对授予 FDIC 救助权，但《1950 年联邦存款保险法》还是授予 FDIC 问题银行救助权。FDIC 担心美联储不愿支持那些遇到临时流动性困难的银行，尤其是非美联储成员银行（nonmember bank）。1950 年，FDIC 寻求立法授权其通过贷款、注资、存款、购买资产、承接债务等方式，对问题银行提供直接救助，防止银行倒闭。但美联储反对 FDIC 获得该授权，认为这侵犯了美联储行使最后贷款人的权利。随着《1950 年联邦存款保险法》通过，国会最终授予 FDIC 经营救助权（OBA），但是，设置了严格的使用条件。FDIC 直至 1971 年才第一次使用该权力，并且在整个 70 年代一共仅使用了 4 次。储贷危机期间，经营救助的使用明显增多，1950—1992 年间，在所有 1718 家问题银行处置案例中，经营救助使用了 137 次。

为了防止道德风险，FDIC 救助权的使用条件非常严格。FDIC 将使用经营救助的目标界定为：将银行倒闭给存款保险基金造成的损失降到最低，同时增强公众信心，防止社区的银行服务被中断。但是，关于经营救助引发道德风险的争议从没断过。法律要求，FDIC 只有在认定问题银行继续经营对于社区银行服务是必不可少的时候，才能实施经营救助，但法律既没有对"社区"作定义，也没有对"必不可少"作定义。1982 年，对经营救助的使用限制有所放松，法律授权 FDIC 只要证明救助的成本低于处置的成本，就可以使用经营救助。1991 年 FDICIA 法案收紧经营救助的使用条件：一是 FDIC 要事前证明，经营救助是所有处置方式中对存款保险基金损害最小的，只有出于防范系统性风险的考虑，才可以不遵守成本最小化原则；二是 FDIC 要确定问题银行管理层可以胜任，并且没有违法违规，没有参与内幕、投机等交易行为等；三是 FDIC 不得用存款保险基金使问题银行的股东获益①。

在严格使用条件后，经营救助几乎被 FDIC 放弃，直到次贷危机爆发才再次使用，但美国在次贷危机后禁止了经营救助。1993 年以后，由于条件严格且不好判断，FDIC 没有使用经营救助。次贷危机中，出于防范系统性风险的需要，FDIC 突破成本最小化原则的限制，启动经营救助。在确定金融机构对经济状况和金融稳定有严重负面影响，以及相应措施有助于避免或减轻负面影响后，FDIC 联合美联储、财政部推出了临时流动性担保项目，同时启动暂停了多年的经营救助。危机结束后，为防止滥用公共资金，损害纳税人利益，《多德—弗兰克法案》规定救助目的只能是"清算投保的存款类机构"，从而彻底禁止 FDIC 的经营救助。

总的来看，经过近百年发展，FDIC 成为保险者、监管者、处置者的"三位一体"平台，被实践证明是行之有效的模式。FDIC 有通畅的资金来源渠道，同时在成本最小化动力下，不断创新处置方式。目前，购买承接成为最常见的处置方式，存款赔付主要适用于中小金融机构的处置。FDIC 获得了国会广泛授权和充分独立性，又能与其他监管机构合作，可以采取早期校正措施，并能第一时间介入问题金融机构的

---

① 为防止道德风险，FDIC 在自己的政策文件中明确：1. 实施救助应比照银行处置的方式对待股东和次级债权人；2. 实施救助应与公开招标的方式比较处置成本；3. 申请救助的银行应接受潜在承接银行的尽职调查。

处置。在很长一段时间内，FDIC 还兼任救助者的角色，但次贷危机后，救助被排除在处置方式之外。

第二节 RTC 与单一处置委员会：专业处置平台的其他模式

除了存款保险公司之外，也有些国家或地区在特殊情况下，成立了其他模式的专业处置平台，包括美国在储贷危机时期为集中处置问题储贷机构而成立的 RTC，以及作为欧洲处置当局的单一处置委员会。虽然形式上有所不同，但都普遍采取独立、专业的运作模式。

一、RTC：储贷危机时期的临时处置平台

（一）RTC 的成立背景

FDIC 是承担保险、处置和监管职能的长期性机构，RTC 是储贷危机时期为集中处置问题储贷机构建立的临时性机构，处置工作完成后便关闭，剩余工作被划转回 FDIC 继续运作。20 世纪 30 年代，储贷机构的保险者和处置者是 FSLIC，但由于存在机制上的缺陷，FSLIC 缺乏有效的监管权，处置资源也不足。1981 年，当年资不抵债的储贷机构共有 112 家、总资产达 285 亿美元，但 FSLIC 的储备资金只有 62 亿美元。因此，当大批储贷机构出问题时，FSLIC 并没有对应的处置能力并最终破产。1989 年，美国国会颁布《金融机构改革、复兴和强化法案》（FIRREA），采取多种措施解决储贷危机，FSLIC 被解散，美国政府设立 RTC 接收问题储贷机构。

根据 FIRREA，RTC 被赋予五大目标：一是重组问题储贷机构、争取净现值回报最大化；二是尽量减小处置对当地房地产市场和金融市场的影响；三是充分利用募集的资金处置破产的储贷机构；四是尽量减少重组损失；五是最大限度地保障中低收入者的住房供应。

成立之初，RTC 由 FDIC 管理，由财政部长、美联储主席、住房与城市发展部长和总统指派的两名私营部门代表组成监督委员会，制定 RTC 运营战略和政策，并任命 RTC 总裁（FDIC 总裁兼任）和首席执行官负责日常营运。1991 年 11 月，美国国会出台《重组信托公司再融资、重构与增强法案》（RTCRRIA），原来的监督委员会更名为储贷机构存款人保护监督委员会并对成员进行调整，包括财政部长、美联储主席、FDIC 总裁、储贷机构监理署署长、RTC 总裁以及两名由总统提名、参议院批准的专业人士，同时规定 RTC 不再受 FDIC 管理并创立首席执行官办公室进行运作。RTC 总部设在华盛顿，在亚特兰大、达拉斯、丹佛和堪萨斯城设立 4 个地区办公室，并在全国范围内成立 14 个办事处和 14 个销售中心，雇员最多时达到 8614 人。至 1995 年 12 月底，RTC 关闭解散，剩余工作被重新划转回 FDIC 继续运作。

（二）RTC 对倒闭储贷机构的接管和处置

从 1989 年 8 月至 1995 年底，RTC 共处置了 747 家储贷机构。RTC 处置储贷机构通常经过接管、处置和清算三个阶段。也有少数不经过接管阶段直接进入处置阶段的快速处置项目。

1. 接管倒闭储贷机构

接管是指为保护存款人利益，RTC 以接管人的身份接管濒临倒闭的储贷机构。当储贷机构监理署决定关闭一家储贷机构后，任命 RTC 为清算人，RTC 向被接管机构派出一个管理小组以及一位或多位资产管理专家，同时保留原机构的大部分员工从事以前的工作，但日常管理和最终决策都由 RTC 任命的管理小组负责。该管理小组的职责是管理机构，而资产管理专家则在资产管理和处置方面提供协助。

接管的目标包括：一是获得被接管储贷机构的控制权和监管权，维护存款人的信心；二是对被接管机构进行评估，制定最优处置方案；三是在处置机构前，控制贷款发放，缩小机构资产规模，缩减支出，防止出现浪费、欺诈和内部人滥用权力等行为。

由于 RTC 成立之前就有大批储贷机构倒闭，没有足够的资金和人员处置，所以 RTC 在成立时就接管了 262 家储贷机构，到年底共接管318 家。1990—1993 年，RTC 又分别接管了 207 家、123 家、50 家和 8家储贷机构。截至 1995 年 6 月底，RTC 累计接管 706 家储贷机构。

2. 处置倒闭储贷机构

RTC 沿用了 FDIC 处置倒闭银行的大部分做法，同时也根据法律赋予的职能、资金、人员等实际情况对处置方式进行了调整。FDIC 对倒闭银行处置主要采用购买承接、存款赔付和经营援助等办法。RTC 作为临时性机构，以快速处置为主，因此只采用了前两种方法。

一是收购与承接。由于美国当时对 10 万美元以下的存款提供保险，如果储贷机构破产，10 万美元以上的存款只能在储贷机构破产时按清偿顺序分配。为保护各类存款人，RTC 尽量避免采用直接赔付的方式，更多地采用了收购与承接的方式。收购与承接是指让储贷机构丧失法人资格，由一家健康机构或一组投资者收购其部分或全部资产，同时承接其部分或全部债务，以利于接管人全面处置资产和负债。收购与承接处理迅速，可以保持倒闭储贷机构的资产和负债的持续经营价值。在处置倒闭储贷机构时，RTC 通常经过以下程序：向市场推销储贷机构，在《华尔街日报》和其他主要出版物上刊登广告；对待售的资产进行评估；在数据库中检索对类似机构感兴趣的投资者和顾问；向潜在竞标者提供有关倒闭储贷机构的资产和负债详细情况的信息资料；召开投标人大会，发放相关资料和法律文件；对所有收购方提交的标书进行比较，确定成本最低的处置方案。在 RTC 处置的 747 家储贷机构中，共有 497 家采用了收购与承接的方式处置，占全部处置项目的 66.5%。

二是存款赔付。存款赔付包括直接赔付存款人和受保存款转移两种方式，是指对倒闭储贷机构 10 万美元以内的存款直接赔付存款人，或将受保存款账户转移到另一家健康金融机构让存款人可以随时取款，其余资产和负债则进入清算程序。存款赔付方式通常适用于较小规模的储贷机构。由于最初被 RTC 接管的储贷机构中，有很多长期不能支付到期债务，这些机构位于房地产市场衰退的地区，这些机构的特许权价值很低。在 RTC 处置的 747 家储贷机构中，有 250 家使用了存款赔付方式，占全部处置项目的 33.5%。其中，直接赔付存款人 92 家，占 12.3%；受保存款转移 158 家，占 21.2%。

3. 快速处置方案

从 1990 年 7 月 10 日起，RTC 与储贷机构监理署共同开始实施快速处置方案。RTC 共对 39 家倒闭储贷机构实施快速处置方案。其理由是对问题储贷机构干预越早，越能为纳税人节省开支。在某些情况下，接管具有特许经营价值的储贷机构的做法，不仅不能降低成本，反而可能提高处置成本。此外，接管储贷机构所造成的不良舆情会导致部分正常存款流失。为此，RTC 和储贷机构监理署推出了快速处置方案，以便在储贷机构监理署宣布一家储贷机构资不抵债并将其置于 RTC 接管之前，即开始对其进行营销和出售。

RTC 对储贷机构进行快速处置的方法是：尽量避免采用接管措施，而是在相对短的时间内、面对有限的潜在收购方完成处置过程。快速处置方案与前述处置方式类似，仅有一些小变化。一是 RTC 不通过公开广告寻求广泛的市场参与，而是以更有选择性和保密性的方式进行市场宣传。二是在资产评估和尽职调查过程中，通常需要对储贷机构的资产进行检查，因为在快速处置方案下，几乎所有资产在处置时均可出售。

（三）RTC以多种创新方式处置资产

为提高处置效率，RTC采用了多种资产处置方法，如区域性或全国性联拍、密封投标以及批量出售等。由于倒闭机构资产规模、复杂程度和数量日益增长，RTC不得不尝试其他方法，如通过提供担保和融资，减轻竞标者在购买大规模、复杂贷款组合与不动产时的顾虑。RTC采用了全国性联合拍卖的方法，与全国性企业签订合同，以管理和推销倒闭机构复杂的不动产资产，创建了高效的资产证券化程序。

1. 拍卖与密封投标

随着储贷危机的进一步恶化，RTC在很大程度上不得不依靠拍卖和密封投标的方法将大量资产打包转移至私人部门。在密封投标出售过程中，有意向的投标人以秘密方式就其希望购买的贷款组合递交标书。如果标价达到了RTC规定的底价或其最低要求，则哪家收购方提出的标价最高，贷款组合就出售给该收购方。一旦收到标价，贷款组合的收益权和所有权就转移给该购买人，通常是以电子转账或支票的形式支付。

当建立RTC时，由于担心出现"倾销"资产，《金融机构改革、复兴和强化法》要求，RTC不得以低于市价95%的价格出售房地产，市价被定义为评估价值。在RTC运作的早期阶段，由于担心可能进一步恶化本已低迷的市场，损害大量投资于房地产市场的储贷机构的财务状况，房地产拍卖被禁止进行。

1990年，RTC的房地产存量已高达180亿美元以上。由于资产出售进展缓慢，存货持有成本居高不下，管理大量资产极为困难以及房地产价格持续下滑，国会对《金融机构改革、复兴和强化法》进行了修改。1991 年 3 月，RTC 根据修改后的《金融机构改革、复兴和强化法》，制定了新的定价政策，并批准采用拍卖的方式出售房地产。RTC 通过其全国资产出售办公室，策划、调整并实施了多次房地产出售，包括出售了许多价值超过 1 亿美元的房地产。

与拍卖相比，密封投标更为迅速，也更有利可图。以密封投标方式出售资产可满足处置机构将资产推向更广泛市场并满足竞争性竞标的要求。该程序有助于迅速出售资产，特别是有利于出售现金流为负值和持有成本巨大的资产。

2. 贷款出售

为节约成本，《金融机构改革、复兴和强化法》要求 RTC 与私人部门合作，以帮助实现贷款评估、打包和促销。利用经验丰富的私人部门处置资产，也降低了 RTC 雇佣并培训成千上万雇员的需要。RTC 根据地理区域、资产类型、资产质量以及资产期限等指标将贷款进行分类组合。RTC 把向贷款收购方提供担保或融资作为贷款出售的工具，采用这一方法的主要原因是，RTC 的资产都是房地产抵押品，但因全国性的房地产市场不景气而处置进展缓慢。

由于存续期限较短，RTC 实施了较为积极的拍卖政策。自 1991 年 6 月至 1992 年 12 月，RTC 共进行了 12 次地区性贷款拍卖。RTC 还在 1992 年 9 月制定了《国家贷款拍卖计划》，以帮助各分支机构向市场推出滞销贷款。RTC 共进行了 8 次全国性的贷款拍卖，最后一次发生在 1995 年 12 月。RTC 的贷款拍卖实践表明：（1）当资产存量较高时，贷款拍卖可以节约成本；（2）小型地区性拍卖与全国性拍卖有着一样的效率；（3）确定底价作为指导市场价值的手段，对于出售那些处于困境且较为复杂的产品十分关键；（4）对于正常贷款，不需要底价，竞标者很容易确定其市场价值。

3. 聘用资产管理承包人

RTC 充分利用资产管理和处置承包人来完成其使命。1991—1993年，RTC 与 91 个承包人签署了 199 项《标准资产管理与处置协议》，涉及资产账面价值 485 亿美元。

为管理其接收的储贷机构的资产，RTC 设计了管理和处置 5000 万美元以上房地产与不良贷款的合约。1990 年 8 月，签署了第一份《标准资产管理与处置协议》。《标准资产管理与处置协议》合约的平均期限为 3 年 3 个月。合约规定，承包人需通过竞争性投标确定，承包人还需就 12 项专门的资产管理与处置行为与其他企业签订子合约；所发生的费用由 RTC 在事后支付给承包人。

4. 利用资产证券化工具

RTC 通过对居民住房抵押贷款及商用房产抵押贷款实施证券化，来促进住房抵押贷款的出售。RTC 成功地利用了证券化工具，处置了相当规模的正常住房抵押贷款。1990 年 8 月，RTC 的住房抵押贷款存量为 340 多亿美元。在尝试打包出售失败后，RTC 探索出新的方法，成功将贷款组合变现。当时，由住房抵押贷款支持的证券化市场已在两家政府机构（房利美和房地美）的帮助下建立起来。这些机构从抵押方购买了具有特定特征的贷款，并将之打包成证券。但是，RTC 的大部分抵押贷款并不符合两大机构制定的标准，因此，RTC 在 1990 年 12 月实施了自己的证券化计划。该计划涉及的贷款具有不利于证券化的特征，如相关记录不准确、服务问题和延期支付等。虽然 RTC 的证券化计划一开始只包括了居民住房抵押贷款，但后来逐渐扩展到原来没有证券化的其他类型贷款，如商业住房抵押、多户型房地产和消费者贷款。

RTC 一开始希望其证券化计划享有美国政府的信用担保，以使参与该计划的投资者数量最大化。如果有直接的政府担保，RTC 证券化产品的风险权重将为零。由于 RTC 是一家临时性的联邦政府机构，该公司的监督委员会并不支持其争取获得政府信用担保，美国财政部也担心发行一种享有政府担保的新证券将对同时发行的国债构成竞争。结果，RTC 不能利用政府担保来提高其证券化产品的信用。因此，RTC 决定利用现金储备和其他手段来提供信用支持。在这些手段的支持下，RTC 发行了具有公共信用评级的住房抵押支持证券，其中一些优等证券被至少两家全国性信用评级机构评为最高的两类信用等级。

RTC 在开发以非传统资产支持的证券化产品方面享有较高声誉，其中最有名的是商业地产抵押贷款支持证券。商业地产抵押贷款证券化是 RTC 将大量房地产资产转移至私人部门的一个有效方式，为以竞争性市场价格出售这些资产提供了一个标准的市场化方法。1991—1997 年 6 月，RTC 完成了 72 笔证券化交易。在 RTC 的资产组合中，有 420 多亿美元（相当于总资产 10% 以上）是以证券化方式处置的。

5. 组建股权合伙企业

为利用私人部门的专业人才与效率，获取比常规销售方式更高的回报，同时利用市场复苏所带来的某些正面效应，从不良资产中获取更大的价值，RTC 创造性地运用了股权合伙企业来处置资产。在私营企业和 RTC 共同组建合伙企业后，RTC 向合伙企业出售倒闭储贷机构的资产。其中，私人投资者作为普通合伙人控制着合伙资产的管理与处置，RTC 仅限于对其出售的资产享有股息分红。

尽管 RTC 早在 1989 年制定第一个战略规划时就已确定对所售资产享有部分利息的政策，但直到 1992 年秋，RTC 才开始组建股权合伙企业。当时，RTC 尝试采用几种不同方法处置不良资产，其中最重要的是利用私人承包者来管理和处置单项资产，或通过多项资产密封投标加以处置。以承包方式处置资产具有比较理想的回收率，但管理合约却负担较重，资产处置进展比较缓慢。RTC 的多项资产出售及时转移了大量不良贷款，但实践证明，购买方可以通过迅速重组贷款来获得高收益。股权合伙方式则结合了两者的优点。

在 1992 年 12 月至 1995 年 10 月间，RTC 创办的 72 家合伙企业经营了账面价值达 214 亿美元的资产和派生投资价值达 38 亿美元的资产，共采用了 7 种不同的合伙结构，每种都针对特定的资产类型与投资者市场。RTC 以其资产组合作为股权资本，并为合伙企业安排融资。一般合伙人则同时投资于股权资本与资产管理服务。融资条款要求从资产清算中获得的现金收益须首先用于偿债，通常指由 RTC 持有的债券。

总的来看，与 FDIC 相比，RTC 作为储贷危机时期批量处置的临时性机构，只负责问题机构的处置，没有保险和监管的职能，存在时间比较短，处置完毕后便关闭。当市场出现较多问题机构和不良资产，如果不能及时处置，会逐次波及金融体系和实体经济。这一过程类似传染病，要进行及时的阻断、隔离、治疗。通过 RTC 集中处置问题机构，将"好机构"与"坏机构"区分开，并通过购买承接等方式将"坏机构"的"好资产"与"坏资产"区分开，"好资产"出售给健康机构，"坏资产"集中起来再处置，实际上就是一种阻断、隔离、治疗的有效机制。截至 1990 年，RTC 耗资 2650 亿美元有效处置了 531 家储贷机构。1995 年需要 RTC 接管的机构锐减至个位数，危机结束。

二、单一处置委员会：欧元区的独立处置当局

欧洲议会于 2014 年 4 月通过了单一监管机制（SSM）、《银行复苏与清算指令》（BRRD）和存款保险计划（DGS）。其中，对于问题银行的处置适用单一处置机制（SRM），《银行复苏与清算指令》是单一处置机制运行的规则手册。单一处置机制由单一处置委员会（SRB）和单一处置基金（SRF）组成，初期由各国独立管理清算基金，后期逐步融合。

　　单一处置机制规范了欧元区国家（和同意接受统一监管的非欧元区欧盟国家）的银行处置框架。欧央行作为银行监管当局，负责评估问题机构的风险状态，欧盟下设的单一处置委员会作为处置当局，直接负责欧洲 100 多家大型银行的处置，并指导各成员国当局处置其他所有银行。单一处置委员会依据欧央行的评估或者自行开展风险评估，作出处置决定，制定处置计划，选择处置工具，并负责管理单一处置基金。单一处置基金采取事前收费制，事先确定收费标准并按年向欧洲银行联盟的全部信贷机构和部分投资公司收取费用。

（一）问题银行的认定

　　当银行面临经营不善、未通过压力测试、无法维持经营等风险时，如果在采取增资等市场化手段仍无法挽回局面，则该银行将进入单一处置机制。根据单一处置机制，问题银行的认定需满足三个条件：一是银行破产或马上破产；二是没有监管当局或私营部门有方法使银行在合理时间内恢复生存能力；三是对其处置符合公众利益，即处置的结果比普通破产程序的结果更好。

　　欧央行负责确定银行是否处于破产或马上破产的状态。单一处置委员会亦可向欧央行提供认定建议，如果欧央行在 3 日内未回复，则该银行被认定为破产或马上破产的状态。随后，单一处置委员会确定是否没有其他手段能够避免该银行破产，以及对该银行处置是否符合公众利益。若该银行不符合认定条件，则进入常规破产程序。与常规破产程序注重债权人利益最大化相比，单一处置机制更侧重促进金融稳定。

（二）处置问题银行的四种手段

　　单一处置机制通过业务出售、过桥银行、资产分离和内部纾困

（bail-in）四种手段的混合使用，来处置问题银行。

内部纾困是由债权人和股东来承担问题银行的资产损失，通过将负债转为普通股权或者减记，实现损失吸收，避免使用纳税人资金弥补银行损失。内部纾困适用于损失吸收后能恢复运营能力的银行，或为后续过桥银行和业务出售手段降低难度。除了存款保险计划覆盖的存款、雇员薪酬、法律优先保障机构作为债权人的负债、对支付清算机构7日内的负债、对其他金融机构7日内的负债等，内部纾困几乎对各类型负债都适用。

业务出售是由私营机构购买问题银行全部或部分资产负债，由单一处置委员会主导，无须经过问题银行的股东同意。如果仅出售问题银行的部分资产负债，剩余资产负债将通过普通破产程序清盘。业务出售手段可以单独使用，也可以配合其他手段使用。

过桥银行是将问题银行的全部资产负债转移给临时建立的银行，目的是保留问题银行的关键职能，同时寻找第三方购买者。过桥银行成立最长时限是两年，在此期间，问题银行的关键职能得以保留，两年后问题银行所有未出售的资产负债将进入有序清盘。

资产分离是将问题银行的资产转移给资产管理机构处置。资产管理机构是为了接受资产负债而临时成立的机构，这种手段旨在最大限度地提高业务出售价格或清盘价格，因此该手段必须与其他手段配合使用。《银行复苏与清算指令》规定，使用资产分离必须满足以下三个条件之一：一是如果通过普通破产程序进行清算，会对金融市场带来不利影响；二是只有通过资产分离，才能确保过桥银行发挥作用；三是通过资产分离，可以最大化清算收益。

（三）Banco Popular 银行的处置案例

西班牙 Banco Popular 是欧洲单一处置机制出台后处置的问题银行。

2016 年 5 月，Banco Popular 银行由于巨额业务亏损，未能通过欧央行的压力测试，风险逐步爆发。随后该行通过多种方式自救，包括管理层重组、寻求资金支持、寻找买主对其收购。然而，该行没有合格担保品以获取央行的再融资，同时未能找到合适买家。

2017 年 6 月 6 日，欧央行宣布①Banco Popular 破产或马上破产，并通知单一处置委员会，该行正式进入单一处置机制。6 月 7 日，单一处置委员会通过对该银行的处置决议，获得欧盟委员会的批准，并将该议案交给西班牙处置当局执行。处置方案包括业务出售和内部纾困两部分，不需使用单一处置基金。具体来说，由于独立专家对 Banco Popular 的估值在 –82 亿欧元至 –20 亿欧元之间，单一处置委员会首先通过内部纾困方式，减记该行股权和附加一级资本工具，同时将二级资本工具转化为股权，附加一级工具和二级工具总计 20 亿欧元。随后单一处置委员会通过业务出售方式将 Banco Popular 出售给桑坦德银行。

总的来看，欧盟作为国家间的联盟，统一了问题金融机构的处置框架，即单一处置机制。针对大型机构、跨国机构的处置难题，建立了相适应的问题机构处置平台——单一处置委员会，具有专业处置平台的特征。

第三节　金融机构有效处置的国际原则

2008 年危机以前，各国并未普遍建立有序处置机制，金融监管机构处置问题银行时会采取普通企业破产清算程序或动用公共资源救助银行。全球金融危机和欧债危机后，由于商业银行的特殊性以及银行

---

① 非密决议于 2017 年 8 月 14 日在欧央行网站公布。

破产可能带来的负外部效应，对问题银行的处置、防范和化解金融风险成为全球性课题，欧美等市场分别在全球金融危机之后建立了适合本地的解决机制。为此，金融稳定理事会（FSB）于2011年11月发布并于2014年10月补充完善了《金融机构有效处置机制核心要素》（以下简称《核心要素》）等一系列文件，目前已成为指导金融机构处置的国际原则和标准。

《核心要素》的适用范围是那些倒闭时可能产生系统性风险的金融机构，而不仅是SIFIs。《核心要素》从范围，处置当局，处置权力，抵消、净额、担保、客户资产隔离，保障措施，处置资金来源，跨境合作法律框架，危机管理小组，针对特定机构的跨境合作协议，可处置性评估，恢复与处置计划，获取信息与信息共享等12方面明确了高风险金融机构有效处置机制的整体框架和核心特征，要求各经济体实现对高风险金融机构的有序处置，并建立存款保险制度或以私人部门为主要资金来源的处置基金，减少对公共救助资金的依赖。

FSB在《核心要素》中指出，一个金融机构的有效处置机制应当包括以下几方面：第一，确保速度、透明度和可预期。第二，确保能够持续提供系统重要性金融服务。第三，保护客户资产并确保快速偿付。第四，明确损失分摊机制，强化市场纪律，降低道德风险。按照法定优先顺位让股东、无担保债权人以及未投保存款人分摊损失，不依赖公共资金救助并且不要造成这种预期。第五，避免资产发生不必要的损失，尽量将处置成本降至最低。第六，应当为国内外当局提供一个处置前后合作、协调以及信息共享的框架。第七，确保无法持续经营的机构能有序退出市场。

国际社会在积极反思如何建立更有效的危机管理机制，美国的银行处置机制备受关注。这套适用于银行类金融机构的处置制度在很多方面完全不同于普通企业的破产制度，其主要特点包括强调事前预防性监管和早期介入、突出 FDIC 在实施操作中的核心作用。美国在 2010 年通过《多德—弗兰克法案》建立了"有序清算机制"，明确将 FDIC 的有序处置权拓展适用于所有系统重要性非银行金融机构。处置方式涉及问题银行的认定、处置方式的判断、不同处置方式的操作。对问题银行的处置机制强调了确保系统重要性银行的核心业务、市场化机制、有序退出等《核心要素》的要求。2000 年 10 月 1 日以来，美国共出现 556 家问题银行，几乎 90% 都有指定接收行，并在 FDIC 网站注明，储户、贷款客户、合作商等如何获取资金、继续偿还贷款或求偿。

　　美国建立了明确的问题银行认定标准以及多元化的处置方式。FDIC 根据风险资本比例（risk-based capital ratio）将投保银行分成五个等级，即资本状况良好（10% 及以上）、资本充足（8% 及以上）、资本不足（小于 8%）、资本严重不足（小于 6%）、资本极端不足（小于 2%）。当一家银行资本不足时，FDIC 会向这家银行发出警告；当资本严重不足时，FDIC 迫使银行采取提交资本恢复计划、限制资产增长等纠正措施；当银行出现资本极端不足且持续 90 天，FDIC 会接管银行。问题银行的关闭由联邦货币监理署、美联储和州银行管理当局决定。如前所述，FDIC 对问题银行的处置主要有收购与承接、清算及存款赔付、提供经营援助三种方式，其中，收购与承接是处置问题银行的主要方式，存款赔付适用于问题银行的清算对市场和储户冲击较小的情况，而经营援助在 2008 年金融危机后被禁用。

　　总的来看，次贷危机使国际社会意识到，一个国家的问题金融机构不能快速处置，不仅会引起本国金融体系的动荡，还可能对全球金融体系带来影响。因此，全球需要对问题金融机构的处置达成共识，形成统一框架。目前，《核心要素》成为指导金融机构处置的国际原则和标准，并被国际货币基金组织和世界银行纳入金融部门评估规划中。

各经济体金融管理当局依据《核心要素》，已经建立或在研究建立专门针对系统重要性金融机构的相关制度安排。

第四节 全额保障与限额保障：不是绝对的

一、一般情况下存款保险为限额保障

限额保障可以在防止挤兑、保护存款人与防范道德风险之间取得平衡，正常情况下是合理的选择。维护金融稳定和保护大量小额存款人是存款保险的目标。银行很容易发生挤兑，而存款保险有效降低了银行挤兑的风险，从这个角度看，纳入保障的部分越多越好。但存款保险也会带来一定的负面影响。由于受保存款人损失风险下降，没有提取资金的动机，可能导致银行的道德风险，会让银行更倾向追逐高风险投资，增加其风险承担，这种风险和隐性损失会随着时间的推移而积累。此外，由于存款保险提升了存款资产的相对吸引力，会增加存款需求、降低存款利率、强化银行对存款资金的依赖程度，而且如果保障范围扩大和保障水平提高，可能会扰乱以存款为替代产品的资本市场。因此，通常情况下，存款保险实施限额保障，目前 FDIC 的存款保险限额为 25 万美元。

限额确定在什么水平，也是一个重要问题。2007 年，美国次贷危机传染至欧洲，出现英国北岩银行申请紧急救助的传言，市场开始躁动，英国财政部、央行和 FSA 公布了对北岩银行的流动性支持方案，但与预期相反，监管机构的联合声明不仅没有平复市场情绪，甚至进一步引发了储户的恐慌，当天晚上出现对北岩银行存款的挤兑。北岩银行挤兑事件，反映出当时英国的存款保险制度存在重大缺陷。首先，

最高补偿额度偏低。IMF 曾建议，保险范围应在人均 GDP 的 1—2 倍，英国 1999 年统计显示其存款保险赔偿限额为该国人均 GDP 的 1.4 倍，考虑到通货膨胀因素，这一标准是偏低的。北岩银行的个人客户存款非常多，在预感到危机将要发生时，低额度的保障促使他们抽回资金。其次，共同保险机制要求存款人与保险机构共担损失。英国当时由金融服务补偿计划有限公司具体负责存款补偿事宜，在赔偿金额上采取共同保险方式，由存款人和金融服务补偿计划有限公司共同承担损失，最高保险额为 35000 英镑，2000 英镑以内的部分全额支付，余下的 33000 英镑则只赔付 90%。共同保险机制要求小额存款人对其存款银行进行深入了解，这是不切实际的，有损金融稳定。最后，事后赔偿机制延缓了赔偿的效率。金融服务补偿计划有限公司在估计未来 12 个月损失额的基础上收费，发生意外后的损失缺口再临时征收。这种事后反应机制往往导致存款资金得不到立即赔付，还会有银行出问题时反而需要增加缴费的顺周期现象。此外，金融服务补偿计划有限公司只能进行不超过 40 亿英镑的问题银行处置，对超过这一数额的问题银行（往往具有系统性影响）的处置需政府介入，进一步降低了赔偿效率，完全没有照顾到存款人在危机期间期望尽快落袋为安的迫切心理。

北岩银行事件引发了英国对存款保险制度的改革。首先，引入基金的事前积累机制。2008 年 4 月 1 日起，除了可以每年先预收一定规模的资金用于下年度的偿付和管理支出以外，还可以事前积累"应急基金"。其次，取消共同保险机制，并大幅提高存款保险限额。经过前后 3 次提高，存款保险额度提高到 85000 英镑，大大增强了存款人信心。最后，提高赔付速度。自收到偿付申请起不超过 20 个工作日内完成偿付，并力争 7 个工作日内完成。

针对限额保障潜藏的挤兑隐患，可以通过加强监管与监督，以控制相关风险。2023 年美欧银行业危机暴露了当前存款保险制度的一些问题，BIS 金融稳定研究所主席 Fernando Restoy 建议了几方面改革：第一，提高所有或特定类型存款的保险限额，并最终扩大所有存款的保险范围，而不是预先规定的保险限额。第二，加强审慎监管，包括审查《巴塞尔协议Ⅲ》的 LCR 等监管指标，以进一步限制符合高质量流动资产资格的金融工具，或者修改决定所需短期流动性的基本假设（如未投保存款黏性）。第三，加强商业模式、公司治理等层面的监督，及时发现和纠正银行的结构脆弱性。标准的审慎监管解决这类问题的能力有限，如果加强资本和流动性要求来弥补，又可能加剧问题，通过加强对商业模式、公司治理等方面的监督是更好的方式。Fernando Restoy 同时认为，对上述每项措施，需严格评估其潜在的成本和副作用，必须综合考虑各方面的影响。

二、面临系统性风险时要实施全额保障

如果多个机构同时出问题，防止恐慌蔓延、阻断系统性风险将成为首要目标，需要实施全额保障。并非所有情形都适合限额保障，限额保障不能完全消除挤兑风险。如果大批机构出问题而不实施全额保障，可能导致所有银行的未受保存款挤兑，突然的集中取款足以破坏银行体系的稳定，导致风险在金融机构之间传染。同时，从 2023 年欧美银行业危机来看，即便是少数几家银行出问题，如果可能造成潜在风险扩散的情况下，也需要实施全额保障。因此，在有些情况下，必须果断对储户的所有存款实行全额保障。

日本 20 世纪 90 年代为了应对银行业危机，通过改革实行了全额保障。1971 年，日本就成立了存款保险公司，但在 1992 年之前，存款保险机制并不完善，早期发挥的作用十分有限。面对大规模出问题的银

行，在处置时存在两个障碍。日本《存款保险法》规定，资金援助的上限是预期理赔需要支出的费用，不能超出这个上限。即便废除了这一限制，存款保险公司的资金也远远不够。要解决财源不足问题，就必须修改《存款保险法》以提高保费，而在所有金融机构都面临自有资本不足的情况下，很难仅靠提高保费来解决问题。在危机不断深化的背景下，1995年12月金融制度调查会发布了全额保护存款方针，规定此后5年间暂停存款赔付制度。在此基础上，日本改革了《存款保险法》，自1996年6月起在存款保险公司一般账户基础上设立特别账户，为超出的资金援助制定了法律框架，并允许存款保险公司运用政府担保方式筹集资金。1998年2月《存款保险法》再次修订，规定可以对金融机构提供超过存款赔付额度的资金援助。

瑞典20世纪90年代危机时的全额保障，不仅包括存款，还包括其他所有债务。1992年9月，瑞典政府为防止金融体系崩溃，宣布对本国114家银行及部分特定信贷机构的债务进行无限全额担保。政府为瑞典银行和信贷机构提供的担保不仅包括存款，还包括其他所有债务。瑞典政府承担问题银行的债务，但问题银行必须要对减值计提损失，并且向政府发行股票；对于其他大型银行，应通过向私人部门增发股票增加资本。全额担保主要目的是维护本国银行的海外融资能力，彼时瑞典银行业严重依赖海外融资渠道，如不能维护海外投资者信心，海外融资渠道面临中断风险，这显然会影响钉住汇率制度。在1992年，英国、芬兰和西班牙相继宣布将本国货币改为浮动汇率的背景下，瑞典克朗连续遭受投机者攻击，全额担保迅速发挥作用，海外投资者信心增强，跨境银行间信贷额度得以恢复。同时也增强了瑞典本国公众的信心，银行未发生挤兑现象。

美国在硅谷银行破产危机处置中也进行了全额保障。2023年，美国当局最初判断硅谷银行倒闭属于个体风险，后又根据一系列形势变化，认定该事件为系统性风险事件，适用《联邦存款保险法》中"系统性风险例外"条款。《联邦存款保险法》第 13（c）（4）（G）条规定了"系统性风险例外"（SRE），明确在紧急状况下，如果遵循处置成本最小化原则可能会严重危害经济或金融稳定，且采取"系统性风险例外"条款可以避免或减轻这种不利影响时，FDIC 可以突破处置成本最小化的限制。但同时规定了严格的限定条件和决策程序，防止"系统性风险例外"条款被滥用。就硅谷银行处置个案而言，判定为系统性风险后，FDIC 对所有存款实施了全额保障，防止了风险外溢蔓延。此外，FDIC 通过损失分担，与承接方第一公民银行在未来分担损失及共享收益，激励其最大化回收资产，FDIC 减少了当期支出、增加了未来收益，降低了总的处置成本。

第五节 海发行风险事件及存款保险制度的建立 [①]

一、海南发展银行风险事件折射出处置机制建设的重要性

海南发展银行（简称"海发行"）是新中国金融史上第一家被关闭的商业银行，从成立到被关闭仅存在不到三年时间，而其关闭清算工作自 1998 年起，相关各方投入了大量人力物力，至今仍未结束。

海发行的成立旨在化解当地信托公司的风险，后来参与化解当地信用社的风险，反而把海发行也拖下水。海发行成立于 1995 年 8 月

---

① 海发行风险事件过程参考了中国新闻周刊等公开报道，部分观点来自作者公开发表的《中央银行的角色和责任》（2018）等文章。

18 日，总部设在海南省海口市，是在海南省五家^①最重要的问题信托公司基础上组建的。海发行的成立旨在化解当地信托公司风险，同时完善海南的金融机构体系。1997 年 5 月，海口人民城市信用社发生存款挤兑，演变成海南省城市信用社的大面积支付危机。为了解决城市信用社的问题，1997 年 11 月，相关部门提出将 28 家城信社并入海发行，关闭海南省 5 家违法违规经营、严重资不抵债、无力支付到期债务的城市信用社，仅有一家城市信用社仍独立经营。海发行兼并信用社之前，信用社的高息揽储导致年利率飙高，甚至高达 25%；兼并之后，28 家信用社全部成为海发行的下属支行，而海发行只支付原信用社储户本金及合法的利息 7%，引发储户不满并转存其他银行。1998 年春节后，海发行发生大规模挤兑。鉴于此，海发行规定了每周取款次数和每次取款限额，取款限额从每户每天 2 万元降为 5000 元，再降到 2000 元；到 1998 年 6 月 19 日，即海发行关闭的前 2 天，取款限额已经下降到 100 元。

为了遏制风险蔓延，管理部门作出行政关闭决定，但至今未完成关闭清算工作，影响了海南省的经济金融发展。在海发行风险积聚及暴露过程中，监管部门曾多次进行现场检查及非现场检查，发现了海发行存在的主要问题，并提出了一系列整改措施。然而，海发行并未认真落实。到 1998 年 6 月，海发行已丧失清偿能力。为保护债权人合法权益，防止风险蔓延，人民银行于 1998 年 6 月 21 日宣布关闭海发行，停止其一切业务活动，依法组织成立清算组，对海发行进行关闭清算，海发行的全部资产负债由工商银行托管。人民银行为了清偿居民储蓄及合法利息等债务，提供了专项再贷款。对于关闭清算工作，相关各

---

① 具体包括：海南省富南国际信托投资公司、蜀兴信托投资公司、海口浙琼信托投资公司、海口华夏金融公司、三亚吉亚信托投资公司。

方投入大量的人力、物力，在困难情况下努力推动相关工作，取得了一些积极进展。2003年，银监会成立，主要负责银行业金融机构的监管，清算组织职能移交给银监会，由海南银监局执行。不过，海发行从成立到被关闭仅存在了不到三年时间，而其关闭清算工作至今仍未结束。自1998年海南发展银行关闭至2015年9月，除了信用社系统，海南省一直没有法人银行，是全国范围内没有法人银行的唯一省份。该状况持续17年，严重影响海南省的金融业发展和经济发展。

总的来看，海发行的处置反映出，金融机构风险处置的框架和法律非常重要，特别是要重视专业处置平台的作用。海发行是国内第一家因金融风险而被关闭的商业银行。当时在高风险金融机构的处置方面，缺乏完整的框架和法律，且无经验可循。相关部门希望一并处置海发行自身风险和资不抵债的城市信用社的风险，难度过大，反而导致事态复杂化，风险进一步积聚。当时行政处置方式存在诸多弊端，没有专业的处置平台。处置主体缺乏专业的处置能力，不规范、不专业的操作导致海发行资产损失不断扩大，缺乏成本最小化的内在动力，处置成本高、效率低。例如，进行资产处置时简单打包处置拍卖，致使资产低价出让；海发行贷款或投资形成的房地产（含未开发的土地使用权）因未按规定开发，大部分被政府无偿收回，资产损失巨大。此外，处置信息不透明，容易滋生道德风险。清算过程未建立定期的信息披露机制，债权人难以有效掌握清算进展及资产处置等信息。

二、2015年我国正式建立存款保险制度

2015年以前，金融机构退出主要采取"一事一议"的行政方式，处置效率不高、专业性不足，问题机构迟迟难以退出。由于没有存款保险制度，我国长期以来对高风险机构的处置，只能采取停业整顿和

撤销关闭等行政方式，较少采用收购承接等市场化方式。海发行作为被关闭清算的第一家商业银行，是行政主导下的一个失败案例。从处置过程来看，由于处置主体不承担处置成本，缺乏成本最小化的动力，也不具备专业化的处置团队，导致清算工作拖而不决。虽然存款保险制度不是海发行案例的直接结果，但海发行的教训无疑推动了存款保险制度的实施，有助于避免类似的银行挤兑事件。

2015 年存款保险制度的建立，标志着我国正式建立了专业的处置平台。党的十八届三中全会提出，建立存款保险制度，完善金融机构市场化退出机制。2015 年 5 月，《存款保险条例》正式实施，规定了在若干情形下可以使用存款保险基金，并丰富了收购承接、过桥银行等风险处置工具箱。包商银行是新中国成立以来商业银行"接管托管＋收购承接＋破产清算"的第一个案例。"明天系"通过旗下大量壳公司控制包商银行近 90% 的股份，控股期间违法违规占款造成包商银行大量坏账。2019 年 5 月，包商银行的流动性风险一触即发并有外溢可能，央行和银保监会依据党中央、国务院的部署，对其联合实施接管。存款保险公司根据《存款保险条例》规定，与建设银行、徽商银行等共同发起设立蒙商银行，并分别与蒙商银行、徽商银行签署收购承接协议，促成包商银行相关资产、负债和业务被收购承接，确保了金融业务连续运行，金融服务不中断，平稳有序化解包商银行风险。对包商银行的处置，维护了社会和金融的稳定，IMF 第四条款磋商组成员表示，处置像包商银行这样一个事实上已经资不抵债，但在同业市场上有广泛联系而具有系统重要性的银行，在其他国家肯定会出现金融危机。当然，中间也有一些不同的意见，包括在个别的操作程序等方面。

三、我国要逐步完善存款保险制度

当前，要把存款保险制度完善起来，有两个现实问题要作考虑。一是对监管部门没有及时发现风险，要有问责机制。现在监管部门的监管资源相对丰富，相对而言，存款保险公司成立时间不长，还有一个锻炼队伍的过程。如果缺乏对监管的问责机制，出了问题都让存款保险去处理，通过对金融机构收费来解决，客观上就变成监管不承担责任，存款保险成为付款箱，存款保险人员需要不断扩张，需要处理的风险会不断增多。实际上，监管部门与存款保险之间是相辅相成的关系，是一个系统性工程。此外，如果没有问责机制，还会导致监管部门重出生、重发牌照，轻过程监管、轻公司治理等。二是针对存量风险的问题，未来可能要有一个监管部门与存款保险并行的过程。现在中小银行的风险问题比较突出，完全依靠存款保险来解决存量风险是不太现实的，要有一个并行运行的过程。这个过程中，可考虑建立试点评价机制，哪个机构监管更好、哪个机构风险处置更好，有什么经验教训，未来可以总结成法律或具体模式固化下来。当然，在中央和地方财政关系没有理顺的情况下，为避免地方政府干预中小金融机构经营，目前"谁的孩子谁抱"应该是一个阶段性做法。事实上，除了个别地区外，很难真正做到"谁的孩子谁抱"，最终应该通过完善监管体制来解决。

从存款保险制度的具体设计来看，要从以下方面完善。一是要进一步发挥存款保险作为专业处置平台的作用。我国相关法律已为存款保险公司相对独立参与风险处置留有空间，包括《金融稳定法（征求意见稿）》《存款保护条例》等，要进一步通过立法明确专业处置平台作为相对独立主体参与处置的地位，在调动资源、选择工具等方面赋予其一定自主权。二是要赋予存款保险监管权，充分发挥其及时校正功能。包商银行比较早就暴露出严重的信用风险，但未得到及时揭示与纠正，造成风险蔓延。存款保险公司在实质性监管授权、实时现场检查权等方面明显不足，同时纠正措施相对单一、启动及时干预的触发标准过高、干预无效时采取进一步措施的约束力不够。三是进一步丰富存款保险的风险处置工具箱。现在更多着眼于单家机构的风险，较少着眼于多家机构同时出问题。此外，《存款保险条例》对设立过桥银行的处置方式留有接口，但未将设立过桥银行、SPV 明确为处置工具。

第八章

危机是推动
金融监管改革
的重要契机

本 章 导 读

　　不要浪费一次危机，大的危机往往是推动金融监管改革的重要契机。如果金融监管体制没有重大问题，大的危机是很难发生的。正常时期，推动监管改革的阻力往往比较大，但危机后各方对于监管改革更容易凝聚共识。从过去 100 多年历史来看，主要发达国家在危机发生后，基本都伴随金融监管体制的重大改革。

　　监管改革的方向应该是"向前改"而不是"向后保"。金融监管体制总是在防范风险和鼓励创新的平衡中动态发展，金融安全是改出来的，不是保出来的。比如，金融业综合经营是适应金融创新发展的必然结果，在全球金融危机后，国际监管改革方向是建立与之相匹配的现代金融监管体制，强调设立顶层协调机制、强化央行金融监管职能、加强行为监管与审慎监管协调、统筹集中使用监管资源等。

　　为了应对危机，新的监管工具不断涌现，但要知道，新工具不是一次就能设计完美的，需要在实践检校中不断完善。推出一项新的监管工具并不像看上去那么简单。有些工具推出后虽然解决了一些问题，但也出现了一些原先没有想到的问题，如 SIFIs 和应急转债（CoCos）。有些工具随着市场情况的变化，也要与时俱进以适应最新的形势，如LCR 和 NSFR 等监管指标。即便如存款保险制度，从 20 世纪至今经历了百年的发展与完善，现在依然进行着优化的讨论。

　　近年来，我国金融监管改革也随着金融业发展而不断深化，从当前的一些风险案例来看，仍要重点解决一些问题。包括公司治理的问题、监管体制的问题、混业经营与分业监管的问题、《巴塞尔协议Ⅲ》实施的问题以及地方金融生态的问题。

第一节 瑞典金融危机：加强监管协调

一、危机期间及时进行了系列调整

20世纪90年代初瑞典由于房地产泡沫破灭诱发金融危机后，当时瑞典的危机应对机制实际上是不健全的。政府部门之间的协调机制没有建立起来，缺少专门的处置平台，风险处置机制也没有建立起来。但是，瑞典的危机应对效果是很好的，其中一个很重要的原因是针对危机应对中存在的问题，进行了及时调整。

第一，政府各部门加强协作，行动非常迅速。危机发生之后，执政党右翼党与反对党社会民主党就风险处置很快达成一致。以银行Götabanken为例，政府在银行破产当天就宣布将为所有债务提供担保，稳定了市场情绪，而此时政府提供担保的议案还未提交给议会，各党派间达成一致要2周以后，议会正式通过则要3个月以后。针对危机前政府部门之间协调不畅的问题，危机发生之后加强银行援助局（BSA）与央行、金融监管局、财政部、国家债务局之间的协作，包括有效沟通、信息共享等。

第二，设立银行资产管理公司专门处置不良贷款。危机前，瑞典没有专门的处置平台，实际上会制约问题银行的处置效率。但在危机期间，瑞典政府找到了专门处置平台的替代做法。两家银行（Nordbanken和Götabanken）出风险后由政府接管，以640亿克朗的成本实施国有化，经合并、重组后形成"好银行"Nordbanken，继续开展银行业务。同时，政府成立两家国有资产管理公司（Securum和Retriva），分别承接这两家问题银行的"坏资产"。将不良资产剥离至单独的资产管理公司进行处置，有助于减轻问题银行的财务负担和管理成本。

第三，建立银行风险处置的共同框架。为最小化处置成本、减少道德风险，瑞典建立了一套"哪些银行该重组、哪些银行该清算"的标准，且明确股东不在政府的担保之列。具体而言，银行先将不良贷款予以减计（绝大部分是商业地产相关贷款），并设立宏观经济和微观经济模型对银行进行测试，如果模型显示在中期内该银行能够再次盈利，就应该救助，如果模型显示该银行不会再次盈利，则应有序关闭或合并。对于需要救助的银行，股东必须承担对应的损失，这也引导银行股东非必要不申请政府救助。瑞典政府没有对非金融企业进行救助或重组，也未对银行应当如何使用救助资金进行规定，允许银行和其企业客户协商最适当的条款。

二、后续坚持推动监管改革

危机前，瑞典央行和金融监管局在监管协调上明显不足，基本仅限于高层会谈，央行只负责货币和汇率政策，金融监管局只负责对金融机构的监管，日常工作中交集很少。但危机的发生让瑞典当局认识到，宏观金融稳定性和金融机构稳健性之间有着重要关联，央行和金融监管局在危机预防、危机管理和危机处置方面加强协调的必要性上升。在危机发生后的 10 多年里，瑞典的宏微观协调更加紧密，金融监管局对金融体系稳定性、央行对系统重要性金融机构稳健性都更加重视，二者定期会商，共享信息、开展评估、协调政策。2013 年以后，瑞典央行、金融监管局、财政部、国家债务局进一步在瑞典金融稳定委员会（Sweden Financial Stability Council）的机制下，每年召开 2 次正式会议，讨论金融稳定和危机管理。

同时，危机暴露了瑞典存款保险制度的短板。1996 年，瑞典关闭银行援助局，以欧盟规则为基础，进一步引入和完善存款保险制度，并于 2008 年将存款保险的管理职能移交至国家债务局。存款保险制度覆盖所有吸收存款的金融机构，存款保险基金来源于金融机构年度缴费，缴费金额以上年度的受保存款为基数，并结合金融机构风险打分情况确定费率，保额上限已增至 105 万克朗 / 储户。一旦国家债务局让问题银行进入破产程序或金融监管局认定某银行无法偿付存款（非临时性），即启动存款保险赔付。存款保险制度通过设置合适的激励，既缓解了银行挤兑，又减少了道德风险。

危机还充分反映，建立问题银行风险处置机制非常重要。2014 年，欧盟《银行恢复与处置指令》发布后，瑞典于 2016 年指定国家债务局为独立的问题银行处置平台。对于影响金融稳定的问题银行，如果评估发现其具备继续存活能力，则国家债务局提供担保或注资支持，如不具备继续存活能力，则进入处置程序，通常采取的措施包括债务重组、不良资产剥离和处置、设立过桥银行等。统一的处置平台，可确保问题银行得到专业、高效、有序处置，同时保障问题银行业务运营不中断。

总的来看，20 世纪 90 年代初金融危机期间，瑞典在金融风险处置上暴露不少问题，没有很好的监管协调机制、缺少存款保险制度、没有专业的处置平台，但瑞典当局通过成立银行援助局、政府对所有债务提供全保、"坏资产"剥离给资产管理公司等办法，做出及时的调整，并在危机后进一步推动监管改革，加强监管协调、完善存款保险制度、完善风险处置框架。

第二节 英国北岩银行危机：转向超级央行监管模式

一、确立央行在金融稳定治理框架中的核心地位

北岩银行危机后，针对英国财政部、央行和FSA"三方体制"的诸多缺陷，英国通过出台《2009年银行法》《2012年金融服务法》《英格兰银行法》《2016年英格兰银行与金融服务法》等一系列法案，对金融监管体制进行两轮彻底改革，建立以央行为中心、金融行为局（FCA）为侧翼的金融安全网，不仅能及时准确地获取和反馈信息，避免多方监管的低效和疏漏，也有利于提高监管效率，及时化解系统性金融风险。

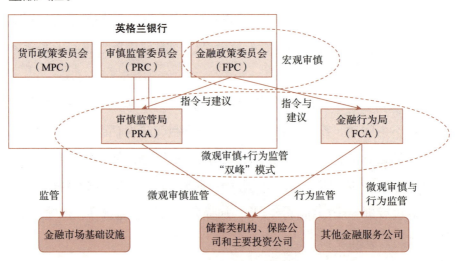

图8-1 改革后的英国金融监管框架

资料来源：英国央行。

赋予央行货币政策、宏观审慎和微观监管的完整权力。英国央行

内设金融政策委员会（FPC），负责实施宏观审慎监管，监控系统性风险，维护金融稳定。金融政策委员会具备两项重要权力：一是指令权（power of direction），包括制定逆周期资本缓冲、资本金要求、杠杆率、贷款价值比、收入负债比、利息覆盖率等宏观审慎政策工具，以及必要时向审慎监管局（PRA）和 FCA 发出有约束力的指示或具有准约束力的"或履行或解释"的建议，PRA 和 FCA 需要报告指令执行情况。二是建议权（power of recommendation），金融政策委员会有权向财政部、央行及其他任何监管部门提出政策建议。如监管部门不采纳，则应公开披露说明理由。自成立以来，财政部长每年向金融政策委员会报告政府的经济政策及其对金融稳定的可能影响，由央行行长代表金融政策委员会回复并阐明金融稳定的相关政策安排。金融政策委员会每半年发布一次金融稳定报告，供监管部门参考。

微观监管采用"双峰"架构。一是央行内设的 PRA。负责对具有系统性影响的金融机构（包括银行、信用社、建筑协会、保险公司及主要投资公司等）实施微观审慎监管，包括判断是否需要启动问题金融机构的风险处置程序等，确保监管对象在展业中不会对金融稳定产生负面影响，并将金融机构破产的影响降至最低。二是向财政部和议会负责的 FCA。一方面，FCA 承接了 FSA 原有的行为监管、保护金融消费者、维护金融市场公平竞争等职能，改变了 FSA 以规则为基础的教条化监管，调整为事后监管，加大对违法违规行为的处罚力度；另一方面，FCA 也承担了 PRA 监管范围之外全部金融机构的微观审慎监管，包括系统性影响较小的投资公司、贷款公司、保险中介等。

"双峰"模式是监管机构与监管目标一一对应的体制安排，不仅赋予监管机构明确的目标和任务，权责清晰，可以实现监管的全覆盖，有效消除监管盲区和监管套利；而且构建了区分微观审慎与行为监管的专业化分工体系^①，有利于各自培育并充分发挥其专业能力。从实践效果看，英国的"双峰"模式：一是实现了监管资源的科学配置。相关法案明确，PRA应实施"有重点的监管"，审慎监管"抓大放小"，对系统性影响较小的金融机构很难保证足够的监管关注和资源投入，而FCA对中小机构的监管资源配置相对均衡，可一并实施微观审慎与行为监管。二是降低了中小金融机构承担的监管成本。PRA和FCA的收入均来自对监管对象的收费，如果中小金融机构也接受双重监管，则意味着监管费用、法律合规等方面的更高成本，不利于中小金融机构发展。

二、加强监管部门之间的统筹协调与信息共享

统筹协调、信息共享是多部门安排的基础要件。为防范监管冲突和监管疏漏，英国监管部门之间建立了常态化的沟通与协调机制。

（一）财政与金融的协调

财政部负责制定通胀目标，对金融政策委员会的职责和目标具有最终解释权。财政部向金融政策委员会派驻代表，在提供政府关于宏观经济形势的评估情况以及提出政策建议的同时，还负责分析金融政策委员会政策对财政的影响，确保其政策方向与财政部保持一致。

（二）宏观监管和微观监管的统一协调

首先，就维护金融稳定的总体目标而言，金融政策委员会是指挥官和决策者，PRA和FCA是执行者。金融政策委员会与PRA、FCA还存在金融稳定相关信息的双向交流。金融政策委员会需充分了解PRA、FCA各自领域内可能影响金融稳定的信息，也有权就相关问题向其提

---

① 微观审慎大量涉及财务分析、会计监督、风险及溢出影响研判，主要是财务、会计、经济学家的工作；行为监管侧重行为合规、执法检查、打击非法金融活动等，主要是律师的工作。

供建议。PRA、FCA 应就监管法规征询金融政策委员会的意见，考虑法规是否会对系统重要性金融机构的稳健性造成负面影响。由此可见，英国央行通过宏观审慎统筹微观的"双峰"监管，将原来存在于多个机构之间的博弈，内化为单个机构的内部统筹，明显提高了监管效率。

其次，英国通过主要领导交叉任职来确保决策的相对独立性。第一，英国央行下设的货币政策委员会、金融政策委员会、审慎监管委员会具有同等法律地位，相互独立运作，又密切协调配合。三大委员会均由央行行长担任主席，央行负责金融稳定政策、市场与银行业、货币政策的三个副行长也是相关委员会的委员，以缓释多目标权衡造成的政策不稳定性。第二，金融政策委员会和审慎监管委员会都将 FCA 局长列为有投票权的委员会成员，而 FCA 董事会也将央行主管审慎监管的副行长（兼 PRA 局长）作为非执行董事。

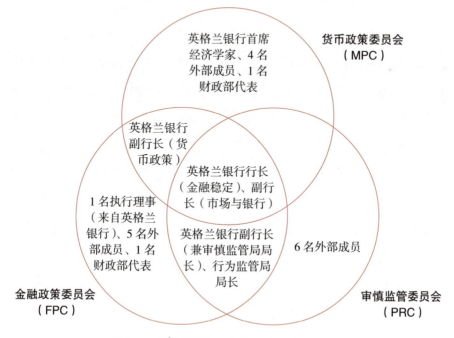

图 8-2　英格兰银行三大专业委员会成员构成

资料来源：英国央行。

表 8-1　英国"双峰"监管交叉任职情况

	FPC	英格兰银行审慎监管委员会（PRC）	FCA 董事会
成员	共 13 名成员，包括央行行长，央行主管货币政策、金融稳定、市场与银行、审慎监管（兼 PRA 局长）的 4 位副行长，1 位央行主管金融稳定战略与风险的执行理事，FCA 局长，5 名外部专家和 1 名财政部指定的无投票权成员	共 11 名成员，包括央行行长，央行主管金融稳定、市场与银行、审慎监管（兼 PRA 局长）的 3 位副行长，FCA 局长，以及 6 名外部专家	共 9 名成员，FCA 主席、局长为执行董事，另有 7 名非执行董事，包括央行主管审慎监管的副行长（兼 PRA 局长）

资料来源：英国央行、FCA。

（三）微观监管之间的协调

一是以立法明确监管分工与协作的总体框架。《2012 年金融服务法案》明确，机构准入方面，具有系统性影响、接受双重监管的金融机构准入由 PRA 主导，不具有系统性影响的中小机构准入由 FCA 统一负责。经营许可方面，实行双重决策，对于同时受二者监管的机构，PRA 在颁发业务经营许可之前必须征得 FCA 同意。规则制定方面，为确保监管的连贯和协调，监管规则的制定、修改或豁免必须经过二者沟通协商，任何一方有权进行否决。若无法达成一致，则由金融政策委员会仲裁。处罚方面，二者均可实施处罚，但 PRA 若认为该行动威胁金融体系的稳定，有权否决 FCA 的处罚。

二是签署监管备忘录并建立全方位的协调机制。公开信息显示，PRA 与 FCA 共同签署了 5 份监管备忘录（详见表 8-2）。

表 8-2　PRA 与 FCA 签署的监管备忘录

	签署日期	备忘录名称	签署机构
1	2013 年 4 月	金融行为局与审慎监管局的监管备忘录	审慎监管局、金融行为局
2	2013 年 4 月	分红保单的监管备忘录	审慎监管局、金融行为局
3	2013 年 4 月	国际组织合作备忘录	财政部、英格兰银行、审慎监管局、金融行为局
4	2015 年 4 月	支付系统监管备忘录	英格兰银行、金融行为局、支付系统监管局、审慎监管局
5	2015 年 4 月	市场与市场基础设施监管备忘录	英格兰银行（含审慎监管局）、金融行为局

资料来源：FCA。

其中，2013 年 4 月签署的、涉及二者总体协调的《金融行为局与审慎监管局的监管备忘录》明确要求，建立多层次的协调机制。监管规则层面，相关部门每季度会面，就各自监管规则对另一机构履职的影响进行充分沟通协商。监管执行层面，一般不进行联合监督检查，确保二者在工作目标、重点和文化上"泾渭分明"，但对双重监管的机构建立"监管联席会"，定期进行信息沟通与协调。信息共享层面，成立联合数据管理委员会，每季度举行会面，就监管数据的采集与共享机制充分协商。PRA 否决 FCA 的处罚之前必须进行解释，相关决定必须由金融政策委员会做出（FCA 局长是其成员）。根据监管备忘录的要求，PRA 与 FCA 建立了覆盖战略和操作不同管理层级的协调机制，在备忘录协调、数据共享、双重监管、争端解决等方面有常态化的合作安排。

三是在交叉领域联合调查、相互配合。大多数处罚案例中，二者基于差异化的监管目标分头检查、分别处罚。同时涉及二者的，PRA 与 FCA 联合调查、分别处罚。影响较大的案例是 2012 年皇家苏格兰银行计算机系统崩溃事件。该事件不仅影响了约 650 万位银行客户，直接损害金融消费者权益，还对支付系统和银行同业市场产生冲击，威胁金融稳定。二者展开联合调查，并于2014年分别对皇家苏格兰银行处以4200万英镑和1400万英镑罚款。英国审计署于2014年和2015年对二者在日常监管中的协调合作进行评估，给予很高的评价。但也指出，在数据信息的共享、管理和使用效率上仍有改善空间。

三、危机管理上突出央行作用

为确保尽早识别及化解系统性风险，英国构建了具有系统性应对能力的危机管理框架，强化了央行统揽全局的地位。总体看，央行主要承担操作性职责，财政部主要承担涉及公共资金的决策职责，并对央行权力进行监督。若出现可能需要动用公共资金的实质性风险，央行行长须立即通知财政部，财政部可批准央行向机构提供紧急流动性支持，或批准央行使用公共资金以维护金融稳定。若国有化措施有助于解除或降低问题银行对金融稳定构成的威胁，或财政部决定向问题银行提供资金援助，财政部可与央行协商后发出临时国有化命令，将问题银行股权转让给财政部指定的机构或财政部的全资子公司，以保护公共利益。英国还正式建立问题银行特别处置机制（SRR），在央行设立特别处置部，具体负责特别处置的操作实施，包括将问题银行部分或者所有业务对外转让、设立过桥银行、临时国有化、对问题银行实施破产清算并由存款保险公司按规定进行赔付等。

总的来看，英国在北岩银行事件之后，针对财政部、央行与FSA之间协调不畅的问题，对金融监管体制进行了重大调整，建立超级央行监管模式，确立央行在金融稳定治理中的核心地位，转向"双峰"监管，统筹财政与金融监管、宏观与微观监管、审慎与行为监管之间的协调。目前，英国的金融监管改革被很多国家所关注与借鉴。

第三节 日本银行业危机：金融监管和混业经营改革

20 世纪 90 年代日本的银行业危机暴露出，当时日本在监管模式、风险处置、金融业发展上有不少问题，后续政府推动了一系列改革，对上述问题加以解决。

一、推动金融监管模式改革

为提高金融检查的透明度，促进各金融机构之间公平竞争，也为分散大藏省权力、提高金融监管的独立性，日本政府根据 1997 年国会通过的《金融厅设置法》，撤销了原来设在大藏省内部的金融检查部，于 1998 年 6 月成立只属于总理府的金融厅，1998 年 12 月金融再生委员会设立后，金融厅成为其下属机构。金融厅继承原来分散在财政部、地方金融局、都道府县的监管职能，成为银行、证券、保险、信托等的单一监管主体。2001 年，金融厅强化银行监管，严格贷款分类标准，并进行常态化检查，掌握日本银行业资产质量的真实情况。银行不良贷款"水落石出"，金额从 2000 年的 33.6 万亿日元大幅升至 2001 年的 43.2 万亿日元。

日本政府于 1998 年 12 月成立金融再生委员会，作为代理日本总理府具体处理金融事务的机构。金融再生委员会是一个独立的行政单位，其运作不受其他机构的指挥和监督，具有政治上的中立性，主要职责是处理破产金融机构、向金融机构注入公共资金充实其资本比率、维护日本金融体系的稳定。

二、完善问题金融机构的处置框架

存款保险制度是问题银行有序处置的基础。1998 年 10 月，大藏省起草《存款保险制度修订法》获得国会通过和实施，明确存款保险公司对银行所有存款和其他债务提供保护，相关保护政策将延续至 2001 年 3 月。

1998 年 10 月，国会还通过《金融机构再生紧急措施法》《金融早期健全化法案》。《金融机构再生紧急措施法》旨在对问题金融机构进行处置，该法案要求问题银行要么被金融重组管理局（FRA）接管，要么被临时性国有化，具有系统重要性的金融机构应当被国有化。无论是接管方式，还是临时国有化方式，问题金融机构的业务经营应该正常进行，债务清偿应当得到保证。对于接管方式，由日本央行直接提供流动性支持，对于临时国有化方式，由存款保险公司提供流动性支持，存款保险公司可以向日本央行借款。《金融早期健全化法案》取代了 1998 年 2 月用公共资金向银行注入资本的法案，明确问题银行处置和资本注入的相关要求。

此外，这两部法律确立了失败银行的处置原则：银行的不良债权等财务状况必须公开；为确保银行经营的稳健性，应确保濒临破产的银行不再存续；应明确银行股东及经营者的责任；存款应得到保护，维持问题银行的金融中介职能；应使银行破产处置的相关费用达到最小。这些法案在规范金融机构不良资产处置、整顿金融秩序方面，起到非常重要的作用。

三、开启混业经营和金融控股时代

1998 年，日本政府正式通过法律承认混业经营的合法地位，1998 年 4 月开始实施新的《日本外汇法》《日本银行法》等，其主要内容包括：废除指定外汇制度；放松或废除对投资信托、基金和养老金等资产运用业务的各种限制；解除对设立金融控股公司的禁令，促进银行、证券和保险业之间的业务交叉；放宽或撤销对金融商品设计、销售的限制等。1999 年 10 月修改了《商法》，确立了新的股权置换、转移制度。上述一系列的改革措施，为日本银行业通过成立金融控股公司实现跨业、跨地区合并重组提供了法律依据，由此掀起了日本银行业新一轮的合并浪潮。

当时的日本政府认为，日本金融业的衰落是因为"护送舰队"式的金融管理模式以及日本的主银行制度，导致日本银行业的竞争力差。在此背景下，日本金融业混业经营合法化，允许设立银行、证券和保险等混业的金融控股集团。

1999 年 8 月，第一劝业银行、富士银行和日本兴业银行三家大型银行宣布联合组建日本第一家金融控股公司——瑞穗控股公司，2000 年 9 月正式成立。2001 年 4 月，住友银行与樱花银行正式联合组建成立了住友三井银行，成为日本第二大金融控股集团。2001 年 4 月，东京三菱银行和三菱信托银行联合组建的金融控股公司——三菱东京金融集团正式成立。合并后总资产规模达到 99 万亿日元，在当时居日本第三、全球第五。日本大和银行与旭日银行于 2002 年 3 月 1 日完成合并，成立理索纳金融控股公司。两家银行合并后的总资产将达到 536 万亿日元，资产规模远在瑞穗控股集团、东京三菱银行集团、三井住友金融集团和日本 UFJ 银行集团之上。2006 年，东京三菱银行集团与 UFJ 银行集团又合并成立了三菱东京 UFJ 银行集团。经过一系列合并事件后，日本原有的 20 多家大银行已合并成瑞穗、三菱东京 UFJ、三井住友等几个金融集团。

总的来看，相比前两个案例，日本在银行业危机后进行的监管改革力度非常大，不仅包括监管模式的重大调整，也包括问题金融机构处置的法律和制度范畴，还包括金融业发展模式方面。这充分说明，危机的教训越大，需要改革的领域越多，改革的动力也越足。

第四节 SIFIs 和 CoCos：改革要在实践中不断完善

一、SIFIs 与"大而不能倒"问题

2008 年，美国爆发了严重的金融危机。雷曼兄弟于 9 月破产，回购市场和商业票据市场出现大量赎回请求，流动性迅速枯竭，风险开始蔓延。随后，贝尔斯登、AIG、"两房"、花旗集团等 SIFIs 相继濒临破产，"大而不能倒"成为突出问题。为防止经济金融的稳定性受到更大规模的冲击，美国财政部根据《2008 年经济紧急稳定法案》的授权，实施 TARP 救助计划，向金融机构发放救助贷款。美联储发挥最后贷款人的职责，通过量化宽松和新型货币政策工具向市场全方位注入流动性，并对 SIFIs 实施国有化、注资、提供担保等救助措施。FDIC 扩大存款保险规模，并推出临时流动性担保计划，对存款机构和金融控股公司发行的高级无抵押债券和特定交易账户存款，提供全额担保。

表 8-3　美国政府对 SIFIs 的救助措施

机构名称	流动性支持与救助工具
房地美和房利美	财政部以优先股注资方式，全面接管"两房"，将其国有化
贝尔斯登	美联储通过摩根大通向贝尔斯登提供过桥贷款，帮助公司争取与其他金融机构合并的时间；成立专门用来收购贝尔斯登资产的 Maiden lane 公司，并向其发放贷款

续表

机构名称	流动性支持与救助工具
AIG	财政部通过注资将 AIG 国有化
	美联储向 AIG 提供贷款；向 AIG 购买优先股，降低 AIG 财务杠杆；成立 Maiden lane Ⅱ 与Ⅲ两家公司并向其发放贷款，支持 Maiden lane Ⅱ 从 AIG 购买 RMBS，支持 Maiden lane Ⅲ 从 AIG 的交易对手方购买 CDS 合约
花旗集团	财政部对两家机构进行优先股注资；
美国银行	美联储发布声明，表示对两家机构资产提供保护与支持

资料来源：根据公开资料整理。

政府的支持与救助虽然遏制了风险进一步蔓延，但也消耗了纳税人的大量资金。据专家统计，救助 SIFIs 的成本超过 3 万亿美元。若计入美联储的货币政策工具等其他措施，总费用可能高达 5—7 万亿美元。

表 8-4　美国政府救助 SIFIs 的成本

政府机构	救助措施	救助成本（十亿美元）
财政部	支持房地美和房利美	157
	TARP	501
美联储	购买房地美和房利美的证券	175
	购买抵押贷款证券	1250
	购买国债	300
	向贝尔斯登提供贷款	29
	TARP	248
FDIC	TLGP	577
其他	TARP 产生的其他净支出	73
合计	3310	

数据来源：美国国会预算办公室、美联储、财政部、FDIC。

监管缺位是导致"大而不能倒"问题的主要原因。美国从 20 世纪

90 年代开始实行金融混业经营，但直到 2008 年仍沿用"双层多头"的分业监管体系。"双层"是指联邦和州政府都有权出台相关法律并设有监管机构，"多头"是指联邦政府根据银行、证券、期货、保险等不同行业的监管需要，设立多个相应的监管主体。此种监管制度主要存在以下问题：

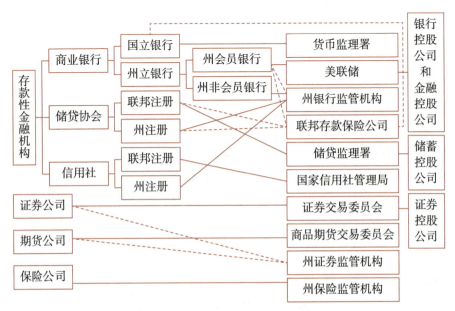

图 8-3　危机前美国金融监管框架

注：实线为主要监管机构，虚线为辅助监管机构。

　　监管架构方面，一是缺乏统一的宏观审慎监管主体。美联储名义上虽处于监管体系的核心，但实际上与证监会、货币监理署等分管不同领域，在面对系统性危机时没有足够的权力来协调监管资源。为此，虽然美联储在 2007 年夏天就收到来自市场的警告，但直到危机全面爆发也始终未与其他监管机构达成全面性、战略性的风险处置方案。二是分业监管与混业经营存在制度错配。一方面，金融机构可通过金融创新规避监管，如推出信贷资产证券化产品，将信贷资产及其风险转移到资本市场。由于信贷市场和资本市场分别由美联储和证监会监管，很多产品和业务无法确定应当归属的监管机构，使得基础资产及其衍生品的风险关系不能被充分识别和监管。另一方面，多头监管易导致重要信息传递滞后，影响政府应对危机措施的有效性。美联储曾在 2010 年 5 月向国会的证词中提到，由于不能及时获悉 AIG 状况，难以认定其风险对金融体系是否有严重威胁，直到 AIG 流动性枯竭并引起市场严重恐慌时，才对其进行救助，处境被动。

监管指标方面，SIFIs 规模庞大且交易复杂、关联性强，其对维系金融稳定相较一般金融机构更具重要性，但政府未设专门的监管机构对其进行日常监管，未对此类机构的杠杆率、资本充足率、流动性水平、风险敞口、交易规模、内控制度等作更严格的规定，存在监管不足和监管空白。美国在 20 世纪 90 年代进入金融混业经营时代，金融行业通过业务扩张和兼并收购，形成了数个提供综合金融服务的 SIFIs。在资金成本低廉、竞争激烈、监管宽松的环境下，此类机构从事各类高风险交易，但因缺乏更严格的监管规则约束，风险承担能力和损失吸收能力不足。

监管模式方面，美国政府自 20 世纪 80 年代开始就秉持金融自由化理念，认为金融市场具有自我修复的能力，过度监管会扼杀创新。而金融资本通过大量游说活动，进一步强化了这种政策导向。到危机前夕，政府甚至允许金融机构自主选择监管主体，导致地方政府为吸引金融资源而争相降低监管标准。宽松的监管易引发道德风险，管理层为追求短期利益而疏于公司治理，对公司从事的复杂业务及其风险状况知之甚少。如 AIG 管理层对公司 790 亿美元抵押贷款相关证券衍生品敞口的条款基本不了解；美林证券的管理层直到公司濒临破产才意识到持有的 550 亿美元 RMBS 已导致数十亿美元损失。

二、危机后逐步建立 SIFIs 的监管框架

（一）从制度上解决"大而不能倒"问题

金融危机折射出美国金融监管体系的弊病，分业监管体系和宽松的监管规则下，无法及时掌握 SIFIs 的风险，难以辨别流动性风险和偿付危机，难以有效履行维护金融稳定职能，错失了最佳的监管或救助时机。奥巴马就任后，责成其经济团队与国会协商制定一项金融改革计划，重点解决金融机构"大而不能倒"的问题，降低社会对政府救助的期待和由此产生的道德风险。

2009 年 6 月，政府公布了框架性文件《金融监管改革：一个全新的基础》（*Financial Regulatory Reform：A New Foundation*），提出要从加强金融机构监管、保护金融消费者和投资者、应对危机等五方面推动改革，其中第一部分强调要授权美联储监管所有威胁金融稳定的机构，对"大型、相互关联"的金融机构实施更严格的宏观审慎管理。在此基础上形成的提案由参议院银行业委员会主席多德于 2009 年 11 月提交给国会。

2010 年 3 月，奥巴马又敦促提交了关于沃尔克规则的提案。上述两项提案于 2010 年 5 月在国会通过，整合形成《多德—弗兰克法案》。第一，法案建立了解决"大而不能倒"问题的风险防范与处置框架。一是成立由财政部、美联储、FDIC 等多家监管机构组成的金融稳定监督委员会（FSOC），负责识别系统性风险并提出相关应对建议；二是确立美联储超级监管主体的地位，授权美联储监管所有 SIFIs；三是明确了 SIFIs 的定义，并授权美联储制定更严格的宏观审慎监管规定，内容包含压力测试、风险资本、流动性、杠杆率、业务集中度、信用敞口

以及总体风险管理制度。以上规定并非统一适用于所有机构，而应根据其资本结构、风险状况、复杂程度、主营业务、资产规模等要素进行差异化管理。第二，法案填补了美国在系统重要性非银行金融机构风险处置方面的空白，设置了有序清算机制（OLA），授权 FDIC 担任接管方，在不影响金融体系稳定的情况下高效处置问题金融机构。第三，法案吸收了沃尔克规则的内容，严格限制在 FDIC 投保的存款机构、银行控股公司及其附属机构从事自营交易、投资 PE/VC 等。第四，法案还针对危机暴露出的问题，就加强场外衍生品市场监管、扩大美联储对金融机构的检查权等做出相关规定。

《多德—弗兰克法案》的实施有效稳定了金融体系，也引发了市场争议。特朗普在竞选阶段就指出，对金融机构的过严监管会降低美国在国际金融体系中的竞争力。2017 年 6 月，颠覆《多德—弗兰克法案》的"为投资者、消费者和企业家创造希望与机遇法案（CHOICE）"因过于激进而未获参议院通过。同年 11 月，相对温和的《经济增长、放松监管和消费者保护法案》获得了国会支持。该法案将系统重要性银行（SIBs）的认定标准，由"总资产 500 亿美元以上"大幅提升至"2500 亿美元以上"，并允许美联储自行决定是否要对总资产 500 亿—2500 亿美元的银行控股公司加强审慎监管，相当于给予此类机构一定的豁免权。此举也间接放松了政府对非银行金融机构的监管，FSOC 陆续将先前指定的所有系统重要性非银行金融机构移出名单。

特朗普同时启动沃尔克规则的修改进程，《沃尔克规则修正案》于 2019 年 10 月获批，排除了总资产不超过 100 亿美元的小型银行，但对 SIBs 的要求基本不变。

（二）确立美联储的超级核心地位

成立 FSOC，负责识别、应对系统性风险。FSOC 由财政部部长、美联储主席、证监会主席等多家监管部门负责人组成 [1]，采用多数决的议事机制。如 FSOC 2/3 以上成员认为一家 SIFIs 对金融稳定构成威胁，则 FSOC 可限制该机构参与并购、发行特定产品或从事特定业务，并在以上措施无效的情况下要求该机构拆分资产。

授权美联储监管所有 SIFIs。目前美国金融监管采取"伞尖"结构，美联储作为金融监管体系的"伞尖"，具有超级核心地位，负责直接监管所有 SIFIs，包括制定相关业务规则、开展现场与非现场检查、强制执行等。

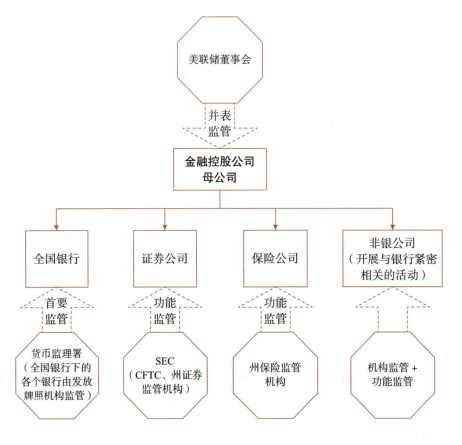

---

① FSOC10 名有表决权的成员包括财政部部长（任委员会主席）、美联储主席、货币监理署署长、证监会主席、联邦存款保险公司主席、金融消费者保护局局长、商品期货交易委员会主席、联邦住房金融局局长、国家信用社管理局局长以及总统任命的专业人士，5 名无表决权的成员包括金融研究办公室、联邦保险办公室、州立银行保险证券监管机构的负责人。

2010 年后的美国金融监管体系

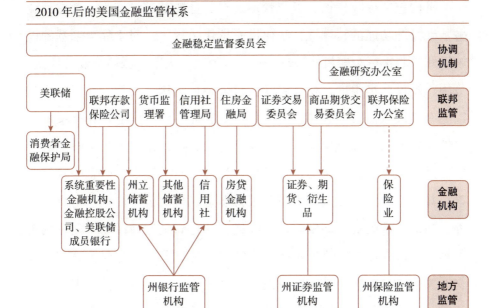

图 8-4　美国金融监管框架

资料来源：海通证券研究所整理。

（三）明确 SIFIs 的界定标准

美国法律对 SIBs 设置了客观、定量的识别标准。美国的 SIBs 指合并资产规模超过 2500 亿美元的银行控股公司[①]，其中有 8 家属于 FSB 定义的全球系统重要性银行（G-SIBs）[②]。除了资产规模外，G-SIBs 还需要满足关联度（interconnectedness）、复杂性（complexity）、可替代程度（substitutability）、跨境业务（cross jurisdiction activity）四项指标。

明确系统重要性非银行金融机构界定的机制和流程。美国非银行

[①]　银行控股公司是指拥有一家或多家银行控股权但自身不提供银行服务的公司，美国大型银行基本都是银行控股公司。

[②]　摩根大通、美国银行、富国银行、花旗集团、高盛、摩根士丹利、纽约梅隆银行和道富银行。

金融机构包括保险机构、资产管理公司、金融基础设施等。考虑到金融基础设施功能的特殊性，法律设专章作了规定。对于除金融基础设施以外的非银行金融机构，如 FSOC 认为其重大财务困境或业务性质、范围、规模、集中度、相互关联性对金融稳定构成威胁，经三分之二以上有表决权成员（包括主席）同意，FSOC 有权认定其具有系统重要性，并授权美联储对其加强审慎监管。FSOC 建立了三阶段式的评估体系，重点考虑机构的资产规模、杠杆率、关联性、监管现状等要素。其中，第一阶段是对大量非银行金融机构的公开数据进行季度审查，如果机构的资产规模超过 500 亿美元且满足五项标准[①]之一则进入第二阶段；第二阶段是要求金融机构及其母公司和主要监管部门提交有关信息并进行审查；如果 FSOC 决定实施进一步评估，则在第三阶段对机构进行详细、深入的分析，做出认定其具备系统重要性的决定。决定生效后，FSOC 每年进行重新评估，考虑是否需要撤销先前的指定。

对于金融基础设施，如果 FSOC 认为其运行失败或中断会在市场引发流动性风险和信用问题，进而威胁金融体系稳定，经 2/3 以上成员（包括主席）同意，FSOC 有权认定其具有系统重要性，并要求其接受更严格的审慎监管。[②] FSOC 设定的四维度评判标准包括机构处理的交易总额、与交易对手方的风险敞口、与其他金融基础设施之间的关联度、运行失灵对金融机构乃至金融体系的影响。

[①] 以公司作为参考实体的 CDS 规模达 300 亿美元、衍生负债达 35 亿美元、未偿债务总额为 200 亿美元、杠杆率达 15∶1、短期资产负债率达 10%。

[②] 目前，FSOC 认定的系统重要性金融基础设施共 8 家，包括清算所支付公司（TCH）、持续连接结算系统（CLS）、芝加哥商品交易所有限公司（CME）、存管信托公司（DTC）、固定收益清算公司（FICC）、洲际信用违约掉期清算中心（ICE Clear Credit）、全国证券结算公司（NSCC）和期权清算公司（OCC）。

（四）SIBs 采用分类监管制度

美联储按照资产规模、跨境业务规模、非银资产、加权短期批发性融资、表外风险暴露等指标，将总资产 500 亿美元以上的银行分为五类，适用不同的监管要求。第一类为 G-SIBs，所受监管最为严格，包括专属于 G-SIBs 的附加资本要求、总损失吸收能力等监管要求，部分规定甚至比国际标准更高，如巴塞尔委员会发布的《全球系统重要性银行：修订后的评估方法和附加损失吸收能力要求》要求 G-SIBs 附加资本不低于 1%，而美国的要求是 1%—4.5%；巴塞尔协议要求总资产 2000 亿欧元以上的 G-SIBs 每年披露指标达成情况，而美国的披露门槛是 500 亿美元且必须每季度披露。第二类为总资产 7000 亿美元以上或跨境业务 [①] 750 亿美元以上的银行，除附加资本、总损失吸收能力（TLAC）、杠杆率外，其他规则与第一类机构基本一致。第三类为总资产 2500 亿美元以上或加权短期批发性融资 [②]、非银行资产或表外敞口 [③] 750 亿美元以上的银行，此类银行属于法律界定的 SIBs，但资产规模和市场影响力相对较小，在压力测试、资本监管方面有所放松。第四类为总资产 1000 亿—2500 亿美元的银行，因较少参与跨境业务和非银业务，表外风险敞口也不大，因此资本和杠杆率的要求更为宽松。第五类为总资产小于 1000 亿美元的银行，因其无须遵守宏观审慎监管规定，故表 8-5 不作详细介绍。

---

① 等于银行跨境资产与负债规模之和。

② 银行通过批发融资对手方、特定经纪存款（Brokered Deposits）、转存计划存款（Sweep Deposit）所获得的到期期限小于 1 年的存款。

③ 表外敞口为银行在监管报表中上报的总风险暴露（Total Exposure）与银行表内总资产的差值。

表 8-5　美国银行业的分类监管

银行类别 ＼ 监管要求	第一类（G-SIBs）	第二类（总资产 7000 亿美元以上或跨境业务 750 亿美元以上）	第三类（总资产 2500 亿美元以上或加权短期批发性融资、非银行资产或表外敞口 750 亿美元以上）	第四类（总资产 1000 亿—2500 亿美元）
TLAC	有要求	无要求	无要求	无要求
压力测试	每年机构自主测试；每年美联储进行压力测试；每年提交资本计划	每年机构自主测试；每年美联储进行压力测试；每年提交资本计划	每两年机构自主测试；每年美联储进行压力测试；每年提交资本计划	美联储每两年进行压力测试；每年提交资本计划
年度综合资本分析和审查（CCAR）	美联储对机构作年度评估	美联储对机构作年度评估	美联储对机构作年度评估	美联储对机构作年度评估但有一定的灵活性
风险资本	附加资本（1%—4.5%）；通过高级法来计算风险加权资产逆周期资本缓冲要求；其他综合收益（AOCI）必须计入资本	通过高级法来计算风险加权资产；逆周期资本缓冲要求；AOCI 必须计入资本	逆周期资本缓冲要求；绝大多数累积 AOCI 可不计入资本	无要求
杠杆资本	杠杆率要求 5%	杠杆率要求 3%	杠杆率要求 3%	无要求
单一对手方信用敞口（SCCL）	对单一对手方的净信用敞口不超过一级资本净额的 25%	对单一对手方的净信用敞口不超过一级资本净额的 25%	对单一对手方的净信用敞口不超过一级资本净额的 25%	无要求

续表

银行类别 / 监管要求	第一类（G-SIBs）	第二类（总资产 7000 亿美元以上或跨境业务 750 亿美元以上）	第三类（总资产 2500 亿美元以上或加权短期批发性融资、非银行资产或表外敞口 750 亿美元以上）	第四类（总资产 1000 亿—2500 亿美元）
LCR 和净稳定资金比例（NSFR）	每日 LCR ≥ 100%；每日 NSFR ≥ 100%	每日 LCR ≥ 100%；每日 NSFR ≥ 100%	每日 LCR 和 NSFR 均 ≥ 85%（加权短期批发性融资低于 750 亿美元）；每日 LCR 和 NSFR 均 ≥ 100%（加权短期批发性融资 750 亿美元以上）	无 LCR 要求（加权短期批发性融资低于 500 亿美元）；每日 LCR 和 NSFR 均 ≥ 75%（加权短期批发性融资 500 亿美元以上）
监测金融机构流动性情况的 FR 2052a 表	每日报送	每日报送	每月报送（加权短期批发性融资低于 750 亿美元）；每日报送（加权短期批发性融资 750 亿美元以上）	每月报送
流动性测试	每月测试并建立流动性管理机制	每月测试并建立流动性管理机制	每月测试并建立流动性管理机制	每季度测试并建立适配性的流动性管理机制
处置计划	银行应向美联储、FSOC 和 FDIC 提交处置计划，阐明如何能在不影响金融稳定的情况下进行风险处置。美联储、FSOC 和 FDIC 可否定计划并要求其修改后重新提交，否则将对该行实施更严格的资本、杠杆率、流动性等监管要求，限制其业务和规模增长，甚至要求剥离特定资产和业务			
沃尔克规则	限制系统重要性银行开展证券衍生品、商品期货等高风险自营业务，限制其发起或投资对冲基金和私募股权基金。根据银行的资产规模设定门槛，制定实施相应的合规计划、记录和报告要求			

资料来源：美联储。

（五）将系统重要性非银行金融机构纳入宏观审慎监管

美联储未针对系统重要性非银行金融机构出台专项监管细则，此类机构的监管要求适用《多德—弗兰克法案》有关加强宏观审慎监管的规定。对于控股银行的非银行金融机构，其还应遵守沃尔克规则关于限制银行参与自营交易和发起对冲基金、私募基金的规定，并建立一定的合规程序。

表 8-6　系统重要性非银行金融机构遵守的宏观审慎监管要求

监管领域	具体要求
资本监管	机构应定期进行压力测试，美联储也对资产规模 1000 亿美元以上的系统重要性金融机构进行定期压力测试
杠杆率管理	如 FSOC 认为某机构威胁金融体系稳定，可要求该机构的债务股本之比不超过 15：1
业务集中度和信用风险敞口	机构对任何一家非附属公司的信用敞口不得超过其资本和盈余总和的 25% 或美联储规定的更低比例，并向美联储、FSOC 和 FDIC 定期报告与其他 SIFIs 的信用敞口情况
风险管理	FSOC 指定的上市非银行金融机构应设立风险委员会，负责机构内部的风险管理监督工作
处置计划	同 SIBs 的规定

资料来源：根据《多德—弗兰克法案》整理。

系统重要性非银行金融机构处置机制得到完善。一旦系统重要性非银行金融机构陷入财务危机，无法继续经营，则应通过由 FDIC 主导的有序清算机制进行风险处置。首先，如果 FDIC 和美联储认为系统重要性非银行金融机构存在重大风险，应主动或应财政部要求提交书面建议，说明财政部是否应指定 FDIC 作为接管人。该书面建议应同时获得美联储理事会 2/3 以上票数同意和 FDIC 董事会 2/3 以上票数同意。

对于系统重要性证券公司（broker & dealer），上述书面建议应由证监会和美联储同意，并与 FDIC 商讨后提交至财政部；对于系统重要性保险公司，上述书面建议由联邦保险局和美联储同意，并与 FDIC 商讨后提交至财政部。其次，FDIC 担任问题金融机构的接管方，在实施有序清算时可采用"单一切入"（SOPE），即由 FDIC 设立过桥公司，接管问题金融机构的全部分支机构及业务，过桥公司董事会和管理层完全由 FDIC 任命。过桥公司可继续在资本市场融资，如有困难，则财政部设立的有序清算基金（OLF）可作为过桥公司的临时流动性资金来源。其他存续债权可置换为过桥公司新发行的证券。待过桥公司完成业务重整后，按市场化原则另行设立一家或数家控股公司，继承过桥公司的业务和资产负债，实现过桥公司的有序退出。此方式确保问题金融机构的股东和长期无担保债权以及管理团队首先承担损失，避免直接使用纳税人的资金对单个机构进行救助。

三、对 SIFIs 划分标准的争论

对 SIFIs 的划分标准一直有争论。2013 年，FSB 在确定 SIFIs 时，主要采用五个指标，具体是全球活跃性、资产规模、复杂性、关联性以及可替代性，按这五项指标对国际性金融机构进行评估打分，根据一定权重汇总后进行排名，排在最前面的 29 家纳入全球系统重要性金融机构（G-SIFIs），并根据分值的不同分为 5 个组别，也称为分组法。有人认为，按这种方式"一刀切"确定 29 家作为 G-SIFIs，在资本要求、杠杆率、流动性比率等方面适用更高的监管标准，对排在前面的几家机构自然没有太多的争议，但对于排在 30 名前后的金融机构，可能就存在一个大的落差。特别是排在第 28 家、第 29 家机构，与排在后面的第 30 家、第 31 家机构在相关指标上的差距并不大，但却要受到更高、

更严的监管要求，这个大幅的落差被称为"峭壁效应"。

2023 年硅谷银行的倒闭事件就印证了这个问题，在系统重要性机构划分标准调整后，硅谷银行按照非系统重要性机构接受监管，但事实证明其有一定的系统性风险。美国 SIBs 的标准由总资产 500 亿美元上调至 2500 亿美元，硅谷银行在 2022 年底的总资产在 2000 亿美元左右，就不属于 SIBs，因此按照非 SIBs 接受监管。2023 年 3 月 10 日，美国处置当局最初判断硅谷银行倒闭属于个体风险，FDIC 宣布对 25 万美元以下的受保存款提供保障。但随后引起了市场恐慌，在硅谷银行倒闭后的几个小时内，签名银行流失了接近 20% 的存款，随即也面临着倒闭风险。恐慌逐步在市场蔓延，银行体系存款开始流向国债和货币市场基金。这一系列连锁反应使得美国处置当局重新审视对硅谷银行的风险定性。3 月 12 日，经美联储、FDIC 判断，由财长报请总统决策，最终确定硅谷银行倒闭属于系统性风险，宣布对硅谷银行和签名银行的存款提供全额保障。硅谷银行倒闭事件充分说明，在总资产 2500 亿美元上下的银行，其风险的属性是比较接近的，进行"一刀切"划分并适用差异很大的监管标准，在现实中是有问题的。如果硅谷银行能够适用较为严格的监管标准，风险或许是可以避免的。

四、瑞信收购案中的 CoCos 减记争议

2023 年 3 月 14 日，瑞士信贷（以下简称瑞信）在 2022 年年报中公告，其 2021、2022 年的财务报表程序存在重大缺陷，风险评估流程等内部控制存在失效，瑞信的外部审计机构也出具否定意见。3 月 15 日，瑞信大股东沙特国家银行明确表态，由于监管要求持股比例不得超过 10%，不会向瑞信提供任何更多援助。多个负面信息导致瑞信股价下挫，违约概率上升。瑞信恳请瑞士央行救援。3 月 19 日，瑞士联合银行集

团（以下简称瑞银）宣布以换股方式全资收购瑞信。瑞士央行向瑞银提供 1000 亿瑞郎的流动性援助，同时政府为瑞银接管资产可能造成的潜在损失提供 90 亿瑞郎担保。

瑞士金融市场监管局（FINMA）在批准瑞银收购瑞信通告中指出，政府的特别支持将触发对瑞信所有其他一级资本工具（AT1）面值的全额减记，金额约 160 亿瑞郎。这也是 AT1 工具首次发行以来最大的一次减记事件，投资人损失远超 2017 年西班牙国民银行（Banco Popular）被西班牙桑坦德银行（Banco Santander）收购时的 13.5 亿欧元债券减记。公布后首个交易日，其他同类型 AT1 债券价格大幅下跌，银行股票遭到大规模抛售，市场担忧从较弱的金融机构蔓延至大型银行。

瑞信 160 亿瑞郎 AT1 减记事件"合法但不合理"，引起了债券市场参与者不小的争议。主要争议点在于，此次减记导致 AT1 债券投资者的投资清零，但股东仍能在合并过程中获得小部分瑞银股票，这与之前通常认为的"股东应在资本工具投资者之前吸收损失"不符。根据《巴塞尔协议Ⅲ》对银行资本清偿顺序的相关规定，最先被清偿的资本为普通股权一级资本（CET1），其次为 AT1 资本和 AT2 资本。不过，瑞银收购瑞信过程中，清偿顺序靠前的普通股东权益受到了一定程度的保护，但相对更加安全的 AT1 却被全额减记，与《巴塞尔协议Ⅲ》中规定的清偿顺序相悖，这引发了 AT1 市场大幅波动。也有市场人士认为，该举措是 AT1 持有人替股东吸收了损失，同时有观点认为，AT1 设计初衷就是用来吸收损失的，全额减记并不惊讶。CoCos 债券是 2008 年金融危机后开始被大规模使用的，一般来说当银行达到特定触发条件后，如 CET1 比率下降至一定水平或无法继续经营时，CoCos 债券将强制停止付息并转换为银行普通股或被减记，以提升银行的资本充足率。根据触发条件，CoCos 可以分为高触发型（High Trigger）和低触发型（Low Trigger）。一般而言，高触发型的触发条件为 CET1 比率小于 7% 或无法生存的时间节点（PoNV），而低触发型的触发条件为 CET1 比率小于 5.125% 或无法生存的时间节点。

由于担心辖区内相关资本工具的价格大幅波动，其他监管机构也相继阐述自身与瑞士金融市场监管局的不同观点。欧央行在瑞士金融市场监管局公布处置方案后发布声明称，普通股权是最先吸收损失的，只有在它们被充分使用之后，才会要求减记 AT1 债券；这种方法在过去的案例中一直被应用，并将继续指导单一处置委员会、欧央行在危机干预中的行动。英国央行随后也发表了类似观点，称英国有明确的法定顺序，详细规定了哪些股东和债权人应承担损失，明确 AT1 债券受偿顺序排在股权之前。

总的来看，为了更好应对危机，必须不断推出一些新的监管工具。像 SIFIs 和 CoCos，都是 2008 年金融危机后推出的，在解决"大而不能倒"以及危机时期银行资本不足问题上，发挥了很好的作用。但是，在 2023 年欧美银行业危机期间，这些新工具暴露出一些明显的问题，由此也引发了一些争议。这就说明，任何的新工具都不是最初就设计完美的，必须在实践检校中不断完善。实际上，存款保险制度从 20 世纪至今经历了百年的发展与完善，现在依然进行着优化的讨论。

第五节　我国金融监管改革持续深化 [①]

我国自改革开放以来，金融业从计划经济向市场经济转轨，经历了几次重大风险化解和监管改革，这个过程充分证明了，金融安全是

---

① 部分内容来自作者公开发表的《有效的金融监管体系探讨》《我国公司治理难题亟待破解》等文章，也参考了中新网等公开报道。

"改"出来的，不是"保"出来的。1997—2017年，我国陆续召开了五次全国金融工作会议，指引了我国的金融监管改革，经历了一个不断深化的过程。1997年第一次全国金融工作会议之后，首先面临的是风险处置的问题，重点是整顿各类金融机构的风险，规范金融秩序，然后是提高监管的专业性，在1992年已经成立证监会的基础上，将保险、银行的监管职能从央行分离出来，1998年保监会成立，2003年银监会分设，形成了"一行三会"的分业监管架构。2002年第二次全国金融工作会议和2007年第三次全国金融工作会议后，金融业改革创新步伐加快，持续推动国有大型银行股改上市，推动农村金融体系改革发展，大力发展资本市场。但随着混业经营大发展，"铁路警察，各管一段"的分业监管体制弊端逐渐暴露，出现了影子银行、互联网金融等金融风险问题。2012年第四次全国金融工作会议后，强调金融要服务实体经济，强调防范系统性金融风险。2017年第五次全国金融工作会议决定设立国务院金融稳定发展委员会，并进一步扩充和强化人民银行宏观审慎管理相关职能，旨在避免机构整合的体制震动的前提下，增强金融监管协调权威性有效性、强化金融监管统一性穿透性的重大措施。2017年以来，金融风险隐患仍然较多，部分中小金融机构风险暴露出来，房地产金融风险和地方政府债务风险也引发关注，反映出金融监管和治理能力薄弱、金融乱象和腐败问题屡禁不止、金融风险处置机制亟待建立等问题。2023年中央金融工作会议指出，要切实提高金融监管有效性，依法将所有金融活动全部纳入监管，及时处置中小金融机构风险，建立防范化解地方债务风险长效机制，促进金融与房地产良性循环，健全权责一致、激励约束相容的风险处置责任机制，健全具有硬约束的金融风险早期纠正机制。总的来看，与国际经验相同，我国金融监管改革也是随着金融业发展及暴露的问题而不断深化的。

经过二三十年来的不断深化改革，我国金融监管的专业性、有效性、协调性不断提升，很好地助力了金融服务实体经济的作用发挥。不过，金融监管仍要不断适应金融业改革发展的新要求，从近年来暴露出来的一些金融机构风险事件来看，我国金融监管还有一些需要继续深化的地方。

一、公司治理的问题

在我国经济转型过程中，微观企业主体往往存在重大公司治理缺陷。恒丰银行、锦州银行等风险案例中，虽然具体形式各有不同，但这些案例都存在共性问题，反映了出资人缺位导致侵犯出资人权益、内部人控制和内部制衡缺失等严重的公司治理缺陷，也反映出我国金融机构监管存在信息披露不足、监管缺失等外部监管问题，更深层次地反映了从计划经济向社会主义市场经济转型过程中，带有地盘色彩的行业或地方主管模式并以行政管理代替公司治理的痼疾。

（一）公司治理的重要性

公司治理是国家治理体系微观层面的重要组成部分，是以公司治理为核心的现代企业制度的建立和完善，更是国家现代化进程的重要推动力量。公司治理包括公司股东、董事会、管理层及其他利益相关方的相互关系，也涉及公司如何设定和实现运营目标，以及如何监测公司经营表现等结构化安排。良好的公司治理在微观层面可提供有效的激励和监督机制，在宏观层面可增强投资者信心、激活投资，促进资本市场持续稳定健康发展，为经济长期可持续增长提供支持。

从我国的实践看，基本形成了以"三会一层"（股东大会、董事会、监事会和高级管理层）为核心的公司治理框架，但重形式、轻实质，形似而神不至的问题仍然十分突出——国有企业和金融机构公司治理结构中出资人缺位，导致侵犯出资人权益的问题普遍存在。

在我国经济持续下行、转型升级压力骤增的关键时期，坚持以公有制为主体、多种所有制经济共同发展的基本经济制度的前提下，提高公司治理标准、深化公司治理改革、完善现代企业制度，是深化国有资本管理、维护市场秩序、促进经济转型、提高经营效率的关键环节，也是防范和化解金融领域风险、实现经济持续健康发展的制度性保障。

（二）我国公司治理向全球高标准接轨

目前，国际上权威的公司治理的规范性文件是 2015 年 11 月二十国集团（G20）安塔利亚峰会核准的《G20/OECD 公司治理原则》（以下简称《原则》）。该《原则》于 1999 年由经合组织（OECD）首次发布并于 2004 年完成首次修订，2013 年 10 月 OECD 又进一步修订——要求 G20 成员国和 OECD 成员国以同等权利参与。《原则》强调"公司治理框架应有助于提升市场的透明度和公平性，提高资源配置效率，应符合法治精神，并促进有效监管"。该《原则》不具有约束力，不对各国立法作详细规定，而是力求确定各种目标，并提出实现这些目标的各种手段；其目标在于为政策制定者和市场参与者提供一个可靠但灵活的参考，供其制定各自的公司治理框架。

历史上，我国没有接受《原则》（1999、2004），2015 年在土耳其举办的 G20 会议上正式接受《原则》。近年来，我国越来越重视金融机构公司治理问题，监管部门也制定了一些指引或准则，2013 年发布《商业银行公司治理指引》，明确提出了银行公司治理应包括的主要内容，2021 年发布《银行保险机构公司治理准则》，将党的领导与公司治理有机融合的要求正式写入监管制度，并借鉴引入了《原则》所倡导的良好做法。但总体看来，我国还欠缺一个高层次的企业层面的公司治理原则。有人认为，国内的一些监管机构虽制定了一些公司治理原则或指引，但有出于部门利益之嫌，在很长一段时间内，很多人对公司治理的概念不清；而快速增长的中国经济，一定程度上掩盖了公司治理存在的缺陷。近年来，随着经济增长放缓，公司治理的问题开始"水落石出"、逐步暴露。作为 G20 成员，我国已承诺接受该《原则》，意味着公司治理将与全球高标准接轨。总之，我国的公司治理有很大的改进和提升空间，承诺接受《原则》是提高公司治理的重要契机，也是深化改革和建立现代国家治理体系的基石。

（三）如何完善与加强我国公司治理

1. 坚持加强党的领导与完善公司治理的统一

我国要完善公司治理，必须厘清几个认识误区。

首先，加强党的领导与完善公司治理并不矛盾。坚持党的领导是国有企业的"根"和"魂"，完善公司治理结构是国有企业的"形"和"神"。若将两者对立，落实党的领导就是一句空话。习近平总书记要求把党的领导融入公司治理各环节，把企业党组织内嵌到公司治理体系中，明确了国有企业党组织发挥领导作用的有效方式。可以探索通过董事会党组加强党的领导并解决所有者缺位问题，达到两者的统一。一是党通过公司董事会党组实现对国企重大决策和管理层任命的控制力。党章明确规定，党代表中国最广大人民的根本利益，其内涵理应不排除党代表人民管理国企的所有权，党通过所有权管国企具有合理性和可操作性，党可代表多数股权支配董事会决议。二是成立公司经营层面和面向基层干部、员工的党委，发挥党组织的政治核心作用。不过，党管国企也要尊重并支持其他治理主体依法行使职权，激发公司经营层高管、部门中层等各类主体的积极性、主动性、创造性。

其次，如果片面地认为必须国有企业 50% 以上股权控制在中央或地方财政管理部门手里，才能做大做强国企，而不重视完善国企的公司治理，将与做大做强国有企业的愿望背道而驰。众多案例表明，存在重大公司治理缺陷的国有企业，往往会造成国有资产的重大损失。在很多市场竞争较充分的行业，以做大做强国企为名，大量运用公共财政资源而不注重公司治理，只会浪费公共资源；相反，如果把做大做强国企的着力点放在完善公司治理、相对控股，同样能实现做大做强国企的战略目标，并可腾出更多的公共财政资源用于民生短板。

最后，坚持公有制主体地位与完善公司治理并不矛盾。在社会主义市场经济条件下，不断探索创新有效实现公有制多样化的微观治理形式，在坚持加强党的领导的前提下推动公有制繁荣发展，一种可考虑的改革方式是，实现由传统集中管理的国有制形式向国家控股形式的转变，实现由"管企业"向"管资本"的转变。坚持加强党的领导，既可通过企业董事会党组实现，也可考虑在加强控股公司层面党的领导的同时，下属企业中党的领导主要通过控股公司在股东大会和董事会中的影响力和控制力来实现。此外，公有制可探索多种形式，如社保养老基金、增加对国有企业的持股比例、完善类似基金制的公有制形式，可更好地在社会主义市场经济条件下坚持公有制主体地位。

2. 做实出资人的地位和权利

目前，国有企业公司治理的最大弱点是所有者缺位、股东权利虚置，容易形成内部人控制，侵犯出资人权益。在链条复杂的授权体系下，虽然国家或政府（财政）作为大股东客观存在，但在公司日常管理经营中，缺乏人格化代表行使其股东权利，难以起到监督和制衡作用，国有股东的权利事实上缺乏有效保护。在选拔任用国有企业的领导人员时，既要突出对党忠诚、清正廉洁的政治标准，又要遵循市场经济规律，从代表国有股东利益等公司治理角度综合考量。

从恒丰银行案例看，至 2015 年年末，第一大股东为国有独资企业，第二大股东为外资银行。从相关资料看，恒丰银行管理层涉嫌利用银行资金和资管计划改变股权结构，以达到变相控股的目的——在这一过程中，大股东并未发挥在公司治理中的应有作用。

实践证明，以中央汇金为代表的控股公司模式在国有商业银行改革初期，对完善国有银行公司治理发挥了积极作用——通过银行董事会结构多元化，提高董事会专业性，提升了银行的公司治理水平。当然，其制度安排也存在一定缺陷——制约了控股公司在公司治理中的积极作用。

同时，中央汇金不具有对国有商业银行高管人才的任免权，只部分承担了国有出资人的权利，对银行高级管理层的约束是非刚性的，不能从根本上解决国有资本所有人缺位的问题。此外，2007年通过股权置换后，中央汇金名义上持有股权，实际上承担债务，国有商业银行的国有股权不再是事实上的真金白银——为了保证每年偿还特别国债的利息，要求国有商业银行每年固定的分红回报，必然对国有商业银行"水多了加面、面多了加水"的行为睁一只眼闭一只眼，弱化了中央汇金作为国有出资人的作用。

3. 加强银行内部治理，做实制衡机制

公司治理框架中应确保"三会一层"的相互制衡作用。鉴于在瞬息万变的市场中管理企业事务的复杂性，股东不应被期望承担管理企业事务的责任；董事会在公司治理中应该摆在更加重要的位置上，企业战略和运营的责任主要由董事会及其选择、激励和必要时可以更换的管理团队负责，同时要对董事会、董事长的权力进行有效监督。国际实践中，董事会下设战略、审计、提名、薪酬与考核等专业委员会，既能弥补董事会专业性不足、难以履行日常监督职能等内在缺陷，又能防止权力滥用、更好发挥独立董事作用、实现更好的内部制衡。

在我国的实践中，很多企业也建立了"三会一层"的治理结构，董事会下设专业委员会，已初步搭建起现代公司治理的架构，但在内

容和质量上存在明显的不足。一些企业"三会一层"之间的边界不清晰：有些董事会下面设置经营管理部门，自然难以发挥董事会对高级管理层的监督和制衡作用；一些企业董事会专业委员会的专业性和独立性不足，有名无实、流于形式，甚至成为一言堂，无法实现提高董事会决策能力和治理绩效的目的。这在恒丰银行的内部组织结构中有明显体现：从相关资料看，人、财、物、风险均由董事会（董事长）决定；截至 2015 年年底，恒丰银行第一大股东和第二大股东均只派出了非执行董事，没有发挥大股东制衡内部人控制的作用。另外，锦州银行作为一家在港股上市的纯民营银行，股权高度分散，公司治理和风控措施薄弱，原来的实控人和管理层与部分股东进行利益交换，伙同部分股东及关联方大肆侵占套取银行资金，形成大量违规占款。

因此，应要明确加强股东在公司治理中的制衡和监督作用，尤其要解决国企中存在的无人代表股东的现象；要进一步完善党对国企的领导，建立完善的符合公司治理原则的内部组织结构，使企业行为更加符合《公司法》和公司治理原则；要更新观念，从公司治理中各利益相关者之间相互制衡关系来实现"各负其责"，而不是简单的下级服从上级；要厘清"三会一层"的边界和责任，发挥股东大会对公司重大事务的最终裁决作用以及对董事会、高管层的监督作用，完善董事会对企业的战略指导和对管理层的有效监督；要建立和完善董事会专委会制度，并建立健全独立董事"发声"制度和违规处罚制度。

4. 加强和完善信息披露制度

公司治理框架应确保及时准确地披露公司所有重要事务，包括财务状况、经营绩效、所有权等。健全的信息披露制度能够推动企业的真正透明，这是市场化公司监管的关键特征，也是股东得以在知情基础上行使股东权力的核心，《原则》将此列为六大核心原则之一。

经验表明，信息披露也是影响公司行为、保护投资者的强大工具，一个健全的信息披露制度有助于资本市场吸引资本和保持信心；但在现实中，出于多种考虑，常常出现企业控制权匿名转移行为。从恒丰银行事件看，部分高管出于获得控制权的目的，在通过各种途径持有公司股份时，并没有对资金来源等相关信息进行披露，甚至试图通过建立复杂的股权控制结构掩盖高管控股的真实意图。

因此，应当加强和完善信息披露范围，包括公司的财务和经营状况，主要股东和实际控制人，董事会成员和高级管理层的薪酬，董事会成员相关信息及其独立性、关联交易，员工和其他利益相关者的问题。此外，要加强和完善信息披露质量。使用高质量的会计和披露标准以提高报告的相关性、可靠性和可比性；聘请独立、称职的外部审计机构提供高质量的审计服务；加强信息传播渠道建设，以使用户平等、及时和低成本地获取相关信息。

5. 建立有效的监管制度

金融监管等外部治理是金融机构公司治理的重要内容。《原则》指出，要实现有效的公司治理，必须存在健全的法律、监管和制度框架，符合法治原则，透明和可执行。不同管理机构之间应明确划分监督和执行责任，并保证监管和执行部门有适当的权利，以专业、客观的态度履行职责。

从我国的实践看，金融监管等外部治理的市场化改革还没有完全到位，监管与发展职能不分，很多时候行使的是行业主管部门的职能，着眼点往往是如何"管企业"，而不是考虑如何完善企业的公司治理。近年来，金融机构监管部门在机构准入和风险处置过程中，频繁派人出任被监管机构的高管，导致监管部门和被监管机构人事关系复杂，既影响监管的独立性，又干扰了金融机构人事制度改革。同时，监管部门还制度化派员列席金融机构股东大会、董事会和监事会等内部会议并发表意见，影响董监事履职，干涉金融机构自主经营。

外部治理机制不完善导致内部治理缺陷，不是金融领域独有的问题。国企改革没有到位，国企（包括大型银行和地方银行）的董事长变成了类似任职制的政府官员，更加关注短期业绩，不关注企业的可持续发展，不重视风险控制，从而导致企业杠杆率大幅攀升、僵尸企业僵而不死、过剩产能退而不出、海外投资盲目扩张，进而导致结构性矛盾进一步固化，资源错配程度加深，部分领域的潜在风险加速集聚。从这个意义上讲，以完善公司治理为突破口，是加快推进结构转型、保持国民经济持续健康发展的重要基础。

建立有效的监管制度，首先要厘清外部治理与内部治理的边界，包括金融监管在内的外部治理机制不应直接涉入公司内部治理的领域。其次是监管部门应为金融机构建立完善稳健的公司治理架构提供指导，定期评估公司治理政策、措施和执行情况，并要求金融机构对实质性缺陷采取有效措施和手段。最后，加强事前风险监测和事中风险管控，对公司治理缺陷明显的金融机构可能出现的风险"看得见、管得住"，守住不发生系统性风险的底线。

（四）深发展案例

公司治理缺陷造成经营和发展僵局。深圳发展银行股份有限公司（以下简称"深发展"）是我国第一家面向社会公众公开发行股票并上市的商业银行。1998 年，东南亚金融危机波及我国，深发展由于内部管理人不作为问题，开始出现大面积的不良贷款。深发展股本结构极为分散，同股不同权，其前四大国有股东合计持股占比约 20%，实际上控制着深发展的经营管理权，深发展法人治理结构不完善、自主经营权得不到落实，难以摆脱当地行政权力的渗透。此后，深发展进入了近 7 年的业绩低迷期。2000 年，深发展在股份制商业银行的多项评价指标中均为倒数第一。到 2004 年，深发展资本充足率不到 3%，不良贷款率高达 11.41%，拨备覆盖率仅为 35.49%。沉重的包袱令深发展裹足不前，经营和发展陷入了僵局。

引入境外战略投资者实行市场化改革。为了用强有力的机制改造深发展的管理体制缺陷，2001 年深圳市政府决定将国有资产从金融类机构中退出，引进国际资本及其先进管理经验，通过产权结构的调整优化深发展的公司治理结构。在深发展控股权出售过程中，国内的中信、平安等都对深发展控股权兴趣浓厚，花旗、汇丰、JP 摩根等国际资本也纷纷向深圳市政府表达了入股意向，新桥资本是以有限合伙的形式注册的投资基金，主要从事战略性金融投资，具有丰富的银行收购经验。从三方面来看，新桥资本是一个合适的合作对象：一是新桥资本在亚洲有着收购改造韩一银行的成功经验；二是新桥资本属于风险投资公司，不存在变相把中资银行变为其分支机构或把境外坏账向我国转移的可能；三是其提出主推零售业务的思路契合了现代银行业改革的方向。2002 年，新桥资本与深圳市政府有关出让股东签订了框架协议。

股权转让交割过程一波三折。2002 年 10 月，新桥资本的深发展收购过渡期管理委员会成立，管委会由新桥资本的 8 位专家组成，深发展董事会赋予其全面监督、控制风险、发展业务并负责银行经营层的管理和改善管理机制等各项管理职权。深发展董事长担心隐藏在财务报表中的不良资产被审查出来，随后与管委会发生持续冲突。2003 年 5 月，深发展董事会宣布撤销管委会，同时董事长着手联系另一家意向买家。其间，深发展信贷管理的风险事件不断发生。据媒体报道，2003 年 7 月、8 月，深发展天津、海口、北京三家分行分别贷给不具备偿还能力的首创网络公司和中财国企投资公司及其下属企业合计 15 亿元贷款，同时深发展还向南方证券、德恒证券等股市庄家发放总计近 5 亿元的贷款（后均成为不良贷款）。直到 2004 年 5 月，新桥资本才与深圳市政府有关出让股东签署《股份转让协议》，2004 年 12 月 31 日，深发展股权转让交割完毕，新桥资本成为深发展第一大股东，深发展也成为我国第一家被外资控股的上市银行。

新桥资本推动健全深发展公司治理。第一，与清理不良贷款的传统方式不同，新桥入股后在深发展实行内部"坏银行"制，建立垂直独立的不良资产内部管理系统，专门负责处理不良资产的剥离、作价和追缴。这种模式在国内当时属于首例。第二，进行了专业化的董事会改造，以提高决策专业化水平。深发展新一届董事会新增的10名董事中有5人来自新桥资本或其顾问单位，且董事会下设5个委员会的成员也大多由新桥资本或其推荐人士担任。同时，重点改造高管层，引进了部分海内外专业经验丰富的职业经理人，建立业务首席官制度，构建了业务线条块清晰、责任到人、报告路径明确的管理架构。第三，为改变由于历史以及地域等原因出现的各自为政局面，新桥资本在深发展大力推进"One Bank"战略。通过逐步调整总行组织架构，强化总行对各业务线的管理，整合公司、零售、同业和资产保全等业务，按业务线分别预算，实行条块结合的矩阵式考核。最终建立以总行为中心、全国统一流程的矩阵管理模式。第四，在新桥资本主导下，深发展前瞻性地向零售型银行转型。推出以消费信贷、财富管理、信用卡、汽车金融为主的金融产品，在薪酬体系的设计上加大零售业务的考核比重，倾斜财务杠杆，重点对零售银行业务进行投资。2006年底，个人贷款占比达到21.36%，在5家上市股份制银行中是最高的。

深发展、新桥资本与市政府各有所获。从2004年到2010年，深发展的资本充足率增加了7.89个百分点。净利润为2004年的20倍多，不良贷款率大幅下降95%。经营情况持续向好。作为私募股权投资机构，新桥资本所投资项目的时间一般维持在5—10年间。2010年5月，新桥资本将其所持有深发展的5.2亿股全部转让给中国平安。2010年9月，新桥资本将深发展股权转让的对价2.99亿股中国平安H股全部套现。匡算下来，新桥资本投资深发展共支付 22.35 亿元，5 年多之后共收回 146 亿元，最终实现了约 6.5 倍的投资收益。通过引入境外优秀的战略投资者，深圳市政府希望对深发展进行比较彻底的市场化改造，并形成对证券市场、其他股东以及广大职工的正向激励和市场约束，推动深圳金融业加快形成市场化的经营生态，这一目的也基本达成。

二、监管体制的问题

诺贝尔经济学奖得主霍姆斯特姆（Holmstrom）及合作者米格罗姆（Milgrom）在对多任务委托代理的分析中指出，面临多个任务目标时，代理人有动力将所有的努力都投入业绩容易被观察的任务上，而减少或放弃在其他任务上的努力。金融监管领域，在监管和发展二元目标的激励下，监管者会自然地倾向于成绩更容易观测的发展目标，而相对忽视质量不易观测的发展目标。长期看，监管与发展是统一的，即金融体系稳定高效运行并有效地服务实体经济。但短期内，监管与发展可能出现政策倾向的不一致，存在目标冲突。最终造成监管部门反而偏离了其根本的监管目标，及时校正机制难以发挥作用，"小问题"容易累积为"大风险"。国内近些年出现的不少案例就与此有关。

一个典型的现象是，主管部门要管行业发展，就不太注重监管的目标，常常呈现"父爱主义"，不搞强监管。受计划经济传统的影响，过去按照"条块"来设定主管部门，监管部门不仅是监管者，还是羊群的"领头羊"，导致发展与监管不分。国际货币基金组织在对我国金融业进行金融部门评估规划（FSAP）评估时就明确指出，金融业监管与发展存在冲突。比如，搞好经济需要关心资本市场，如果由证券监管部门来维护股指，就会做出监管妥协，有时还需要动用被监管对象来维护股指。再比如，2008 年金融危机以后，为了防止下一次危机发生，国际上提高了监管标准，特别是《巴塞尔协议Ⅲ》提高了资本及资本质量要求，控制杠杆率和 LCR、NSFR 等，但如果监管部门出于"父爱主义"，就可能放缓执行这些标准。

此外，支持经济结构转型应该是财政政策或者央行信贷政策的目标，监管者应该聚焦于机构的业务合规与经营稳健。我国经济要转向高质量发展，需要金融支持经济发展的薄弱领域与结构转型的关键环节，包括支持三农发展与中小企业等。这些目标应该由财政政策或者央行的信贷政策来承担，在给予一定激励下，引导金融机构根据商业逻辑自主决定，才是商业可持续的，不会造成行为扭曲。而监管部门的目标应该是确保金融机构业务合规、经营稳健，管好资本、流动性和杠杆率等指标。如果让监管部门来负责经济结构转型的目标，可能造成政策效果南辕北辙。比如，如果硬性要求银行去支农支小，大行也要业务下沉，会抢走中小银行的优质客户，冲击中小银行的经营稳定性，这种情况下，中小银行为了生存，可能转向一些高风险的业务领域。此外，相当一部分信贷也可能借助支农支小名义，流向了地方融资平台和房地产，与初始政策目标大相径庭。

除了监管者目标不清晰以外，由于激励相容的监管体制未建立起来，权责不对等是另一个重要问题。一些领域的金融监管形同虚设，出现监管者被监管对象俘获、"猫鼠一家"的现象。包商银行案件中，内蒙古银监局干部被"围猎"，监管者与监管对象利益捆绑，为监管对象的扩张大开方便之门，重点部位和关键环节全线失守；山西省农信社一二三把手、金融局前局长齐落马，多家农商行出现治理、业务等风险乱象；另外，根据公开信息，最近 5 年有近 10 个省联社"一把手"和领导班子成员落马，有些地方甚至出现"前腐后继"、窝案串案。

从监管分工看，金融监管的激励理论指出，金融监管的总体目标以某种方式分解后交由若干监管者承担，这是监管专业化和监管范围经济之间平衡的结果。如果分工出现权力和责任不匹配，就会导致监管机构的激励扭曲，有权无责往往权力滥用，有责无权则监管目标无法实现。从金融风险事前事中事后管理看，承担最后贷款人危机救助的中央银行以及作为风险处置平台的存款保险，一旦与事前事中日常监管分离，不仅危机救助和风险处置会因为信息不对称而缺乏效率，还会因日常监管者不必完全承担救助成本而逆向激励其道德风险。因此，激励相容的监管分工下，危机救助者和风险处置者往往也承担日常监管职能。从问责机制看，金融监管者由于并不完全承担监管失误导致危机和风险暴露的成本，导致监管激励不足，监管的努力程度低于最优水平。同时，即使有明确的监管制度，监管者也可能有法不依。问责机制就是要基于监管失误对监管者施加惩戒，强化其监管激励。比如，2001年澳大利亚HIH保险集团倒闭，澳大利亚金融监管局被认为存在严重的监管失误，并可能存在政治献金的利益输送，澳政府专门成立皇家调查委员会进行调查，多名监管人员被问责、免职。从薪酬水平看，合理的监管者薪酬水平也是"权责一致"、激励相容的一个重要方面。监管的有效性相当大程度上既取决于监管者的主观能动性，又取决于监管者与监管对象专业水平的对比。在监管机构薪酬水平与市场差距过大的情况下，监管机构人才不断流失、监管专业性下降无法避免。

未来，要持续完善金融监管体制。过去，很多人不太清楚监管部门和主管部门的区分，这些年逐渐在作分离，弱化监管部门的主管部门角色。但总体来看，这种淡出还没做到位。应明确金融监管部门不做主管部门，不负责本行业发展，不负责宏观经济调控（包括维护指数），以保证监管者专注于监管。同时，监管部门应聚焦于金融机构的业务合规与稳健经营，支农支小等政策目标更适合财政政策与央行的信贷政策发挥引导作用。此外，要通过合理的监管分工、严格的问责惩戒、优秀的薪酬等正面激励抑制监管者偏离公共利益的冲动，将监管者的行为统一到金融监管的整体目标上来。

三、混业经营与分业监管的问题

近年来，为了顺应金融业混业经营的发展趋势，针对影子银行、互联网金融等领域暴露的突出问题，我国先后在国务院金融委、中央金融委的指挥下，持续强化央行宏观审慎管理和系统性风险防范职责，加强综合监管，依法将金融活动全面纳入监管，增强金融监管协调权威性有效性、强化金融监管统一性穿透性，取得了积极成效。

当前仍有一个突出问题是同类业务适用的监管标准不同，比较典型的是资产管理行业，不同产品的监管政策与税收政策有很大的差异。虽然很多金融创新产品本质是一致的，在功能相同金融产品业务交叉领域出现监管竞争，这原本并不一定是坏事，但对同样的金融产品缺乏统一规则前提下进行监管竞争，容易演变成竞相降低监管标准，损害监管有效性和金融稳定性。目前，公募基金、私募基金、银行理财、信托产品、券商资管、保险资产管理产品等，本质上都是"受人之托，代人理财"的类信托业务，但其面临的市场准入条件和监管标准却有较大的差异。就通道类业务而言，信托公司要扣减1‰到3‰的风险资本，券商资管只要扣万分之几的风险资本，基金子公司没有净资本要求；相比公募基金，银行理财不仅具有资金源头上的极大优势，而且在投资门槛、销售渠道、集中度等方面的监管规则也存在差异。在税收政策方面，相比其他资产管理产品，公募基金在债券投资上享有更大力度的免税。实践中，一些资产管理产品不直接投资债券，而是去购买公募基金，影响了多元化投资者的培育。

机构监管与市场监管应该是分开的。在混业经营趋势下，应该更加强调功能监管与行为监管，这样才有利于形成同类业务、同样监管，实际上，这就要求将机构监管和市场监管作适当分离。现在，证监会还在管着券商，一定程度上还是一种地盘意识，而且只有管人、管机构的市场才去监管，否则不监管。美国证监会本身不建市场，但对任何证券类的犯罪行为都要予以查处。国家金融监管总局管着机构，还负责金融消费者保护。实际上，投资者保护属于市场行为的范畴，应该是证监会的职责。这些问题未来怎么解决，也在继续考验着我们监管改革的智慧。

四、《巴塞尔协议Ⅲ》实施的问题

从近几年风险个案来看，中小银行的流动性监管还存在一些问题，部分银行过度依靠短期负债推动业务高速扩张，埋下了风险隐患，最后在市场流动性收紧时难以为继。同时，我国银行业资本质量不高的问题也要加以重视，包括次级债交叉持股、企业入股资金来自贷款、以前使用"共管账户"出资等，一旦风险暴露，抵御风险的能力是不足的。《巴塞尔协议Ⅲ》是 2008 年金融危机后，国际上对银行监管框架的系统性反思，我国应尽可能推动全面落实，促进银行业长期健康发展。

全球金融危机后，国际上认识到，除了偿付能力监管，还必须加强流动性监管，《巴塞尔协议Ⅲ》最重要的变化之一是提出了 NSFR、LCR 等短期流动性监管指标。2023 年欧美银行业危机也是短期流动性管理出了问题，银行负债结构不稳定，资金短期集中流出，而资产在压力情形下变现能力不足。近年来，我国银行负债端的竞争日益激烈，一些银行高度依赖短期资金，支持资产负债表超常规扩张。例如，包商银行过度依赖短期融资维持日常经营，在风险暴露前，其同业负债占全部负债的 50% 以上，个人存款和对公存款占比很低，资产运用又主要投资期限较长且不易变现的非标债权、长期贷款等，资产负债期限错配严重。包商银行出问题被市场知晓后，正常的融资渠道行不通了，更加依赖同业高息资金，还转向线下协议存款，造成风险进一步放大。

《巴塞尔协议Ⅲ》的另一个重点是提高资本质量要求。早年，我国财政资源有限，对国有银行的有些出资是不真实的。例如，用"共管账户"方式处理工行与农行的不良资产，实际上是用欠账方式解决注资问题。近年来，银行大量发行次级债、永续债来补充资本，目前有几万亿元规模，但大部分由银行或者银行理财购买，实际上是银行之间的交叉持股，对银行业整体损失吸收能力提升有限；地方政府发行专项债为中小银行补充资本，但地方债大部分也是银行自己买的，也存在自己给自己注资的问题；还有一种方式是企业入股，但一些企业的入股资金也是通过贷款借来的，不是企业的自有资金。三年疫情冲击下，我国中小企业和居民受损很大，中小银行的风险隐患是较大的，必须重视当前银行业资本质量的问题。

《巴塞尔协议Ⅲ》的落实，要考虑其对金融机构行为与宏观经济的影响。资本管理与风险管理是银行经营的基石，是银行进行资源配置的指挥棒，相关的监管调整会产生深远的影响。《巴塞尔协议Ⅲ》相对之前的版本，在资本的质量要求、资产的风险权重、短期流动性、总杠杆水平等方面，均有很大的变化。一方面，会深刻影响金融机构的行为。以重新划分资产的风险权重为例，地方政府债、金融机构债、二级资本债、公司信用债等品种的风险权重都有变化，会影响到银行的资产配置行为以及债券市场的定价。另一方面，会进一步影响宏观经济。20 世纪 90 年代日本泡沫破灭时，为了执行巴塞尔协议而加强了监管，结果导致银行信贷收缩，并对经济产生紧缩效应，从而加剧了危机。在此次《巴塞尔协议Ⅲ》执行落地过程中，必须审慎评估其对宏观经济的影响，避免与其他因素叠加，造成不利的冲击。

五、地方金融生态的问题

类似于外资生态，金融也是一种生态。一个地方能否吸引外资，不只取决于劳动力是否便宜，还取决于服务怎么样、税收优惠力度、办事方不方便、供应链培育程度等，所以外资是一种生态。类似地，金融也是一种生态，一个地方能否吸引信贷、债券、股权等各类金融资源，不只取决于当地是否有赚钱机会，还取决于一系列软硬件环境，其中最重要的一条是，地方政府要保护金融机构的合法权益，公平对待全国性金融机构、地方性金融机构、本地企业与居民。实际上，金融部门在 2004年、2005 年就提出"金融生态"的概念，但与外资生态得到各地普遍重视不同，金融生态的概念在有些地方还没有得到应有的重视，甚至还有不当干预破坏地方金融生态的情况。个别地方十几年前就优先照顾本地企业和居民的利益，不顾金融机构的合法利益，此后同样的错误一犯再犯，最终由于地方金融生态的破坏而影响到经济的发展。

当然，也有一些地方较早认识到金融生态的重要性，在处理相关问题时做出了正确选择，浙江省温州市是正面的案例。2011 年以来，在多重不利因素的冲击下，温州出口制造业遭遇沉重打击，部分企业破产，由于互保联保当时比较流行，诱发制造业企业倒闭潮，风险进一步传导至金融体系。2011 年 6 月末，温州银行业不良贷款率仅 0.37%，2013 年6 月末上升到 3.68%。有研究指出，如果同时考虑其他的关注类贷款，2011 年底温州市不良贷款率接近 20%。面对巨大的债务化解压力，浙江省温州市没有选择把风险甩给金融机构，而是在"保企业"和"保银行"之间寻找平衡。政府直接投入资源，设立小微企业信用保证基金，同时设立 45 家小微企业信贷专营机构，还建立了"应急转贷机制"；协调各方力量，以政府积极作为、银行业同进同退、企业生产自救、司法保障有力为四支柱，并要求一般破产案件必须在 6 个月内审结；严厉打击逃废债行为，推进民间、政府、金融、法院信息共享，将涉嫌逃废债的企业资产纳入行政监管范围，2015 年打击各类逃废债行为 583 起。

　　由于利益得到了充分保护，金融机构继续支持当地经济发展，帮助温州市很好地处理了担保圈风险，后续经济发展不仅未受影响，还较之前更具活力。2012—2015 年，温州市银行本外币贷款余额增长了19.43%，较之前有所回落，但新增贷款在 2015 年开始止跌回升，并且这一时期新增直接融资年均增长超过 30%，弥补了信贷增长的缺口。在金融的支持下，温州市的担保圈风险较快得到化解，2014、2015 年银行业连续实现不良贷款余额、不良率的"双降"。与此同时，温州的经济增长未受到较大影响。2011 年，温州的 GDP 增速与全国水平相近，担保圈风险爆发后，2012 年温州的 GDP 增速为 6.7%，低于全国 7.86%的增速，到了 2013、2014 年，温州的 GDP 增速就提高至全国水平，2015 年之后则持续高于全国水平。

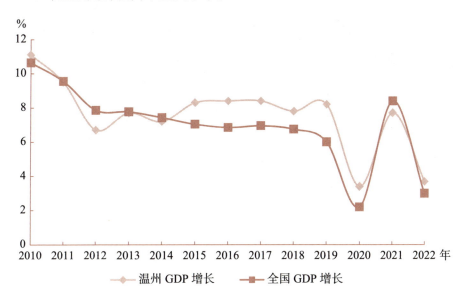

图 8-5　2010 年以来温州市 GDP 增长与全国水平的对比

　　可见，地方金融生态必须得到充分的重视，不仅各地政府要转变观念，国家出于维护地方可持续发展的考虑也要加以引导与约束。地方要做很多工作才能使地方金融生态保持良好，但如果做错几件事，未来要很大的努力、很长的时间才能挽回。解决现在一些地方的经济问题，要区分好经济问题的成因，如果是地方金融生态出了问题，仅依靠政府资金支持（如增加中央转移支付）是不够的，根本上还是要把地方金融生态搞好，形成经济金融的良性循环，才能彻底走出困境。

参考文献

1. 周小川. 国际金融危机：观察、分析与应对［M］. 北京：中国金融出版社，2012.

2. 周小川. 周小川改革论集［M］. 北京：中国发展出版社，2008.

3. 周小川. 在国家治理现代化与央行治理内部讲座中的发言［C］. 2017.

4. 周小川. 在国内相关风险案例与金融稳定内部讲座中的发言［C］. 2022.

5. 周小川. 在当前地方债务化解内部讲座中的发言［C］. 2023.

6. 易纲. 中国金融改革思考录［M］. 北京：商务印书馆，2020.

7. 郭树清. 加强和完善现代金融监管［J］. 中国农村金融，2022.

8. 潘功胜. 大行蝶变：中国大型商业银行复兴之路［M］. 北京：中国金融出版社，2012.

9. 潘功胜. 金融业综合经营与监管要借鉴国际经验［J］.IMI 研究动态，2015.

10. 潘功胜. 金融生态建设与经济金融发展［J］. 中国金融，2013.

11. 徐忠. 新时代背景下中国金融体系与国家治理体系现代化［J］. 经济研究，2018.

12. 徐忠. 全球金融危机十年：反思与启示［J］. 全球商业经典，

2018（11）.

13. 徐忠 . 有效的金融监管体系探讨［J］. 清华金融评论,2018（8）.

14. 徐忠 . 中国债券市场发展中热点问题及其认识［J］. 金融研究,2015（2）.

15. 徐忠 . 我国公司治理难题亟待破解［N］. 金融时报,2017.

16. 徐忠 . 地方财政管理激励约束机制的大国经验对比［N］. 第一财经日报,2017.

17. 徐忠 . 在第九届财新峰会上的演讲：短期需求管理与结构性改革不能混为一谈［C］. 2018.

18. 徐忠 . 在第十届陆家嘴论坛上的演讲：探索地方政府财政破产制度［C］. 2018.

19. 徐忠 . 在"2017 国新论坛暨国新指数发布会"上的演讲：不能忽视央地财政关系对经济波动的影响［C］. 2017.

20. 白川方明 . 动荡时代［M］. 北京：中信出版集团,2021.

21. 保尔森 . 峭壁边缘：拯救世界金融之路［M］. 北京：中信出版社,2010.

22. 伯南克 .21 世纪货币政策［M］. 北京：中信出版集团,2022.

23. 德拉吉 . 欧元区需要新的财政工具应对未来危机［J］. 当代金融家,2018.

24. 盖特纳 . 压力测试：对金融危机的反思［M］. 北京：中信出版社,2015.

25. 辜朝明 . 大衰退：宏观经济学的圣杯［M］. 北京：东方出版社,2016.

26. 辜朝明 . 复盘：一个经济学家对宏观经济的另类解读［M］. 北京：中信出版集团,2020.

27. 雷斯托伊 . 在欧洲存款保险人论坛国际会议上的演讲［C］.

2023.

28. 陆磊. 金融机构改革的道路抉择［M］. 北京：中国金融出版社，
2018.

29. 内曼. 在美联储、国际货币基金组织和世界银行关于金融部门
政策挑战的国际会议上的演讲［C］. 2023.

30. 纽曼. 新桥迟早会退出深发展［N］. 中国经济周刊，2008.

31. 纽曼. 新桥会负责任地退出深发展［N］. 中国证券报，2009.

32. 宋湘燕，杨润坤. 美联储救助 AIG 经验及启示［J］. 中国金融，
2018（15）.

33. 孙天琦. 在 CF40 青年论坛双周内部研讨会的点评发言：硅谷银
行破产及其处置的启示［C］. 2023.

34. 谭理思，李秋林. 欧元区财政政策协调规则研究［J］. 学术交流，
2015.

35. 王玉玲. FDIC 处置第一共和银行的策略分析［J］. 中国金融，
2023（12）.

36. 谢平，邹传伟. 银行宏观审慎监管的基础理论研究［M］. 北京：
中国金融出版社，2013.

37. 袁佳，魏磊，赵大伟. 主权债务危机救助及成本分担研究——
来自欧洲的经验与启示［J］. 区域金融研究，2017.

38. 周茂荣，杨继梅. "欧洲学期" 机制探析［J］. 欧洲研究，2012.

39. Acharya V V, Fleming M J, Hrung W B, Sarkar A. "Dealer Financial
Conditions and Lender-of-Last-Resort Facilities". *Journal of Financial
Economics*, 2017.

40. Acharya V V, Tuckman B. "Unintended Consequences of LOLR
Facilities: The Case of Illiquid Leverage". IMF Economic Review, 2014.

41. American International Group. "Residential Mortgage Presentation",

2007.

42. Bagehot W. "Lombard Street: A Description of the Money Market". *HS King&Company*, 1873.

43. Baker D. "The Housing Bubble and the Financial Crisis". *Real-world Economics Review*, 2008.

44. Basel Committee on Banking Supervision. "Assessment of Basel III G-SIB Framework and Review of D-SIB Frameworks-United States". *BIS Regulatory Consistency Assessment Program Working Paper*, 2016.

45. Baxter J Jr, Thomas C. "The Legal Position of the Central Bank: The Case of the Federal Reserve Bank of New York". 2009.

46. Bernanke, B. "Warren-Vitter and the Lender of Last Resort". *Brookings Institution*, 2015.

47. BIS. "Real-time Gross Settlement Systems: A Report Prepared by the Committee on Payment and Settlement Systems of the Central Banks of the G10 Countries". 1997.

48. BIS. "Re-thinking the Lender of Last Resort". *BIS Papers No.79*, 2014.

49. Bloom R. "The Financial Crisis Inquiry Report". *The CPA Journal*, 2011.

50. Bocola L, Lorenzoni G. "Financial Crises and Lending of Last Resort in Open Economies". *National Bureau of Economic Research*, 2017.

51. Bordo M D. "Financial Crises, Stock Market Crashes and the Money Supply: Some International Evidence, 1870-1933". *Financial Crises and the World Banking System,* pp.190-248, 1986.

52. Bordo M D. "The Lender of Last Resort: Alternative Views and Historical Experience". *FRB Richmond Economic Review*, 1990.

53. Bruni F, Llewelly DT. "The Failure of Northern Rock – A Multi-dimensional Case Study". *SUERF*, 2009.

54. Cohen H R. "'SPOE' Resolution Strategy for SIFIs under Dodd–Frank". *Harvard Law School Forum on Corporate Governance*, 2014.

55. Crockett A. "The Theory and Practice of Financial Stability". *De Economist*, 1996.

56. Curry T, Shibut L. "The cost of the savings and loan crisis: Truth and consequences". *FDIC Banking Review*, 2000.

57. DiVentiTR. "Fannie Mae and Freddie Mac: Past, Present, and Future". *City Space*, 2009.

58. Dobler M, Gray S, Murphy D, Radzewicz–Bak B. "The Lender of Last Resort Function after the Global Financial Crisis". *IMF Working Papers*, 2016.

59. Domanski D, Moessner R, Nelson W R. "Central Banks as Lenders of Last Resort: Experiences during the 2007–2010 Crisis and Lessons for the Future". *BIS Paper No.79*, 2014.

60. Drechsler I, Drechsel T, Marques–Ibanez D, Schnabl P. "Who Borrows from the Lender of Last Resort?". *The Journal of Finance*, 2016.

61. Edmonds T. "Northern Rock &Financial Supervision". *House of Commons Library*, 2008.

62. Edmonds T. "Northern Rock: Treasury Committee Evidence Sessions". *House of Commons Library*, 2008.

63. Ellis C. "Crisis Liquidity Provision in the US and Euro Area–Evolving the Role of Lender of Last Resort". *Social Science Electronic Publishing*, 2017.

64. Englund P. "The Swedish 1990s Banking Crisis: A Revisit in the

Light of Recent Experience". 2015.

65. Englund P. "The Swedish Banking Crisis: Roots and Consequences". *Oxford Review of Economic Policy*, 1999.

66. Eveson T H. "Exigent Circumstances: Section 13 (3) of the Federal Reserve Act and Federal Emergency Lending Programs". *North Carolina Banking Institute*, 2021.

67. FDIC, BOE. "Resolving Globally Active, Systemically Important, Financial Institutions". 2012.

68. Fischer S. "On the Need for an International Lender of Last Resort". *Journal of Economic Perspectives*, 1999.

69. Fisher P. "Liquidity Support from the Bank of England: the Discount Window Facility". *Speech at the National Asset–Liability Management Global Conference*, 2012.

70. Fleming M J, Klagge N. "Income Effects of Federal Reserve Liquidity Facilities". *Current Issues in Economics and Finance*, 2011.

71. Freixas X. "Lender of Last Resort". *Financial Stability Review*, 1999.

72. Friedman B M. "Japan Now and the United States Then: Lessons from the Parallels". *Japan's Financial Crisis and Its Parallels to US Experience*, 2000.

73. Fujii M, Kawai M. "13 Lessons from Japan's Banking Crisis–1991 to 2005". *Research Handbook on International Financial Regulation*, 2012.

74. Fukao M. "Japanese Financial Crisis and Crisis Management". *Japan Center for Economic Research*, 2009.

75. Garcia–de–Andoain C, Heider F, Hoerova M, Manganelli S. "Lending–of–Last–Resort Is as Lending–of–Last–Resort Does: Central

Bank Liquidity Provision and Interbank Market Functioning in the Euro Area". *Journal of Financial Intermediation*, 2016.

76. Goodfriend M, King R G. "Financial Deregulation, Monetary Policy, and Central Banking". *Federal Reserve Bank of Richmond Working Paper*, 1988.

77. Goodhart C, Schoenmaker D. "Should the Functions of Monetary Policy and Banking Supervision Be Separated?". *Oxford Economic Papers*, 1995.

78. Hackley H H. "Lending Functions of the Federal Reserve Banks: AHistory". 1973.

79. HM Treasury. "A New Approach to Financial Regulation: Judgement, Focus and Stability". *The Stationery Office Limited*, 2010.

80. HM Treasury. "A New Approach to Financial Regulation: the Blueprint for Reform". *The Stationery Office Limited*, 2011.

81. Hoshi T, Kashyap A K. "Solutions to Japan's Banking Problems: What Might Work and What Definitely Will Fail". *US–Japan Conference on the Solutions for the Japanese Economy,* 2004.

82. House of Commons Treasury Committee. "Financial Stability and Transparency". *The Stationery Office Limited*, 2008.

83. House of Commons Treasury Committee. "The Run on the Rock". 2008.

84. Ingves S, Lind G, Shirakawa M. "Lessons Learned from Previous Banking Crises: Sweden, Japan, Spain, and Mexico". 2009.

85. Jonung L. "Financial Crisis and Crisis Management in Sweden: Lessons for Today". *ADBI Working Papers No.165*, 2009.

86. Jonung L. "The Swedish Model for Resolving the Banking Crisis of

1991-93: Seven Reasons Why It Was Successful". *European Commission Economic Papers No.360*,2009.

87. Kanaya A, Woo D. "The Japanese Banking Crisis of the 1990s: Sources and Lessons". *IMF Working Papers No.007*, 2000.

88. Kastiel K. "FSOC Designation: Consequences for Nonbank SIFIS". *Harvard Law School Forum on Corporate Governance and Financial Regulation*, 2013.

89. Kaufman G G. "FDIC Losses in Bank Failures: Has FDICIA Made a Difference?" *Economic Perspectives*, 2004.

90. Labonte M. "Enhanced Prudential Regulation of Large Banks". *CRS Report No R45711,* 2019.

91. Labonte M. "Federal Reserve: Emergency Lending". CRS*Report No.R44185*, 2020.

92. Lane P R. "The European Sovereign Debt Crisis". *Journal of Economic Perspectives*, 2012.

93. Lawson A, Engbith L. "US Resolution Trust Corporation". *The Journal of Financial Crises*, 2021.

94. Llewellyn D T. "The Northern Rock Crisis: A Multi-dimensional Problem Waiting to Happen". *Journal of Financial Regulation and Compliance*, 2008.

95. Mehra A. "Legal Authority in Unusual and Exigent Circumstances: The Federal Reserve and the Financial Crisis". *U. Pa. J. Bus. L.*, 2010.

96. Nakaso H. "The Financial Crisis in Japan during the 1990s: How the Bank of Japan Responded and the Lessons Learnt". *BIS Papers No.6*, 2001.

97. Nanto D K. "The US Financial Crisis: Lessons from Japan".

CRS*Report*, 2008.

98. Polk D. "The Final Tailoring Rules for US Banking Organizations", 2019.

99. Roman A, Bilan I. "The Euro Area Sovereign Debt Crisis and the Role of ECB's Monetary Policy". *Procedia Economics and Finance*, 2012.

100. Schwartz A. "The Misuse of the Fed's Discount Window", *Federal Reserve Banks of St. Louis Review*, 1992.

101. Shin HS. "Reflections on Northern Rock: The Bank Run that Heralded the Global Financial Crisis". *Journal of Economic Perspectives*, 2009.

102. Sjögren H, Jes-Iversen M. "The State as Last Resort in Two Scandinavian Banking Crises: A Comparative Case Study of Denmark and Sweden". *Stockholm School of Economics*, 2013.

103. Swagel P. "The Cost of the Financial Crisis: The Impact of the September 2008 Economic Collapse". *PEW Financial Reform Project*, 2018.

104. Timberlake R H. "The Central Banking Role of Clearinghouse Associations". *Journal of Money, Credit and Banking*, 1984.

105. Tucker P. "The Repertoire of Official Sector Interventions in the Financial System: Last Resort Lending, Market-Making, and Capital". 2009.

106. WalkerA G. "Financial Crisis-U.K. Policy and Regulatory Response". *The International Lawyer*, 2010.

107. William K. Sjostrom, Jr. "The AIG Bailout". *Washington and Lee Law Review No.943*, 2009.

附录 缩略语与专业术语

ABS, Asset–Backed Securities 资产支持证券

AGF, American General Finance 美国通用金融公司

AGP, Asset Guarantee Program 资产担保计划

AIA, American International Assurance 美国友邦人寿保险公司

AIG, American International Group 美国国际集团

ALICO, American Life Insurance Company 美国人寿保险公司

AMC, Asset Management Companies 资产管理公司

AMLF, Asset–Backed Commercial Paper Money Market Mutual Fund Liquidity Facility 资产支持商业票据货币市场共同基金流动性工具

AOCI, Accumulated other comprehensive income 其他综合收益

AT1, Additional Tier–1 其他一级资本工具

AT2, Additional Tier–2 其他二级资本工具

BIS, Bank for International Settlements 国际清算银行

BRRD, Bank Recovery and Resolution Directive《银行复苏与清算指令》

BSA, Bank Support Authority 瑞典银行援助局

BTFP, Bank Term Funding Program 银行定期融资计划

CARES, The Coronavirus Aid, Relief, and Economic Security Act《新

冠病毒援助、救济和经济安全法案》

CCAR, Comprehensive Capital Analysis and Review 综合资本分析和审查

CCEA, Cabinet Committee on Economic Affairs 内阁经济事务委员会

CCP, Central Counterparty 中央对手方

CDCI, Community Development Capital Initiative 社区发展资本计划

CDO, Collateralized Debt Obligation 担保债务凭证

CDS, Credit Default Swap 信用违约互换

CET1, Common Equity Tier-I 普通股权一级资本

CHOICE, Financial Creating Hope and Opportunity for Investors《为投资者、消费者和企业家创造希望与机遇法案》

CLO, Collateralized Loan obligations 担保贷款凭证

CMBS, Commercial Mortgage–Backed Securities 商业房地产抵押贷款支持证券

CoCos, Contingent Convertible Bonds 应急可转债

CPFF, Commercial Paper Funding Facility 商业票据融资工具

CPI, Consumer Price Index 消费价格指数

CPP, Capital Purchase Program 资本购买计划

DGS, Deposit Protection Scheme 存款保险计划

DIC, Deposit Insurance Corporation 日本存款保险公司

ECU, European Currency Unit 欧洲货币单位

EFSF, European Financial Stability Facility 欧洲金融稳定工具

EFSM, European Financial Stability Mechanisim 欧盟金融稳定机制

ELA, Emergency Liquidity Assistance 紧急流动性救助

ESM, European Stability Mechanism 欧洲稳定机制

FCA, Financial Conduct Authority 英国金融行为局

FDI, Foreign Direct Investment 外商直接投资

FDIC, Federal Deposit Insurance Corporation 联邦存款保险公司

FDICIA, FDIC Improvement Act《联邦存款保险公司改进法案》

FHLBank, Federal Home Loan Bank 联邦住房贷款银行

FHLBB, Federal Home Loan Bank Board 联邦住房贷款银行理事会

FINMA, Financial Market Supervisory Authority 瑞士金融市场监管局

FIRREA, Financial Institutions Reform, Recovery, and Enforcement Act《金融机构改革、复兴和强化法案》

FPC, Financial Policy Committee 英格兰银行金融政策委员会

FSA, Financial Services Agency/Authority 日本金融厅 / 英国金融服务监管局

FSAP, Financial Sector Assessment Programme 金融部门评估规划

FSB, Financial Stability Board 金融稳定理事会

FSCS, Financial Services Compensation Scheme 金融服务补偿计划

FSLIC, Federal Savings and Loan Insurance Corporation 联邦储贷机构存款保险公司

FSOC, Financial Stability Oversight Council 美国金融稳定监督委员会

G20, Group of 20 二十国集团

GDP, Gross Domestic Product 国内生产总值

G-SIBs, Global Systemically Important Banks 全球系统重要性银行

G-SIFIs, Global Systemically Important Financial Institutions 全球系统重要性金融机构

IMF, International Monetary Fund 国际货币基金组织

IPO, Initial Public Offering 首次公开募股

LCR, Liquidity Coverage Ratio 流动性覆盖率

LLC, Limited Liability Company 有限责任公司

LOLR, Lender of Last Resort 最后贷款人

LTRO, Long-Term Refinancing Operation 长期再融资操作

LTV, Loan to Value 房屋贷款价值比

MBA, Master of Business Administration 工商管理硕士

MBS, Mortgage-Backed Securities 住房抵押贷款支持证券

MLF, Municipal Liquidity Facility 市政流动性工具

MMIFF, Money Market Investor Funding Facility 货币市场投资者融资工具

MoU, Memorandum of Understanding 谅解备忘录

MSELF, Main Street Expanded Loan Facility 主街扩大贷款工具

MSNLF, Main Street New Loan Facility 主街新贷款工具

MSPLF, Main Street Priority Loan Facility 主街优先贷款工具

NSFR, Net Stable Funding Ratio 净稳定资金比例

OBA, Open Bank Assistance 经营救助

OCC, Office of the Comptroller of the Currency 美国货币监理署

OCC, Opticms Clearing Corpuatom 期权清算公司

OECD, Organization for Economic Co-operation and Development 经济合作与发展组织

OLA, Orderly Liquidation Authority 有序清算机制

OTS, Office of Thrift Supervision 美国储贷监理署

P&A, Purchase & Assumption 购买承接

PAI, Programa de Ação Imediat 应急行动计划

PCA, Prompt Corrective Action 及时校正机制

PDCF, Primary Dealer Credit Facility 一级交易商信贷工具

PE/VC, Private Equity/Venture Capital 私募股权基金和风险投资基金

PEPP, Pandemic Emergency Purchase Programme 疫情紧急资产购买

计划

PIIE, Peterson Institute for International Economics 彼德森国际经济研究所

PMCCF, Primary Market Corporate Credit Facility 一级市场企业信贷工具

PPIP, Public-Private Investment Program 公私投资计划

PPP, Paycheck Protection Program 薪资保障 / 保护计划

PPPLF, Paycheck Protection Program Lending Facility 薪资保障 / 保护计划流动性工具

PPP 项目 , Public Private Partnership 政府和社会资本合作模式

PRA, Prudential Regulation Authority 审慎监管局

PRC, Prudential Regulation Committee 英格兰银行审慎监管委员会

PSA, Principal Supervisory Agent 主要监管代理人

PSI, Private Sector Involvement 私人部门参与计划

QE, Quantitative Easing 量化宽松

REFCORP, Resolution Funding Corporation 融资公司

REITs, Real Estate Investment Trusts 不动产投资信托基金

RMBS, Residential Mortgage-Backed Securities（个人）住房抵押贷款支持证券

RTC, Resolution Trust Corporation 重组信托公司

RTCRRIA, Resolution Trust Corporation Refinancing Reconstructuring and Improvement Act《重组信托公司再融资、重构与增强法案》

SBA, Small Business Administration 美国小企业管理局

SCCL, Single Counterparty Credit Limit 单一对手方信用敞口

SEC, Securities and Exchange Commission 美国证券交易委员会

SIBs, Systemically Important Banks 系统重要性银行

SIFIs, Systemically Important Financial Institutions 系统重要性金融机构

SIFMA, Securities Industry And Financial Markets Association 美国证券业和金融市场协会

SIPC, Securities Investor Protection Corporation 证券投资者保护公司

SMCCF, Secondary Market Corporate Credit Facility 二级市场企业信贷工具

SPV, Special Purpose Vehicle 特殊目的公司

SRB, Single Resolution Board 单一处置委员会

SRE, Systemic Risk Exception 系统性风险例外

SRF, Single Resolution Fund 单一处置基金

SRM, Single Resolution Mechanism 单一处置机制

SRR, Special Resolution Regime 特别处置机制

SSM, Single Supervisory Mechanism 单一监管机制

SVB, Silicon Valley Bank 硅谷银行

TAF, Term Auction Facility 定期招标工具

TALF, Term Asset–Backed Securities Loan Facility 定期资产支持证券贷款工具

TARP, Troubled Asset Relief Program 不良资产救助计划

TIP, Targeted Investment Program 目标投资计划

TLAC, Total Loss–absorbing Capacity 总损失吸收能力

TSLF, Term Securities Lending Facility 定期证券借贷工具

UGC, United Guaranty Corporation 联合担保公司